Michael Sayman   DEC 2 2 2021

App Kid

Michael Sayman es un emprendedor de aplicaciones, diseñador de productos e ingeniero de *software* latinoamericano, más conocido por crear aplicaciones que encabezaron
las listas cuando era adolescente. Con el lanzamiento de
4 Snaps, un juego de fotos por turnos, Sayman llamó la
atención de Mark Zuckerberg, convirtiéndose en el "adolescente en residencia" de Facebook y desempeñando un
papel fundamental en la creación de las Historias de Instagram. A los 18 años, CNET lo describió como uno de los
"20 latinos con mayor influencia en la industria tecnológica". A los 21 años, Sayman fue reclutado por Google,
donde se convirtió en gerente de producto y fundador en
residencia, trabajando en una *startup* de juegos sociales.
En la actualidad, divide su tiempo entre Miami, Florida,
y Silicon Valley, donde continúa innovando en el espacio
de las redes sociales.

App Kid

App Kid

Cómo un hijo de inmigrantes consiguió un pedazo del sueño americano

Michael Sayman

Traducción de Melanie Márquez

VINTAGE ESPAÑOL

Penguin
Random House
Grupo Editorial

Título original: *App Kid*
Primera edición: septiembre de 2021

© 2021, Michael Sayman
© 2021, Penguin Random House Grupo Editorial USA, LLC
8950 SW 74th Court, Suite 2010
Miami, FL 33156

Traducción: Melanie Márquez
Diseño de la cubierta: Tyler Comrie

Impreso en México / *Printed in Mexico*

ISBN: 978-0-525-56624-3

21 22 23 24 25 10 9 8 7 6 5 4 3 2 1

Índice

App Kid

Introducción

Tenía dieciséis años y estaba en Bolivia para dar una charla ante mil quinientos estudiantes emocionados. Los organizadores del evento intentaban despejar el camino hacia el escenario. Algunas manos tiraron de mi ropa; la gente se puso de pie y comenzó a aplaudir a mi entrada mientras me abría camino hacia el escenario, deseando estar de vuelta en la habitación del hotel, codificando. En mi visión periférica, podía ver a los reporteros de estaciones locales e internacionales filmando. Intenté bloquear los pensamientos que se agolpaban en mi cabeza, uno más que los demás: que no estaba hecho para esto. Aquellas personas buscaban a alguien que pudiera brindarles perspectiva y orientación y no estaba seguro de ser realmente esa persona.

Cuando tenía trece años, lancé mi primera aplicación para iPhone y en seguida comencé a ganar diez mil dólares al mes con las descargas: lo suficiente para mantener a mi familia cuando nuestro castillo de naipes de clase media (los de plástico proporcionados por Mastercard y Visa) fue derrumbado por la Gran Recesión. Debido a eso, la prensa latinoamericana me había apodado el Niño Genio de Apple. Aparecía regularmente en las noticias y tenía muchos seguidores allí. Pero temía que los medios me estuvieran celebrando prematuramente. Las ventas de mi aplicación, que alguna vez había tenido un éxito moderado, ya estaban disminuyendo y no tenía claro mi siguiente paso. Pero eso no era lo que todos aquellos niños habían venido a escuchar. Ellos querían saber cómo había podido crear algo de la nada tan solo con una computadora. Les debía, al menos, una explicación: yo no era un genio; no se trataba de magia. Siempre y cuando pudieran conseguir una computadora con acceso a Internet, ellos también podrían crear algo de la nada.

En el escenario, me enfrasqué en una larga charla sobre crecer en Miami siendo hijo de una pareja de inmigrantes de Bolivia y Perú. Acerca de cómo había empezado a programar. Les conté que había aprendido por mi cuenta, utilizando videos de YouTube, y que, desde la recesión, mis aplicaciones habían ayudado a mi familia a pagar las cuentas. Les aseguré que no estaba en ese escenario porque había cambiado el mundo con mis productos. Estaba allí porque, a pesar de todas mis inseguridades y limitaciones, nunca había permitido que los fracasos me impidieran construir cosas que cambiaran *mi* mundo. Les expliqué que, cada vez que mi falta de conocimiento o habilidad me detenían, no me permitía quedarme estancado por mucho tiempo. Me tomaba un respiro y luego buscaba en Google un camino para salir de cualquier agujero en el que me hubiera metido.

—Si quieren ser programadores de código —le dije a la audiencia—, Internet será su mejor aliada, su guía e inspiración.

Tan pronto terminé de dar mi charla, los estudiantes comenzaron a hacerme mil preguntas acerca de cómo programar.

—Pueden buscar en Google Xcode o Eclipse y mirar videos instructivos en YouTube sobre lenguajes de programación como Java u Objective-C —les repetí una y otra vez.

Y esto sigue siendo aplicable en la actualidad. La programación cambia tan rápido que no hay recursos estáticos que puedan seguirle el ritmo. Si deseas aprender a codificar, deja que Internet sea tu guía.

Finalmente, alguien de la escuela dio por terminada la sesión de preguntas y me ayudaron a salir del auditorio. Cada pocos pies tenía que detenerme para una selfi.

—¡Hagan fila! —gritaba alguien, pero nadie hacía caso.

La gente empujaba, tiraba y me agarraba, y yo miraba a mi mamá, que me había acompañado, sin poder hacer nada. De regreso en nuestro auto alquilado, nos arrastramos a través del tráfico mientras algunos estudiantes nos seguían, bajando sus ventanillas y tomando fotos. En el hotel, mi mamá y yo nos desplomamos en nuestras camas.

Al día siguiente, volví a la realidad de mi vida en Estados Unidos. Nadie me miró dos veces en el Aeropuerto Internacional de Miami. No estaba seguro de si todo había sido un sueño. Cuando pensaba en mi linaje, de dónde procedían mis padres y sus padres antes que ellos, los últimos días en Bolivia parecían aún más improbables, por no decir imposibles.

No fue hasta unos años después de yo nacer que mis padres recibieron la ciudadanía estadounidense. Aunque este libro, que incluye las historias de mi vida familiar, fue escrito originalmente en inglés, mis padres siempre me han hablado en español. Cuando mis padres emigraron a Estados Unidos, aprendieron suficiente inglés como para mantener una conversación básica. Hasta el día de hoy, a veces les cuesta comunicarse efectivamente. Todavía no conozco ni la mitad de los dichos que son comunes para las personas que crecieron hablando inglés porque nunca los escuché en casa. Hay ciertas palabras, como *sequester* [recorte], que hasta hace poco solo sabía decirlas en español. Y cuando me golpeo el dedo del pie, las palabrotas salen en español.

Mi mamá, María Cristina Gálvez, estaba destinada a nacer en Arequipa, una región de Perú que es mayormente seca y montañosa, pero mi abuela quería contar con el apoyo de su madre y su familia cuando diera a luz, por lo que viajó a Lima, la capital, para estar con ellos. El padre de mi mamá era general del ejército peruano y, en esa época, estaban en plena guerra. Cuando era niña, mi mamá y sus cuatro hermanos solían escuchar las bombas desde las ventanas de sus habitaciones y, a veces, mi mamá tenía que esconderse debajo de una mesa y estudiar a la luz de las velas porque las torres eléctricas habían sido golpeadas. A pesar de la guerra, mi mamá recuerda su infancia como una etapa llena de cariño, protección y seguridad.

Mi papá creció en un mundo diferente. Nació en La Paz, la capital de Bolivia, en el seno de una familia judía. Sus padres trasladaron a la familia a Lima cuando él tenía tres años y, más tarde, se separaron. Su hermano mayor murió cuando él tenía veintiún años, una tragedia que sacudió a la familia y marcó el tono de cómo sería de ahí en adelante la vida de mi papá. Habiendo huido de Europa durante la Segunda Guerra Mundial, los abuelos de mi papá, ambos judíos, tenían grandes sueños para él, y lo enviaron a Israel para estudiar Sistemas y Matemáticas Aplicadas. Lo amenazaron con dejar de apoyarlo económicamente si abandonaba sus estudios, pero lo hizo de todos modos y se mudó a Los Ángeles para estudiar una carrera en edición de videos. Compartía un apartamento con varias personas y estudiaba en una escuela técnica. Unos años más tarde, se mudó a Miami y consiguió un puesto en la sede de Telemundo haciendo trabajos de producción.

El padre de mi papá rara vez había estado presente en su vida y su madre, que aún vivía en Perú, sufría de depresión, por lo que —sin la ayuda económica de sus abuelos— estaba por su cuenta, viviendo con lo justo gracias a un permiso de trabajo temporal.

Miami era un centro importante para los latinoamericanos que visitaban Estados Unidos y mi mamá viajó allí junto a un grupo de amigas cuando tenía veinte años. En una fiesta, mi papá la vio desde el otro lado del salón. Aquel fue el comienzo de nuestra familia.

Mi mamá regresó a Perú y mantuvo una relación a distancia con mi papá durante los siguientes tres años. Soñaba con ser psicóloga profesional, pero su madre le sugirió que estudiara una carrera o consiguiera un título en algo menos exigente. Estaba enamorada de mi papá, así que escuchó los consejos de mi abuela y se certificó como secretaria. Pero mi abuela no permitió que, con veintitrés años, simplemente se fuera a vivir con mi papá. Le informó que, para poder dejar la casa de sus padres en Perú y vivir con mi papá, tenía que casarse. Entonces, mi mamá y mi papá se casaron. Sin duda, ellos hubieran preferido vivir primero juntos unos años, pero no tuvieron otra opción. Celebraron su boda con una ceremonia y se instalaron en Miami. Tres años después, el 24 de agosto de 1996, nací yo. Mi hermana Mariana llegó un año más tarde.

El español no era el idioma predominante solamente en mi hogar, sino el que casi todo el mundo hablaba en Miami, donde setenta por ciento de la población es latinoamericana. Las personas nacidas en Estados Unidos no son la mayoría dominante en Miami. Los menús de los restaurantes y algunas señales de tráfico están escritos en español; si alguien se acerca a preguntar por una dirección, inmediatamente comienza a hablar en español; y,

en muchas partes de Miami, una visita al médico empieza automáticamente con preguntas en este idioma. Que
haya un setenta por ciento de latinoamericanos en Miami
implica la existencia de divisiones sociales y étnicas entre
la población latina. Cualquiera puede saber de dónde eres
—Perú, Colombia, Bolivia, Chile, México, Cuba— por
el tipo de acento que tienes. La mayoría de los latinos en
Miami son cubanoamericanos. Comenzaron a migrar y
a construir negocios allí en los años sesenta, después de
que Fidel Castro llegara al poder en su país. Los cubanos
en Miami suelen tener más conexiones que la mayoría de
las familias no cubanas, que tienden a ser inmigrantes más
recientes. Si no eres cubano, va a ser más difícil que logres
encajar en Miami.

En la pequeña escuela católica a la que asistí desde tercero hasta quinto grado, todos los padres cubanos ya se
conocían. Los míos se sentían como extraños en ese grupo.
Debido a su apariencia física, mi mamá podría haber pasado por cubana, pero en cuanto las demás madres la escuchaban hablar, se daban cuenta de la realidad. Entonces, era
natural que mis padres tendieran a relacionarse con parejas de Colombia, Venezuela y otros países de Sudamérica.
Mi hermana y yo comenzamos a aprender a hablar inglés
de manera fluida en el jardín de infantes, pero aun así tuvimos que enfrentar algunas de las mismas barreras sociales
que nuestros padres debido a nuestro origen sudamericano.

Toda mi vida me he sentido dividido entre identida-
des. ¿Soy judío o católico? Mi papá es judío y mi mamá es
católica, pero se convirtió al judaísmo para casarse con él.
Ella me contó que, durante años, habían debatido sobre
qué religión deberíamos profesar y, finalmente, se decidieron por ambas: mi papá pudo escoger un preescolar judío
para nosotros y a mi mamá le tocó elegir nuestra escuela
primaria católica.

¿Soy peruano o boliviano? Cuando empecé a ser conocido, ambos países intentaron reclamarme como propio, aunque nunca me sentí identificado completamente ni con uno ni el otro, sino con los dos. ¿Soy realmente estadounidense? Mis padres no son de aquí, tuve maestros latinoamericanos y, en mi ciudad, se hablaba predominantemente español. No nos parecíamos en nada a los estadounidenses típicos que crecí viendo en la televisión. ¿Soy un niño o un adulto? Mi niñez básicamente desapareció cuando empecé a mantener a mis padres a los trece años. Pero ahora que tengo veintitantos, tampoco puedo decir que se me dé muy bien eso que llaman *adulting* o "comportarse como un adulto responsable".

Culpo a aquellos famosos beneficios de Silicon Valley. En 2014, a los diecisiete años, cambié los servicios de cocina y lavandería de mi mamá por los que me ofrecían en Facebook a tres mil millas de mi hogar. Había obtenido una pasantía que acabó convirtiéndose en un trabajo con un salario de seis cifras. Al terminarla, en lugar de ir a la universidad con mis compañeros, acepté un trabajo a tiempo completo como el ingeniero más joven de la empresa.

Hoy, a los veintitrés años, no tengo que preocuparme por deudas de tarjetas de crédito o cargos por sobregiro, o por si podré mantener a mis padres en caso de que las cosas se vuelvan a desmoronar. Estoy viviendo la fantasía de todo *geek* informático: en Facebook y Google, he liderado proyectos de aplicaciones utilizadas por miles de millones de personas y disfruto de un éxito financiero que va mucho más allá de lo que hubiera podido imaginar. Pero eso no impide que me cuestione a mí mismo todos los días.

¿Algún día sentiré que llegué aquí por mis propios méritos o solo soy un impostor que se las arregla en Silicon Valley porque sé muy bien cómo utilizar el sistema a mi favor? A veces, la pregunta de quién soy y dónde encajo sigue siendo tan abrumadora que desearía poder desaparecer. Pero he llegado demasiado lejos como para permitir que eso suceda.

Por supuesto que no llegué aquí solamente debido a mi esfuerzo y determinación. Durante la primera década de mi vida, mi familia vivió bien (aunque es cierto que por encima de nuestras posibilidades). Tuve la tranquilidad, el tiempo y el espacio para jugar y fantasear acerca del futuro. Tenía familiares que contaban con los recursos para ayudarme a comprar mi primer iPhone, el cual se convirtió en mi puerta hacia ese futuro. Hay muchos niños en todo el mundo que no tienen ese tipo de espacio para soñar y, mucho menos, acceso a la tecnología que los podría ayudar a desarrollar y lograr esos sueños. Actualmente, en Bolivia, nada más cuentan con Internet en su casa cuatro de cada cien personas y solo tiene acceso a Internet alrededor del cuarenta por ciento de la población. A los adultos les encanta preguntarles a los niños: "¿Qué quieres ser cuando seas grande?". Pero si esos niños no pueden satisfacer sus necesidades básicas —si tienen hambre o están preocupados porque no saben dónde pasarán la noche—, esa es una pregunta absurda. ¿Quién tiene tiempo de pensar en lo que quiere ser de grande cuando apenas está intentando sobrevivir?

Por eso no les dije a aquellos niños bolivianos que "soñaran en grande" o que "alcanzaran las estrellas". Les dije que, si querían codificar, había una educación gratuita esperándolos en Internet. La codificación es una habilidad de alta demanda en este momento, con algunos de los salarios más competitivos que podrás encontrar. Pero esas no son razones suficientes para convertirte en programador. Tienes que amar este trabajo para ser bueno en ello. Dicen que se necesitan diez mil horas de práctica para dominar una vocación. Desde que estaba en la escuela secundaria, lo más probable es que me haya pasado unas cuarenta horas semanales construyendo sitios web y creando aplicaciones —aproximadamente treinta mil horas— y todavía no me considero un experto; mucho menos, un maestro en el tema. Siempre voy a estar aprendiendo y eso es lo que me encanta de mi trabajo. Codifico porque pierdo la noción del tiempo cuando lo hago. Nunca me aburro. Si no fuera así, ni todas las horas que hay en una vida entera bastarían para ser excepcional en ese trabajo.

¿Por dónde empezar? En serio, como les dije a aquellos niños, empiezas buscando en Google lo que quieres saber: todo lo que necesitas aprender acerca de cómo crear una aplicación o programar está disponible de forma totalmente gratuita en Internet. Si bien eso puede parecer demasiado simplista, he descubierto que, realmente, es la mejor manera de aprender. Cualquier libro de programación que compres estará desactualizado cuando lo acabes de leer. Y aunque los campamentos de entrenamiento y las clases de codificación son, definitivamente, maneras excelentes de poner en marcha tus habilidades, tan solo pueden enseñarte los lenguajes de codificación actuales dentro de este universo que siempre está en constante evolución. No exagero cuando digo que, con la misma rapidez con que un programador puede aprender a codificar, el lenguaje de codificación se está reinventando. Como cualquier ingeniero te dirá, hemos llegado al punto en el que tenemos que dejar una pestaña de Google abierta en todo momento para mantenernos al día. Por eso creo que es mejor aprender desde el principio cómo puedes usar Google para ser autodidacta.

La programación no es una manera rápida de hacerte rico, pero puede ayudarte a empezar una carrera fuera del camino tradicional de obtener un título para luego trabajar: una vía alternativa hacia un éxito que supere tus sueños más ambiciosos.

Capítulo 1

El sueño americano

EL SUEÑO DE MIS padres siempre había sido tener su propio restaurante, así que, cuando yo tenía tres años, decidieron hacerlo realidad. El Pollón Grill fue uno de los primeros restaurantes peruanos de pollo asado en Miami: pollo a la brasa, como lo llamábamos. No parecía nada especial desde fuera, solo un pequeño edificio con un letrero de neón en medio de un centro comercial, pero a la gente le encantaba el pollo que mi mamá preparaba.

Aparte de discutir con mi mamá sobre el hecho de que lo único que quería comer era pollo y papas fritas (ella siempre me ofrecía pollo y arroz, empanadas de pollo, ají de gallina, pollo a la plancha, arroz con pollo), no tenía mucho de qué quejarme. Vivíamos en un vecindario típico de los suburbios de Miami, con casas bonitas y césped verde (aunque dudo que alguna de esas viviendas no tuviera una hipoteca). Ahora que tenían el restaurante en funcionamiento, mis padres estaban tratando de incursionar en el negocio inmobiliario. Siguiendo el consejo de nuestros vecinos, que habían tenido un éxito moderado como propietarios, mi papá obtuvo una licencia de bienes raíces, y él y mi mamá pidieron préstamos y compraron varias propiedades para alquilar.

Tenían tarjetas de crédito y las usaban a menudo, no solo para las compras cotidianas, como comestibles, ropa para la escuela y gasolina, sino también para cosas grandes y divertidas, como fiestas, muebles nuevos para la sala y viajes a Disney World.

Cuando se trataba de nuestras fiestas de cumpleaños, mi mamá siempre derrochaba mucho más allá de nuestras posibilidades. Me refiero a algo más que piñatas y pastel. Estoy hablando de que había magos y castillos inflables. Cuando terminaba la celebración diurna y todos los niños se iban a su casa, comenzaba la fiesta de los adultos, con suficiente pollo rostizado y ponche para todo el vecindario. Todo esto se pagaba con las tarjetas de crédito, por supuesto.

Entonces, todo cambió. A mediados de 2006, mis padres empezaron a parecer estresados. Murmuraban durante el café de la mañana acerca de cómo todo "se estaba derrumbando" y estaban teniendo problemas para pagar las cuentas.

Dejamos de viajar y de salir a comer. Incluso los viajes a Disney World llegaron a su fin. A veces mis padres trabajaban en el restaurante hasta las dos o las tres de la madrugada.

Una noche, un par de semanas antes de cumplir los diez años, los escuché hablar en voz baja y preocupada. Mariana y yo bajamos y nos llamaron a la sala.

—Los dos están creciendo —comenzó mi mamá—. Los niños grandes no tienen fiestas de cumpleaños: van al cine con sus amigos y pasan el rato con ellos. Este año, Michael, te estás convirtiendo en un niño grande. En lugar de una fiesta de cumpleaños, vas a ir al cine con tus amigos.

Algo en su rostro preocupado y la forma en que mi padre miraba sus zapatos mientras ella hablaba me hicieron sospechar.

—Está bien, claro, hagamos eso —dije.

En realidad, por mí, estaba bien. De todos modos, nunca había sentido que esas fiestas fueran para Mariana y para mí. Parecían ser más para mis padres.

Por muy mala que haya sido la situación, mi hermana y yo no pensamos mucho en ello. Yo era un niño feliz, conocido por mi enorme sonrisa.

—Tu boca parece un buzón —bromeaba mi mamá con cariño—. Se pueden ver ambas filas de dientes.

Teníamos el control de la casa todos los días después de la escuela y lo aprovechábamos. Desde las tres y media de la tarde hasta que nos cansábamos y encendíamos la televisión (Mariana) y la computadora (yo), nuestro hogar sin padres era el escenario de complicados y ambiciosos juegos. Por lo general, era yo quien tomaba la iniciativa.

Por ejemplo, un día, cuando tenía ocho años, le pregunté a Mariana:

—¿Quieres ir a Jurassic Park?

—¡Sí! —respondió rápidamente.

Podríamos haber fingido que estábamos en una jungla, pero eso no era suficiente para mí.

¿El problema? Mi casa no se parecía a Jurassic Park. No vivíamos en una isla selvática y no había dinosaurios. Me tocaba ser creativo. Miré la impresora de mi papá, donde había un pequeño bulto de hojas en blanco, y decidí que serían los bloques de construcción clave para lo que quería hacer. Pegando las hojas para formar varios lienzos gigantes, usé mis crayones para crear un braquiosaurio enorme, algunos pterodáctilos voladores, campos de hierba y una cueva aterradora.

Me apresuré y reuní todas las plantas de la casa y las coloqué en un círculo alrededor del gran sillón reclinable de mi padre. Pegué las hojas con las imágenes en las paredes de la sala.

—¡Listo! —le dije a Mariana cinco horas después.

Ella se sentó en el gran sillón reclinable de mi padre, cerró los ojos y ordenó:

—¡Montaña rusa!

Mecí y giré la silla por un rato. Mariana gritaba y reía. Cuando nos cansamos, Mariana se fue a ver la televisión y yo me dirigí hacia la vieja computadora Dell que teníamos en la planta baja.

La computadora Dell —y el portal que me abría a la Internet— me mantenía distraído del estrés cada vez mayor de mis padres mientras se esforzaban por mantenerse a flote en un sistema económico que hasta yo podía ver que todavía les resultaba totalmente extraño, incluso después de todos estos años. Sabía que ellos habían comprado aquella Dell para nosotros (a crédito, como todo lo demás) porque querían darnos todo lo que deseábamos. Por lo menos, así era como pensaban mis padres. Sabía que era doloroso para ellos cuando nos quejábamos de comer frijoles y arroz en la cena o cuando no podían permitirse comprarnos nuevos uniformes para la escuela y los del año anterior estaban a punto de reventar. Pero la Dell me compensaba por todo eso, alimentando mi curiosidad e imaginación. Cualquier cosa que me produjera curiosidad estaba ahí al alcance de mi mano, esperando a ser descubierta. Google había existido casi desde que nací y nunca, ni por un momento, había tenido que preguntarles a mis padres "¿Por qué esto?" o "¿Por qué aquello?". Simplemente lo buscaba en Google.

Como la mayoría de los hermanos, en ocasiones, Mariana y yo éramos muy unidos y, otras veces, no. De cualquier manera, ella era mi vínculo con el mundo real. Mientras yo me contentaba con pasar las tardes perdido en una tierra de dinosaurios de papel o explorando la Antártida a través de la computadora, Mariana era extrovertida y sociable, y siempre estaba un paso por delante de mí en la vida: hacía mucho tiempo que me había superado tanto en altura como en sentido común, a pesar de que yo era un año mayor. *Ella* fue la que tuvo que decirme que Papá

Noel no existía. Nadie podía entender mejor a los adultos y darse cuenta de sus trucos como lo hacía Mariana.

Cuando éramos muy pequeños, nuestra mamá solía lograr que hiciéramos lo que ella quería cruzando los brazos y contando hasta tres con su voz estricta:

—Uno…, dos…

Por lo general, había una pausa larga después del dos: el tiempo suficiente para que Mariana y yo nos levantáramos de un salto y, finalmente, hiciéramos lo que nos decía. Durante años, me aseguré de que nunca permitiéramos que nuestra mamá (casi siempre era ella la que nos castigaba) llegara al número aterrador que venía después de esa pausa. Era simple: si llegaba al tres, estábamos en problemas.

Fue así hasta la noche en que Mariana, de cinco años, puso a mamá en evidencia. Era la hora de ir a dormir y estábamos jugando en las escaleras cuando se suponía que debíamos cepillarnos los dientes. En el rellano inferior, estaba mami con los brazos cruzados y sus guantes amarillos de lavar los platos.

—¡Dos! —gritó mami.

—¡Mariana! —grité—. ¡Tenemos que hacerle caso!

—Michael, tranquilo, no va a pasar nada —se rio Mariana, me agarró de la muñeca y me jaló hacia atrás.

—¡Vamos! —Traté de librarme de ella.

—Pero, Michael, ¿qué es lo peor que nos puede hacer?

Yo no tenía idea y quería que siguiera siendo así.

—Piénsalo —dijo entre dientes Mariana—. ¡Es nuestra mamá! No nos va a hacer daño.

Eso había resultado cierto *hasta ahora*, pero siempre hay una primera vez.

—¡Mira, te lo voy a demostrar! —dijo Mariana.

Se dio la vuelta para mirar fijamente a mami.

—¡Tres! —gritó mami.

—¡Cuatro, cinco, seis! —respondió Mariana—. ¡Siete, ocho, nueve, diez!

Todos nos quedamos quietos. El tiempo se congeló.

Finalmente, mami soltó una carcajada.

—Ni modo —dijo, secándose los ojos—. Fue bueno mientras duró.

Más allá del viejo truco de contar hasta tres, nuestros padres utilizaron diferentes estilos de crianza para cada uno de nosotros. Tan diferentes que bien podríamos habernos criado en dos familias diferentes. *Mis* padres valoraban el estudio por encima de todo. En cambio, *los de Mariana* creían que la inteligencia emocional era la cualidad más importante. A mí me celebraban por ser excelente en matemáticas, mientras que Mariana era elogiada por su bondad. Yo me inclinaba hacia la tecnología —una ocupación estereotípicamente masculina— y a mi hermana ese tema le interesaba muy poco. Definitivamente, ella no compartía mi pasión por todo lo que tuviera que ver con Apple.

Mi obsesión por la marca Apple alcanzó su punto máximo cuando tenía diez años, el 9 de enero de 2007, el día en que Steve Jobs anunció el primer iPhone.

—¡Miren! ¡Está sucediendo! —Llevé a mi mamá de la mano desde el sofá hasta la vieja Dell para ver aquel evento trascendental en YouTube—. ¡Están lanzando el iPhone!

Mi mamá se rio y sacudió la cabeza. Mi padre intervino:

—Los productos Apple son tan poco prácticos: ¡incompatibles con todo! ¿De verdad quieres *eso*?

Asentí vigorosamente. *¡Sí, sí, sí!* A duras penas podía contenerme.

Mi papá me miró confundido.

—Tienes diez años, ¿acaso recibes correos electrónicos?

El Motorola Razr de mi mamá y el teléfono inteligente Nokia de mi papá no me interesaban para nada. Ya era
fan de Apple por completo.

—Vas a cumplir once años este verano —dijo mamá—.
Quizá tus tíos puedan darnos una mano con tu regalo de
cumpleaños.

Afortunadamente, tenía muchos tíos y los llamé a todos
de inmediato —a Kike, Mario, Carlos y Miguel— para
informarles con anticipación lo que quería como regalo
de cumpleaños.

Mis tíos cumplieron. Cuatro días después de que el
iPhone saliera a la venta, salí flotando de la tienda de Apple
con una opaca bolsa de plástico blanca colgada del brazo.
Dentro estaba el objeto más caro que había tenido hasta entonces.

Mis padres añadieron el teléfono a su plan familiar, así
que tenía servicio; pero, en ese entonces, el iPhone era
bastante básico: solo una pantalla táctil con la que podías
acceder a un navegador de Internet, una cámara, tu correo
electrónico, tu música, tu calendario y algunas aplicaciones instaladas. Podías enviarle mensajes a una persona a la
vez, pero yo no tenía amigos con teléfonos para mandarles mensajes de texto y nadie usaba el correo electrónico.
Aun así, el aparato era magnético, adictivo.

Nunca había sido de los que dormían con un osito de
peluche (bueno, tenía un pingüino de peluche), pero no
podía acostarme sin mi nuevo iPhone.

Capítulo 2

El encantador de pingüinos

En el otoño de 2007, empecé la secundaria con ayuda financiera en la Escuela Preparatoria Jesuita de Belén, una escuela privada para niños de sexto a duodécimo grado en la que mi mamá había soñado que yo ingresara durante años. Al darme cuenta de que esta era una oportunidad para salir de mi zona de confort, decidí tratar de ser más sociable, lo cual tuvo resultados muy diversos.

En lugar de ser el niño cuyas tareas copiaban todos los demás estudiantes, como había ocurrido durante la escuela primaria, me convertí en el que copiaba las tareas, llegaba tarde al primer período y se unía a las risas cuando otro niño le hacía una broma a un maestro. Esto no me hizo popular, pero sin duda sentí que era mejor que mi antiguo y mucho más callado yo. Y gracias a un juego de computadora increíblemente adictivo que descubrí llamado Club Penguin, eso era suficiente. Club Penguin me dio una vida social mucho más amplia. El mundo del juego era ilimitado y, fuera de él, nada parecía proporcionarme la misma emoción. Tenía tantos amigos virtuales como quería, así que no importaba tener muy pocos en la vida real. ¡Ufff!

Adquirido por Disney ese mismo año por setecientos millones de dólares, Club Penguin fue, en muchos sentidos, el primer gran juego de redes sociales de mi generación. Los usuarios creaban sus propios avatares de pingüinos y luego paseaban por todo un mundo virtual compitiendo por tener la mayor cantidad de monedas, el mejor iglú, el avatar más genial. Los jugadores podían escribirse mensajes y estos aparecían sobre las cabezas de los pingüinos en burbujas de chat. Club Penguin no estaba disponible para iPhone, así que no podía jugarlo en la escuela. Pero, tan pronto como terminaban las clases, corría a la sala de informática de la escuela para jugar junto a mis compañeros hasta que mis padres vinieran a recogerme.

Mis amigos del Club Penguin vivían en otras ciudades y países. Me conocían solo como mi avatar, no como Michael, pero eso era suficiente para mí. No importaba que no fuera atlético o que no estuviera interesado en las chicas o que no tuviera éxito en el ámbito social; siempre existían otras personas dentro del mundo del juego que tenían personalidades similares con las que podía identificarme. Y lo que era más importante, no importaba que fuera gordo. Durante mi año de sexto grado, la grasa de bebé que había estado cargando desde que era pequeño comenzó a convertirse en un verdadero problema de peso. ¿Pero a quién le importaba? En la Internet no tenía que preocuparme por eso. Podía simplemente ser yo mismo, la versión más auténtica de mí. Y por eso, me sumergí en ese mundo… hasta el fondo.

Uno de mis lugares favoritos era un blog de WordPress llamado *The Army of Club Penguin* [El ejército del Club Penguin; ACP, por sus siglas en inglés]. El ACP era (prepárate para esta locura) una página de reclutamiento de temática militar para cuentas de pingüinos virtuales. Un grupo de pequeños avatares de pingüinos, todos vestidos de la misma manera, se inscribían en Club Penguin al mismo tiempo y caminaban en formación gritando a coro una y otra vez: "¡Ejército del Club Penguin!". Como en un ejército de verdad, a los avatares se les asignaban rangos: soldado, sargento, teniente y capitán. Se libraban guerras entre diferentes ejércitos de pingüinos. *Miles* de niños participaban, comunicándose por medio de chats que no eran regulados, donde se permitían malas palabras.

Pero, en aquel momento, realmente no existían cosas tales como aplicaciones.

En el verano de 2009, antes de cumplir los trece años, mi mamá me envió a Perú a vivir con mi tío Kike durante tres meses. En aquella época, tenía mi propio blog de WordPress en el que compartía actualizaciones, guías y tutoriales acerca del Club Penguin. Realmente me gustaba mucho ese juego. El único problema era que nadie visitaba mi blog, así que me sentaba en la computadora y actualizaba la página durante horas para intentar aumentar el conteo de visitas. Eso en realidad no ayudaba, ni tampoco los comerciales de YouTube que había creado: "comerciales" de mi página web con un enlace que llevaba de vuelta a mi blog del Club Penguin. Sin embargo, seguía sin obtener resultados, así que supe que debía encontrar otra forma de hacer que mi blog del Club Penguin fuera un éxito.

Un año antes, Apple había anunciado algo nuevo para el iPhone: la App Store. Ahora la gente podía crear aplicaciones en sus iPhones y distribuirlas a través de esta. Al lanzar la tienda, Steve Jobs había dicho que *cualquiera* podía crear una aplicación y venderla. No le había dado mucha importancia a ese anuncio, pero ahora, en casa de mi tío, con bastante tiempo para pensar, me di cuenta de que podía crear una aplicación móvil para promocionar mi blog del Club Penguin. El juego en sí todavía no estaba disponible para dispositivos móviles, así que pensé que esta era mi oportunidad de obtener todas las búsquedas al respecto en la

App Store. Sería una forma de dejar mi huella en el mundo del Club Penguin, compartiendo los tipos de consejos que eran populares en los sitios de fans del juego, incluido el que yo mismo había lanzado. No tenía idea de cómo crear una aplicación, pero si Steve Jobs decía que era fácil, entonces iba a averiguar cómo hacerlo. Empecé a buscar en Google.

A fines de enero, tenía una aplicación que funcionaba y que consideraba útil. Para poder enviarla a la App Store, tuve que comprar una licencia de programador que costaba cien dólares. Entonces, decidí pedirles ese dinero a mis padres, a pesar de que en ese momento las cosas ya se habían puesto tan mal que no estaban en posición de ayudarme. Mi mamá sabía que había estado trabajando duro en mi creación, pero ninguno de ellos podía comprender realmente lo que estaba haciendo. Les parecía que estaba jugando todo el día. En realidad, yo sentía lo mismo. Pero mi mamá pudo ver lo importante que era el proyecto para mí y, cuando le expliqué que iba a cobrar $1.99 por descarga, aceptó ayudarme.

—Si me devuelves el dinero, está bien —dijo—. Pero si no puedes, vas a tener que trabajar en el restaurante lavando platos, porque no puedo gastar esa cantidad de dinero en este momento. —Entonces, añadió—: No se lo digas a tu papá.

Asentí.

—No se lo diré, mami.

La aplicación del Club Penguin era de fácil acceso y cumplía lo que prometía: una guía completa del juego junto con actualizaciones de noticias sobre los últimos cambios en Club Penguin y una sala de chat incorporada para que los usuarios se comunicaran entre ellos cuando lo desearan. Con orgullo, pagué los cien dólares y envié la aplicación a la tienda. Entonces, esperé. A los pocos días, recibí un correo electrónico de Apple diciendo que la aplicación había sido rechazada. El correo decía que las dos imágenes que había subido para los íconos —una con un pequeño pingüino y la otra con el logotipo del Club Penguin— no coincidían: los íconos tenían que mostrar la misma imagen. Los modifiqué para que ambos tuvieran un pingüino y volví a enviar la aplicación. Y el 2 de marzo de 2010, mi primera aplicación estuvo disponible en la App Store. Mis padres estaban felices por mí, incluso si no tenían idea de lo que esto significaba.

Había aprendido por mi cuenta sobre iTunes Connect, el portal en línea para ver las ventas y realizar un seguimiento de los parámetros de las aplicaciones. El día en que salió mi aplicación, lo revisaba cada hora para ver si había obtenido descargas. No vi ninguna, pero no sabía que las cifras de ventas de descargas se calculaban al día siguiente, no en vivo. Tuve un mal presentimiento de que mi aplicación sería un fracaso.

Pero no iba a rendirme sin pelear. Les hice una oferta a mis amigos de la comunidad de blogs del Club Penguin. Escribí: "Colocaré un anuncio de tu página web en mi aplicación si tú también pones uno de mi aplicación en la tuya". Luego les envié *banners* para que la gente hiciera clic y pudiera descargar la aplicación. Eso comenzó a generar algo de entusiasmo por esta.

Todo era tan nuevo para mí. Cuando revisé iTunes Connect al segundo día y vi dos columnas y dos filas de información, pensé que dos personas habían comprado mi aplicación: mi mamá y mi papá. Resultó que esas dos filas representaban dos países, Estados Unidos y Canadá, y al final de cada columna, se listaba el número de descargas de cada uno de ellos. Durante el primer día, hubo cincuenta y dos descargas a $1.99 cada una, lo que me hizo ganar más de cien dólares. Durante su segundo día en vivo, mi aplicación fue la número siete en la categoría de referencias. Corrí a la habitación de mis padres y sacudí a mi papá para despertarlo, gritando:

—¡Papi, mira, mira! ¡Mi aplicación está en el puesto número siete! ¡Es la número siete en la lista de las mejores aplicaciones de referencia! ¡Despierta!

Mi mamá me miró aturdida y dijo:

—Vaya, eso es genial, Michael, pero tu papá trabajó hasta muy tarde en el restaurante, déjalo dormir.

Revisaba las ventas todos los días y observaba cómo mi aplicación pasaba de cincuenta a setenta y luego a ochenta descargas al día. Durante su primer fin de semana, la aplicación estaba obteniendo cien descargas diarias, generando doscientos dólares al día. Cuando se lo conté a mi profesor de ciencias, silbó y dijo:

—Eso es más de lo que yo gano.

El hecho de que estuviera ganando más dinero que muchos de los adultos que conocía era increíble, pero ¿iba a durar? En lo profundo de mi mente, una voz susurraba: "La aplicación Club Penguin puede estar encabezando las listas ahora, pero con el tiempo caerá. Cuando eso suceda, ¿qué vas a hacer?". Aunque las cosas iban bien, mi mente ya se había concentrado en una manera de expandir aún más mi negocio. Necesitaba aprovechar el momento todo lo que pudiera antes de que decayera el entusiasmo. Entonces, me puse a trabajar en la construcción de algunas variaciones de diseño lo más rápido que pude: una versión avanzada por $4.99 que ofrecía trucos adicionales, una versión en español y una versión simplificada que costaba solo un dólar. Algo para todo el mundo.

Acababa de enviar las nuevas aplicaciones a la App Store cuando recibí mi primer depósito directo de Apple por cinco mil dólares. Cuando mis padres lo vieron, se sorprendieron de que el dinero que estaba ganando fuera real.

—Michael, ¡esto es una locura! —dijo mi mamá con voz alarmada—. ¿Qué has hecho?

—Es la aplicación, ¿te acuerdas? La que creé con el dinero que tú me diste.

Mis padres estaban demasiado sorprendidos como para decir algo más, pero intercambiaron una mirada que decía: "Hablaremos de esto más tarde".

Una noche, poco después, salieron a cenar con sus amigos.

—Al parecer, Michael creó una aplicación que es la número uno en todas las listas en este momento y Apple le envió cinco mil dólares —dijeron.

Una suerte increíble quiso que otro comensal del restaurante los interrumpiera para decirles que conocía a alguien que trabajaba en una cadena de televisión y que podría estar interesado en saber más de aquella historia.

Unos días después, mi mamá y yo fuimos a la sede de CNN para la división latinoamericana en Miami. Alguien me sentó en una silla y dijo:

—Okey, vas a mirar a esa cámara e imaginar que es una persona.

Yo dije:

—¿Cómo? Eso es muy raro. No lo puedo hacer.

A duras penas podía mantener el contacto visual con la gente en la vida real. Busqué a mi mamá, que estaba detrás de las cámaras, pero no pude leer la expresión de su rostro debido a las luces cegadoras enfocadas en el mío. Cuando la cámara comenzó a grabar, simplemente respondí las preguntas del entrevistador.

—¿Qué fue lo que creaste? —preguntó.

—Este…, diseñé una aplicación… —empecé a decir torpemente, dándole una descripción enredada.

Mi corte de pelo, fortuitamente, se parecía al de Justin Bieber, lo que era para morirse de vergüenza, y estaba sentado de manera encorvada, ocultando mi cuerpo regordete. No sentía que hubiera hecho algo muy especial.

—¿Hay algo más que te gustaría decir?

Cuando el presentador hizo su pregunta final, lo pensé durante unos segundos.

—Si hay otros niños que quieran aprender a crear aplicaciones —dije—, envíenme un mensaje en Facebook o Twitter y puedo mandarles enlaces.

Enseguida que salí de las oficinas de CNN, mi teléfono comenzó a explotar. Recibí cuatro mil solicitudes en Twitter y Facebook y mis padres comenzaron a recibir llamadas telefónicas de todo el mundo. La gente quería entrevistarme en Australia, Perú y Colombia. En menos de una semana, había cámaras por toda nuestra casa y mi mamá estaba al teléfono atendiendo solicitudes para entrevistas. Después de eso, las entrevistas se convirtieron en parte habitual de nuestras vidas. Más o menos una vez al mes, un equipo de noticias convertía nuestra sala de estar en un set o yo iba a un estudio de televisión para otra entrevista. Siempre era la misma serie de preguntas en el mismo orden: "¿Cuántos años tienes? ¿Qué te hizo decidirte a crear aplicaciones? ¿Cómo aprendiste a hacerlo? ¿Cuánto dinero estás ganando? ¿Es cierto que mantienes a tu familia con tus ingresos?".

Al principio, les decía directamente a los periodistas que ganaba diez mil dólares al mes y a veces más. Después de un tiempo, me cansé de la pregunta y aprendí a esquivarla diciendo:

—¡Más de lo que nunca imaginé!

Cuando se trataba de la pregunta sobre mantener a mis padres, asentía con una sonrisa. Aunque a mami no le gustaba para nada que su familia en Perú escuchara que yo los mantenía, no había nada que yo pudiera hacer al respecto. Mi papel como sostén de la familia era uno de los aspectos que hacía que el público latinoamericano encontrara mi historia esperanzadora. Muchos padres latinoamericanos esperan criar hijos que algún día puedan ayudar a mantener a toda la familia. La unión familiar es muy importante en esta cultura: un valor que mis padres se aseguraron de inculcarme. Era una de las principales razones por las que los reporteros querían entrevistarme. Pero eso no significaba que fuera menos raro o incómodo. Mantener a mis padres siendo tan joven era una locura y cambió totalmente mi relación con ellos. Era imposible tener una infancia normal y al mismo tiempo ayudarlos a mantenerse a flote. Pero, por encima de todo, estaba emocionado de tener una plataforma para que otros niños supieran el fascinante secreto que había descubierto: existía un lugar donde los niños podían ganar dinero real creando de la nada cosas que amaban. Quería que todas las personas de mi edad supieran que, si les interesaba programar, pero creían que era demasiado difícil o que no eran lo suficientemente inteligentes, debían pensarlo mejor.

—Prepárate, Mariana —decía mami—. ¡Es posible que también quieran ponerte en televisión!

Pero mi hermana no podía identificarse con mi entusiasmo por montar un espectáculo frente a las cámaras. Cada vez que llegaba un equipo de noticias a la casa, se encerraba en su habitación con las amigas. Cuanto más aparecían los reporteros, más parecía alejarse de mí. No es que tuviera tiempo de angustiarme por eso. Mi principal preocupación era: "¿Qué debo hacer a continuación para que todo esto siga así?". Porque, al parecer, era en *esto* donde estaban las oportunidades, no en la escuela. En la escuela, lo único que importaba era cuántos datos podía memorizar (no muchos, como lo demostraban mis calificaciones). A nadie allí le interesaba lo que yo estaba *creando*. Pero fuera de los muros de la escuela, sentía que podía expresar mi verdadero yo a través de la programación. La energía que ponía en mis aplicaciones regresaba a mí de la manera más emocionante y satisfactoria.

Decidí crear otra aplicación. Y esta vez, sería un juego *de verdad* (basado en Club Penguin, por supuesto).

La creación de un juego requeriría una programación más avanzada de la que había aprendido hasta ahora. Compré una Mac de escritorio y me sumergí en los tutoriales de YouTube sobre cómo crear un juego de saltos, del tipo en el que inclinas el teléfono hacia la izquierda y la derecha para hacer que los personajes salten. Había uno muy popular llamado *Doodle Jump*. Pensé que sería un desafío divertido ver si podía construir un juego que usara mecanismos similares, con ilustraciones de personajes del Club Penguin saltando arriba y abajo en pequeñas plataformas, subiendo más y más alto por el mundo del juego. Después de cientos de horas experimentando con el método de prueba y error, lo terminé.

Esta vez, el proceso de solicitud fue mucho más rápido: envié la aplicación, fue aprobada por Apple y rápidamente escaló las listas. El primer día, vendió quinientas copias a un precio de $2.99 la descarga. Y las ventas no se detuvieron ahí.

Pero otras partes de mi vida no iban tan bien. Me pasaba la hora del almuerzo copiando el trabajo de mis compañeros de clase, por lo que nunca podía almorzar y siempre estaba muriéndome de hambre después de la escuela. Todos los días, le pedía a mi mamá que trajera comida de McDonald's a casa, aunque, en realidad, nunca le decía específicamente "¿Puedes traerme algo de McDonald's?", porque me daba demasiada vergüenza. Sabía que esa comida me hacía daño. Y en el fondo, sabía que no podíamos pagarla y que debería comerme la que preparaban en el restaurante. Así que pasaba por un ritual con mami en el que le decía:

—Me muero de hambre.

Y ella respondía:

—Bueno, ¿qué quieres?

Continuando con la farsa, yo respondía:

—No sé. ¿Qué puedes traerme?

Y luego, cuando ella terminaba de leer el menú del restaurante, yo decía:

—No, no tengo ganas de eso.

Al final, cansada y con exceso de trabajo, mami se rendía.

—Entonces, ¿qué tal algo de McDonald's? —decía.

—Claro, está bien, McDonald's —yo balbuceaba.

Pronto, me convertí en un verdadero adicto: me comía una fajita de pollo y una porción grande de papas fritas dos veces al día.

Los químicos de la comida rápida al menos me ayudaron a olvidar temporalmente las calificaciones que iban bajando y el peso que iba subiendo.

En mayo de 2010, el banco estaba amenazando con embargar nuestra casa y mis padres ya habían perdido todas sus propiedades de alquiler, excepto una pequeña casa adosada en un vecindario cercano al lugar donde vivíamos. Además de eso, habían llegado al límite de sus tarjetas de crédito y no podían mantenerse al día con los pagos. La compañía telefónica estaba amenazando con desconectarnos el servicio. El restaurante estaba fracasando. Lo peor de todo es que los ojos de mi mamá habían dejado de bailar cuando hablaba y mi papá no había contado ni uno solo de sus chistes malos en meses. Cada noche, cuando volvía a casa del trabajo, iba directamente a su sillón reclinable para mirar desanimado la televisión. No parecía justo. Al mismo tiempo que yo estaba teniendo mi golpe de suerte, mis padres se encontraban en serios problemas.

Unos meses después, un administrador de la escuela me llamó a su oficina y me informó que estaba atrasado en los pagos de la matrícula. Cuando llegué a casa, le pregunté a mi mamá. Me explicó que había hecho un retiro de emergencia de los fondos que yo había obtenido de la App Store. Yo nunca había visto un centavo de ese dinero porque todo iba directamente a una cuenta que administraban mis padres.

—Lo necesitábamos para pagar los salarios de los empleados del restaurante —me dijo—. El mes pasado fue peor que nunca, pero las cosas van a mejorar pronto.

La preocupación en su voz decía lo contrario.

Al poco tiempo, desesperada, mamá estaba usando mi dinero para pagar los salarios de los empleados dos veces al mes, solo para que las puertas pudieran permanecer abiertas. Los meseros y meseras debían saberlo. Luego de años de casi siempre ignorarme cuando estaba en el restaurante, ahora me preguntaban qué tal les iba a mis aplicaciones. Supuse que estaban tratando de averiguar durante cuánto tiempo más mamá podría pagarles.

Mi mamá también me preguntó si podía usar mi dinero para pagarles miles de dólares a abogados para tratar de salvar nuestra casa. También necesitaba el dinero para la comida, el servicio eléctrico, acceso a Internet, gasolina, ropa y —finalmente— la porción de la matrícula de mi escuela que no estaba cubierta por la asistencia financiera.

—Solo hasta que nos recuperemos —seguía diciendo—. Te devolveremos el dinero cuando podamos.

Quería ser un buen hijo. Además, no necesitaba todo ese dinero. A los trece años, todo lo que quería era un nuevo iPhone o una Xbox, pero eso era suficiente. Ciertamente, no necesitaba gastar diez mil dólares al mes y, lamentablemente, nunca me habían enseñado la importancia de ahorrar para el futuro.

—No tienes que pedirlo prestado —decía cada vez que mi mamá me preguntaba—. Simplemente tómalo.

Grave error. Mis padres, claramente incómodos por tener que pedirme dinero, me tomaron la palabra con el tiempo y, simplemente, retiraban lo que necesitaban cuando lo necesitaban.

Aunque, al principio, no me importaba compartir mi dinero, lo que me molestaba era que mis padres quisieran sacar ventaja de ambos lados: es posible que yo fuera el sostén de la familia, pero todavía me trataban como a un niño y esperaban que siguiera sus reglas. Ahora, cuando mi mamá intentaba criarme como lo haría cualquier madre o padre, me resultaba intolerable.

—Oye, Michael —dijo mami tímidamente una noche, abriendo la puerta de mi habitación—, es más de medianoche y has estado en tu computadora todo el día. Aún no te has cepillado los dientes ni te has duchado. ¿Ya hiciste la tarea?

Furioso, me encorvé más sobre el teclado sin apartar los ojos de la pantalla, donde estaba trabajando en una nueva actualización para el juego del Club Penguin.

—Mami, no lo entiendes. Estoy haciendo lo que tengo que hacer, ¿okey? Todo está bien.

Todo no estaba bien. Después de dos meses y veinticuatro mil dólares de ganancias, mis aplicaciones habían experimentado una rápida disminución en las ventas. En parte, se debió a un cambio en el mercado: la App Store ya no era este lugar fácil donde un puñado de jugadores pícaros como yo podía sacar una buena ganancia vendiendo juegos por $2.99 a $4.99. Ahora estaba inundada de juegos gratuitos que ganaban dinero a través de compras dentro de la aplicación, cobrándoles a los jugadores por accesorios o por adquirir nuevas máscaras para sus avatares y *tokens* de moneda virtual. Estaba empezando a aprender que la mayoría de las aplicaciones tienen una vida útil corta: a medida que pasa el tiempo, la gente las va usando cada vez menos.

—Bueno, muy bien entonces —dijo mi mamá.

Podía sentirla tratando de dejarlo pasar. Nunca podía hacerlo.

—Es solo que…, si tus calificaciones empeoran, no podrás ingresar a ninguna universidad. ¿Qué pasa si tus aplicaciones no funcionan para siempre? Entonces, ¿qué vamos a hacer?

Me giré para mirarla. Ya no tenía fuerzas para tratar de apaciguarla y asumía una actitud desafiante acerca de mis calificaciones y el hecho de que hubieran bajado de A y B a notas de C y D.—¿A quién le importa una mierda la tarea? —dije apretando los dientes—. Dijiste que el pago del auto está vencido, ¿verdad? ¡Déjame hacer mi trabajo!

Trabajar en mis aplicaciones había sido relajante al principio. Por muy estresante que mi vida se volviera, cuando estaba creando algo, olvidaba mis problemas y me sentía tranquilo y enfocado. Todo lo demás, simplemente, se desvanecía. Pero ahora que mis aplicaciones eran lo único que podía salvar nuestra casa del embargo, era una historia diferente.

A esa presión, se le sumaba también mi creciente fama en Latinoamérica. Esto se debía principalmente a las decenas de famosos que me habían entrevistado, entre ellos, Jorge Ramos y Don Francisco, quien tenía un programa importante que se grababa en Miami llamado *Don Francisco presenta*. Don Francisco era, básicamente, el Oprah de Latinoamérica y me había entrevistado *a mí*. De ninguna manera, yo merecía su tiempo. Todavía no podía creerlo y, mucho menos, todo el interés que habían generado esas entrevistas. Había perfiles en los principales periódicos latinoamericanos, una historia de una hora sobre mí en un programa dominical de noticias en Perú y una serie de entrevistas por video con presentadores de programas matutinos y nocturnos.

Como era quien atendía todas las llamadas de los medios, mi mamá siempre estaba en un estado de ansiedad. Quizá creía que la publicidad era buena para la venta de aplicaciones y quería agendarme entrevistas en tantos programas como fuera posible, pero vivía con el temor de contestar el teléfono.

—¡Nunca sé si es alguien que quiere entrevistarte o un cobrador de deudas! —se quejaba, levantando las manos.

Llegó a ser algo común que los reporteros de programas de televisión en español me siguieran por la escuela para ver cómo era mi vida. Los niños que veían aquellas imágenes en Latinoamérica bombardeaban mi página de Facebook con mensajes que decían cuánto los inspiraba ver lo que había logrado. Pero en la escuela, mi fama inesperada me aislaba. Ya nadie me llamaba por mi nombre.

—¡Ahí va el niño genio de las aplicaciones! —decían mientras yo me movía con dificultad por el campus con otro equipo de noticias siguiéndome.

Algunos de los estudiantes intentaban conseguir sus quince segundos de fama intentando aparecer frente a las cámaras junto a mí; otros se mantenían alejados, probablemente para evitar molestar.

De cierta forma, no era tan diferente de mis compañeros de clase. *Todos* éramos niños de las aplicaciones. ¿Has visto que en las películas los niños y niñas siempre caminan por los pasillos de la escuela conversando entre ellos? ¿Y que a la hora del almuerzo están en la cafetería, contándose chismes y saludándose a gritos? Eso no ocurre cuando una escuela tiene iPads. Durante la hora del almuerzo, los estudiantes de Belén se sentaban en el suelo de los pasillos, mirando sus pantallas. Grupos de amigos se sentaban uno al lado del otro, todos jugando por su cuenta.

En Belén, los estudiantes casi no usaban mochilas o casilleros, por lo general, solo los iPads. Se suponía que debían emplearlos para pasar los exámenes, hacer tareas y tomar notas. Pero debido a que los maestros no tenían idea de cómo funcionaban aquellos aparatos novedosos, los estudiantes les daban cien vueltas. Nuestro profesor de historia decía:

—Bien, chicos, vamos a comenzar la clase.

Entonces, todos encendíamos nuestros iPads. Pero no estábamos mirando el material de la lección del día. A mi izquierda, un niño jugaba al minigolf; a mi derecha, otro enviaba mensajes de texto en un chat grupal sobre una fiesta que habría el fin de semana; y frente a mí, alguien publicaba una foto de la pizarra en el grupo privado de Facebook en el que nos comunicábamos.

Un día se me ocurrió una idea de cómo podría hacer en la escuela algo que realmente me importaba: reemplazar esa página de Facebook por una aplicación que incluyera noticias para los estudiantes, fotos de la escuela y un portal seguro donde los alumnos pudieran acceder a sus calificaciones. Usando un programa informático llamado Xcode, diseñé una página de muestra para enseñársela al director de la escuela, el padre Phil. Era un sacerdote jesuita que, por lo general, se encontraba parado frente a la puerta de su oficina o al fondo del salón de actos con las manos cruzadas detrás de la espalda. Era amable, pero mi escuela era estricta: si no te parabas a rezar en la sesión de la mañana, estabas en problemas; si tu corbata estaba demasiado floja o tu botón superior estaba desabrochado, estabas en problemas. ¿Estaría en problemas por crear una muestra de una aplicación para la escuela sin obtener permiso primero? El riesgo valía la pena.

La mañana en que terminé el prototipo, pegué una amplia sonrisa en mi rostro y me acerqué al director, sosteniendo el teléfono para mostrarle mi gran idea.

—¡Hola, padre! ¡Me encantaría crear una aplicación como esta para la escuela, en caso de que le interese!

El padre Phil miró la pantalla con ojos entrecerrados, sonriendo.

—¿Qué es esto?

—¡Es una aplicación solo para los estudiantes de Belén! ¡Sería una excelente manera de mantenernos al día con las tareas y, tal vez, incluso comunicarnos con los maestros!

Asintiendo lentamente, el padre Phil me dio una palmadita en el hombro que parecía decir: "Qué lindo". Entonces habló:

—Bien, bien... ¿Por qué no?

—¿En serio?

—Este... —Ahora estaba mirando más allá de mí a un par de alborotadores al final del pasillo, su sonrisa fue regresando a su lugar—. Déjame pensar en los canales adecuados...

Echó a andar por el pasillo, con las manos todavía cruzadas detrás de él.

¿Canales adecuados? Belén ni siquiera tenía realmente un departamento de informática. Los administradores de nuestra escuela parecían pensar en la programación como un pasatiempo para después de las clases y no como la clave para nuestro futuro. Su postura era: la escuela es para aprender cosas *de verdad* —historia, ciencias y matemáticas (el tipo de cosas que suenan bien en teoría)— que te ayudarán a ser admitido en una universidad.

—¿Con quién debo hablar, padre? —le pregunté al director, siguiéndolo de cerca.

—¡Con los informáticos! —respondió mientras se apresuraba en dirección a su objetivo—. Ellos te pueden ayudar.

Desanimado, me desplomé contra la pared. "Los informáticos" de Belén eran un puñado de personas que administraban los iPads de la escuela y que pasaban por ahí cuando no funcionaba la conexión wifi. En otras palabras, sentí que mi esfuerzo era inútil. El director nunca entendería el valor de mi aplicación para Belén, por lo que nunca podría hacerse realidad.

—Ni modo —dije en voz baja.

No importaba. Tenía alrededor de una docena de ideas de aplicaciones en mi cabeza, esperando a convertirse en realidad. ¡Siguiente idea!

Capítulo 3

Cómo duele crecer

CON EL TIEMPO, HICE unos cuantos amigos en la vida real en Belén. El más cercano era un chico cubano llamado Lucas que compartía mi obsesión por la tecnología y Apple, y a quien parecía caerle bien a pesar de mi mente unidireccional. Cada vez que Apple anunciaba un evento en vivo, Lucas venía a mi casa para verlo en mi iPhone. Cada vez que salía un teléfono nuevo, acampaba conmigo frente a la tienda para que yo pudiera comprarlo. Tener el último iPhone era clave para probar mis aplicaciones. Aunque no tenía acceso al dinero que había ganado y no tenía idea de cuánto habían gastado mis padres, mi mamá siempre encontraba la manera de juntar los fondos.

Lucas era extremadamente organizado y tenía excelentes calificaciones. Hacía sus tareas tan pronto como llegaba a casa y, cuando se cansaba, se iba a dormir. Yo, por otro lado, era un completo desastre en la escuela: estresado y privado de sueño debido a que trabajaba en mis aplicaciones hasta las tres de la madrugada todos los días.

Veníamos de familias similares de clase trabajadora y ambos nos esforzábamos a nuestra manera, pero a veces nos enfrentábamos a causa de nuestras diferentes estrategias para salir adelante. La primera vez que le pregunté si podía copiar su tarea, Lucas respondió con un firme "no".

—¿Por qué no? —imploré.

Él, con todo derecho, respondió:

—Porque dediqué esfuerzo a hacerla y tú no. Entonces, ¿por qué debería permitirte copiarla?

Después de eso, nunca más le volví a preguntar si podía copiar su tarea.

A veces sentía una brecha más sutil entre nosotros: durante toda su vida, a Lucas le habían dicho que, si sacaba buenas notas y le iba bien en la escuela, tendría éxito; sin embargo, su mejor amigo estaba reprobando todas las clases avanzadas e incluso había sido suspendido por copiar la tarea una vez y, aun así, estaba ganando dinero a manos llenas.

Como Lucas era mi mejor amigo y yo era el niño genio de las aplicaciones, la gente en la escuela asumió que él estaba beneficiándose de mi éxito. Esto no podría haber estado más lejos de la verdad, pero, de todos modos, comenzaron a llamarlo mi sombra o Michael 2. No les presté a las burlas la atención que debería. Debía haber defendido a Lucas, pero estaba demasiado concentrado en mi próxima creación y, simplemente, ignoré todo el asunto. Cada vez que salíamos juntos, yo hablaba una y otra vez de lo estresante que era tratar de mantener mis aplicaciones encabezando las listas. O de cómo mis padres habían usado los últimos mil dólares de mi dinero para pagar las cuentas. El hecho de que Lucas tuviera sus propios problemas ni siquiera me pasaba por la cabeza. Milagrosamente, siguió tolerándome.

Una vez, le pedí que diera una entrevista para una sección de un programa de televisión sobre mí. Él era tímido, pero parecía que realmente quería hacerlo y me emocionaba verlo entusiasmado. La noche en que se emitió el programa, él y su familia se apiñaron alrededor del televisor, emocionados por poder ver su rostro en la pantalla. Pero no les tomó mucho tiempo darse cuenta de que los productores del programa habían eliminado su parte de la entrevista. Al día siguiente, se me acercó en la escuela y me dijo:

—Oye, ¿viste el programa?

—No —le dije—. Odio verme a mí mismo en la televisión.

Nunca me veía a mí mismo; no soportaba mi apariencia física.

—Bueno, pues me eliminaron —dijo Lucas.

—¿En serio? —respondí—. No puede ser. Qué raro.

Más tarde, ese mismo día, le pregunté a mi mamá al respecto para ver si podía ayudarme a entender por qué había pasado eso.

—Tal vez quitaron su parte porque su español no es muy bueno —sugirió.

Pensándolo ahora, desearía haberle dicho a Lucas cuánto lamentaba que lo hubieran eliminado del programa. Ojalá le hubiera dicho lo mucho que apreciaba su tiempo y su amistad. A veces me pregunto si todavía seríamos amigos si lo hubiera hecho.

Ser el niño genio de las aplicaciones me daba una excusa para evitar muchas cosas que se suponía que los adolescentes normales querrían hacer, como ir a fiestas y tener citas. Al ser el niño más joven de mi clase, ciertamente, estaba atrasado en cuanto a las citas. Además, me decía a mí mismo, tenía otras y mejores cosas que hacer. Tenía mis aplicaciones. Nunca había pensado mucho en las chicas, a pesar de los intentos de mami por buscarme pareja. Durante años, había tratado de convencerme de que yo había estado enamorado toda mi vida de Sofía, una niña bonita de mi jardín de infantes. Cada vez que veíamos videos antiguos de mis fiestas de cumpleaños de la época de la escuela primaria, mi mamá decía:

—¡Oh, ahí está Sofía, la niña de la que siempre estuviste enamorado! ¿Cómo le va ahora? ¿Todavía piensas en ella?

La verdad era que nunca había pensado en Sofía, pero siempre era más fácil estar de acuerdo con mi mamá que en su contra, así que me encogía de hombros y murmuraba:

—Sí, claro, a veces.

Y cambiaba de tema.

Mi mamá no veía la hora de que mi hermana y yo creciéramos y le diéramos nietos. Cada vez que la familia salía a cenar a nuestro restaurante cubano favorito, La Carreta, ella mencionaba lo mucho que deseaba poder comer allí algún día con nosotros y todos sus futuros nietos. Extrañaba a su familia en Perú, y quería recrear aquí las comidas grandes y ruidosas de su infancia. En realidad, yo también lo deseaba.

En una de esas noches de La Carreta, de la nada, mi mamá dijo:

—¡No puedo imaginarme cómo sería tener un hijo que fuera gay y no me diera nietos! —Añadió rápidamente—. No tengo ningún problema con los gais. Cada uno con sus cosas. Pero, Micky, ¿te imaginas si un día Michael trajera a alguien a casa para que nos conociera y en lugar de "Mami y papi, les presento a Jane", dijera "Mami y papi, les presento a *James*"?

Mi papá fingió tener un miniinfarto y todos nos reímos. Así era como lidiaba siempre con las conversaciones incómodas, exagerando sus reacciones.

—No se preocupen, mami y papi —les dije—. Yo quiero que ustedes tengan nietos.

Conocía la estadística de que aproximadamente el cinco por ciento de las personas se identifican como LGBT. En gran medida, la sociedad comenzaba a ser más tolerante. Pero hasta ahora, en mi escuela, nadie había salido del clóset. La posibilidad de que pudiera estar en el cinco por ciento, ciertamente, nunca se me había pasado por la mente antes de que mi mamá lo mencionara esa noche. Yo tenía catorce años. Nunca me había enamorado de nadie y, mucho menos, de un varón. Aunque a veces me descubría mirando a los chicos de mi clase de gimnasia, pensando: "Uh, ese tipo tiene de verdad músculos. Ojalá yo me viera así".

Mi cuerpo regordete era la manifestación externa de todas mis inseguridades. Definitivamente, yo pertenecía a una especie diferente a la de los deportistas bronceados y musculosos de la escuela secundaria que conquistaban a todas las chicas. Mariana siempre decía que yo también podría conquistar chicas si hiciera más ejercicio. Y una parte de mí pensaba que eso no sería tan mala idea, aunque solo fuera para encajar. Pero, por desgracia, el ejercicio y los deportes estaban descartados. Si no intentaba hacer deportes, no podía fallar en los deportes.

No es de extrañar que viviera con el temor de la humillación anual que representaba el examen presidencial de aptitud física, especialmente la prueba de flexiones en barra, que eran mi kriptonita. Nunca había podido hacer ni una sola. Esto era lo suficientemente aterrador en un día normal durante la clase de Educación Física, pero en los días de pruebas de aptitud física, era prácticamente paralizante. Allí estábamos, todos alineados frente a la barra de flexiones: yo, al final de la fila, posponiendo lo inevitable. Uno por uno, los muchachos frente a mí se acercaban a la barra, se elevaban y levantaban la barbilla hacia esta una, dos, tres veces, a veces incluso cuatro. Siempre había algunos chicos como yo que todo el mundo esperaba que fracasaran. Estaba agradecido de no ser el único y me llenaba de resentimiento cada vez que uno de ellos sorprendía a todo el mundo y lograba elevarse. Cuando por fin llegaba mi turno, empezaba por tratar de librarme de la prueba.

—No puedo hacer flexiones —le decía al entrenador—. Así que puede ahorrarse el tiempo y reprobarme.

Eso nunca funcionaba, por supuesto.

—Tienes que intentarlo —insistía el entrenador.

Con esa formalidad fuera del camino, me acercaba a la barra, sintiendo dos docenas de pares de ojos taladrándome la espalda, y hacía lo mío: agarraba la barra; me quedaba ahí colgado, con los brazos temblorosos, el tiempo suficiente para mostrarles que era cierto lo que había dicho; entonces me dejaba caer y me iba.

Mi fracaso en la prueba de aptitud física de octavo grado fue una experiencia especialmente dura porque estaba empezando a importarme de verdad lo que pensaban mis compañeros de clase. Ellos ya salían con chicas y yo me estaba quedando atrás. Entonces, ¿qué fue lo que hice? Me inventé una novia. Como estaba en una escuela que era solo para varones, esto parecía manejable. Pero en determinado momento, se avecinaba un baile de la escuela, y no dejaban de preguntarme:

—¿Vas a traer a tu novia?

Les dije que no y que estaba muy triste porque ella se iba a vivir a Oklahoma. (No sé por qué dije Oklahoma, fue lo primero que se me ocurrió).

Sí llegué a ir a un baile en la escuela secundaria, el gran baile de graduación de octavo grado, y fui con la amiga de mi hermana, Julia. Ella era ecuatoriana y yo le gustaba: al menos, según mi hermana, que hacía de Cupido. Mi mamá estaba contentísima. Incluso me compró un *corsage* para que se lo diera a Julia. Recuerdo que, mientras prendía la flor con un alfiler en su vestido, pensaba: "Tal vez este sea el comienzo de mi interés por las chicas".

Mi mamá nos llevó al baile y mi hermana fue en el asiento delantero. Mariana iba encorvada contra la ventanilla, estaba deprimida porque quería ir al baile, pero no había podido encontrar a un chico en mi escuela que la llevara. Con mucho gusto habría intercambiado lugares con ella y me habría quedado en casa codificando, pero en lugar de hacer eso, actué como se suponía que debía hacerlo y acompañé a Julia al gimnasio, que estaba todo decorado con globos y guirnaldas de luces. Los profesores habían servido ponche de frutas y habían despejado las gradas haciendo espacio para los estudiantes, que estaban apiñados en círculos. La canción "Crank That" de Soulja Boy retumbaba desde los altavoces: *Watch me lean, then watch me rock / Superman dat hoe / Yeah, watch me crank dat Robocop.* Julia y yo realizamos los pasos que había que hacer cada vez que escuchabas esa canción, luego fuimos a la esquina del gimnasio y bebimos ponche de frutas y seguimos haciendo más pasos raros. Fue entonces cuando otra de las amigas de mi hermana se acercó y comenzó a bailar con nosotros. Era una chica superalta, y nos sobrepasaba a Julia y a mí. De repente, agarró mi cabeza con una mano y la de Julia con la otra.

—¡Ay, por Dios, bésense de una vez! —dijo y aplastó nuestras caras una contra otra.

Ese fue mi primer beso.

Después me enteré de que mi hermana le había pedido que hiciera eso.

—Michael necesita una novia a toda costa —le había dicho—. Tienes que asegurarte de que la bese.

De cierta manera, funcionó, al menos para Julia. Después de eso, me envió algunos mensajes, invitándome al centro comercial. Fuimos un par de veces. Ella siempre quería que nos tomáramos de la mano, así que yo le seguía la corriente, pero me sentía muy incómodo todo el tiempo. Quizá las relaciones no eran lo mío. "Al diablo con esto", pensé. "Prefiero regresar a mis aplicaciones".

Capítulo 4

Pruebas de resistencia

Cuando estaba en noveno grado, mi mamá y yo peleábamos todas las noches a causa de mi dinero: las decenas de miles de dólares que ella había usado, los miles más que necesitaba para pagarle a un nuevo acreedor, la computadora nueva que yo necesitaba, pero que no podría comprar si ella y mi papá usaban el dinero de mi próximo cheque de Apple...

—¡Michael, deja de hacer llorar a tu mamá! —explotó mi papá una noche, interviniendo en una pelea particularmente escandalosa en la cocina.

—¿Por qué soy *yo* el malo? —le respondí—. ¡Se lo doy todo a esta familia!

—¡Ah! —gritó mi papá—. ¡Tú..., tú no eres más que un idiota egoísta!

Sus palabras me golpearon como un puñetazo, pero mi mamá apenas pareció notarlo mientras yo subía las escaleras enfurecido.

Al día siguiente, sábado, mami tocó mi puerta. Por la forma en que entró sin hacer ruido pensé que quería arreglar las cosas.

—Papi no estaba tan enojado como parecía —dijo, recogiendo una camiseta sucia del piso y poniéndola en el cesto de la ropa.

Asentí.

—Ya lo sé. Solo que no me gusta cuando me insulta.

Casi siempre, mi papá era un hombre tranquilo y dulce. Pero había sufrido mucho. Perder a su hermano cuando era joven debió de afectarlo profundamente, pero lo habían educado para creer que ser hombre significaba mantener las emociones bajo control. Incluso ahora, siendo adulto, casi nunca hablaba de su pasado, especialmente de que su familia lo había desheredado. Todo eso lo mantenía guardado por dentro, donde se iba acumulando hasta que, simplemente, explotaba, como la válvula de escape en una olla a presión.

—Bueno —dijo mi mamá—, sabes qué lo ayudaría, ¿verdad?

—¿Qué? —pregunté, con una burbuja de esperanza surgiendo en mí.

Nunca hubiera imaginado que había *algo* que yo pudiera hacer.

—Pregúntale si quiere ir al cine. ¡Tú sabes que le gusta ir al cine! —sugirió mi mamá.

Y diciendo eso, giró sobre sus talones y salió de mi habitación.

La miré, confundido de nuevo. Eso no iba a resolver nada y tampoco respondía la pregunta en mi cabeza. Simplemente, no lo podía entender. Es cierto, yo era un adolescente y a menudo estaba de mal humor, pero ¿de verdad era un hijo tan malo?

Pero casi con la misma rapidez, el estado de ánimo de mi papá normalmente cambiaba.

—¿Quieres ver una película, Cocolocho? —me propuso, asomando la cabeza en mi habitación.

Ese era el apodo que me había dado, un término cariñoso sin sentido que nunca había explicado. *Ese* era el padre que tenía el noventa por ciento de las veces, el tipo al que le gustaba mantener las cosas ligeras, incluso superficiales. Se quedó mirando por la ventana nuestra tranquila calle suburbana. Por sus hombros caídos, podía darme cuenta de que estaba sufriendo.

De acuerdo, me esforzaría más por ser el buen hijo que él necesitaba que fuera, lo que sea que eso significara.

—Claro, papi —le contesté, apagando la pantalla.

Esa tarde, mi papá y yo fuimos al cine y nos sentamos en silencio. Esa era nuestra forma de reconciliarnos. Pero no podía concentrarme en la historia que se desarrollaba frente a mí. Seguía recordando sus palabras: "Idiota egoísta". ¿De verdad pensaba eso de mí? ¿Acaso no sabía que mami había gastado más de cien mil dólares de mi dinero? Era posible. Mi mamá controlaba cómo se gastaba el dinero. Antes de aquella pelea explosiva en la cocina, papi siempre se desaparecía cuando surgía el tema del dinero de mis aplicaciones. Hubo momentos en que quise plantearle el tema, preguntarle si pensaba que era justo lo que mami estaba haciendo, pero mi mamá me había advertido más de una vez que no lo molestara con nuestros problemas de dinero.

—Le duele pensar en eso —me decía—. Tratemos de hacer su vida mejor, no peor.

Así que yo había decidido no complicar las cosas, lo que le parecía bien a mi papá.

Independientemente de lo que él supiera, Mariana conocía aún menos: no tenía ni idea de cuánto ganaba yo con mis aplicaciones y, definitivamente, no sabía cuánto de ese dinero estaba manteniendo nuestro estilo de vida. Siempre la habían mantenido ajena a la realidad de la gravedad de nuestras deudas gracias a la capacidad sobrenatural que tenía mami para fingir que las cosas estaban bien, incluso cuando todo se estaba derrumbando frente a nosotros. Pero incluso si Mariana hubiera conocido todo el panorama de la situación, no se habría puesto de mi lado. Desde el momento en que los equipos de noticias de la televisión comenzaron a llegar a la casa, haciéndola correr a su habitación, sentí que se abría un abismo entre nosotros. Antes de eso, ella siempre había estado dispuesta a dejarme pasar el rato en su habitación y acompañarla al centro comercial con sus amigos. Pero ahora, había dejado en claro que ya no era su responsabilidad cuidar a su despistado hermano. Desde el punto de vista de Mariana, yo era el típico mocoso engreído de escuela privada que hacía llorar a nuestra mamá. En mi opinión, yo no era lo suficientemente popular como para que me permitieran pasar el rato con ella y sus amigos. No profundizábamos más allá de eso.

Un día llamé a mi tío Kike, que vive en Perú, para pedirle consejos sobre cómo manejar nuestros problemas de dinero. El tío Kike estaba en el extremo opuesto de mis padres en lo que respecta a las finanzas. Un ahorrador riguroso, se las había arreglado, cada mes, para guardar lo suficiente de su pequeño salario como para construir unos ahorros sustanciosos. Mi papá siempre hacía bromas acerca de lo tacaño que era mi tío, pero yo pensaba que era un genio por ser capaz de construir una vida tan agradable con tan poco.

—Lo mejor que se puede hacer es no darles más dinero —me aconsejó mi tío por teléfono—. Si les das más, simplemente lo gastarán. Intenta ayudarlos de otra manera. Nadie les enseñó a manejar el dinero, así que tú debes enseñarles cómo hacerlo.

Mi tío tenía razón. Mis padres sabían incluso menos que yo acerca de temas de dinero. No tenían idea de lo que significaba ahorrar y veían las tarjetas de crédito como dinero gratis que podrían devolver —con suerte— en algún momento. De todas formas, con mi boca de adolescente y mi mente en un millón de otras cosas, definitivamente no estaba preparado para sermonearlos acerca de cómo elaborar un presupuesto y ahorrar. Tendría que empezar a hacerles frente a mi manera.

La primera vez que lo intenté, mi mamá acababa de recogerme en la escuela. Estacionó frente a la entrada de la casa, apagó el motor y permaneció inmóvil un rato, agarrando el volante. Finalmente, se volvió hacia mí y me dijo:

—Cuando recibas tu próximo cheque de Apple, utilizaremos todo el dinero para salvar la casa. —Luego rompió a llorar, sollozando—: ¡No quiero perder nuestra casa, Michael!

Detestaba verla llorar. Hacía que me dieran ganas de llorar también. Por lo regular, habría dicho que estaba de acuerdo solo para detener las lágrimas. Pero aquello era una locura. Supuestamente, mi mamá había estado usando mi dinero para pagar nuestra hipoteca durante un año y la situación no había mejorado. Quizá, simplemente, la casa era demasiado cara para nosotros. Algo tenía que cambiar.

Me mordí la lengua para distraerme del escozor de las lágrimas en mis ojos. Entonces, tomé su mano y le dije con tanta firmeza como pude:

—Mami, necesitas encontrar otra manera de…

Ni siquiera me dejó terminar. Lo próximo que supe fue que entró corriendo a la casa dando un portazo.

Cuando mencioné el tema unos días después, mi mamá no me miró a los ojos.

—Te voy a devolver el dinero, te lo prometo —fue todo lo que dijo.

—No me importa si me devuelves el dinero —dije—. Podemos olvidarnos de todo el que has gastado. Solo quiero asegurarme de que, de ahora en adelante, aprendas a administrar mejor el dinero para que no tengamos que estar en esta situación nuevamente.

Pero no había manera de enseñarle a mi mamá a pescar. Aunque nunca se atrevió a admitirlo, yo sabía que, de todos modos, ya había utilizado el dinero de mi cuenta bancaria. Esto me molestó más de lo que yo quería admitir.

En los siguientes meses, seguí tratando de ayudarlos a entender sus finanzas. Me ofrecí a orientar a mi mamá para que comprendiera cuánto dinero podía gastar, haciendo una lista de todos los gastos e ingresos de la casa. Ella se sentía frustrada con mis intentos de darles una mano. Al final, casi dejé de hablar con mi familia. Cuando regresaba de la escuela, tomaba un montón de bocadillos de la despensa y me iba directamente a mi habitación para trabajar en silencio. A veces oía a mis padres susurrar en su habitación al final del pasillo:

—Está comiendo mucho. Está engordando. Se está poniendo más irritable y más grosero.

Probablemente, no fui la mejor compañía durante mis primeros dos años de preparatoria, pero nunca los escuché susurrar sobre la posición en la que me estaban poniendo al pedirme que asumiera sus deudas. Esto solo hacía que me enojara más y me diera más hambre.

La relación con mi mamá mejoró en junio de 2012, al final de mi segundo año de preparatoria. Fue entonces cuando me acompañó a Santa Cruz, Bolivia, para hacer una gira de prensa acerca de mis aplicaciones. La gira fue organizada por una mujer a quien llamaré María Carmen, una celebridad y conductora de un programa de entrevistas para una importante cadena boliviana. María Carmen me había entrevistado en Miami cuando yo tenía doce años y le parecía que el público boliviano estaba listo para saber más de mi historia.

—¿Sigues ayudando a mantener a tu familia con tus aplicaciones? —me preguntó al contactarme.

A regañadientes, dije que sí y María Carmen organizó la gira de inmediato. Su ambicioso plan era que yo hiciera un montón de entrevistas con diferentes programas de televisión de su cadena, que hablara en una conferencia y que culminara el viaje con una gran entrevista en su programa: una versión boliviana de *E! News*.

María Carmen nos estaba esperando a mi mamá y a mí cuando llegamos con seis horas de retraso al pequeño aeropuerto de Santa Cruz. Con su característica melena de pelo castaño rojizo, un ligero bronceado y el elegante y brillante vestido rojo, era inconfundible.

Estaba sintiendo el comienzo de un dolor de cabeza a causa del estrés, como si me estuvieran apretando el cráneo con un tornillo. Aun así, logré fingir una cara feliz para María Carmen. Mi mamá, aunque exhausta, también se veía radiante. Era una experta en cambiar rápidamente sus emociones cuando lo necesitaba, una habilidad que, aparentemente, yo había heredado.

—¡Bienvenido a tu casa en Bolivia, Michael Sayman! —dijo María Carmen con su potente pero calmada voz de presentadora, corriendo hacia nosotros con su sonrisa ultrablanca de televisión.

Levantó su propio equipo del suelo y hábilmente preparó una toma mientras su asistente se ocupaba del micrófono.

—Gracias —le respondí.

En las entrevistas con los medios latinos en Miami, me había enterado de que tanto los bolivianos como los peruanos mantenían debates amistosos respecto a si yo era más boliviano o peruano. Durante una entrevista para un periódico, un reportero incluso me había preguntado si mi "corazón estaba dividido" a causa de un inminente partido de fútbol entre los dos países.

—¡No puedo contestar esa pregunta! —exclamé—. Sería como preguntarme: "¿A quién quieres más, a tu mamá o a tu papá?".

Realmente, no tenía un país favorito. A pesar de que había pasado mucho más tiempo en Perú con la familia de mi mamá y no conocía muy bien a mi familia boliviana, nunca podría haber elegido un bando. Era un honor ser apreciado en ambos lugares.

Cuando me di cuenta, María Carmen y su camarógrafo me llevaban hacia un grupo de gente que estaba curioseando. María Carmen acercó su micrófono al azar a una chica de mi edad que estaba entre la multitud.

—¡Hola! —le dijo a la chica—. Estoy aquí con Michael Sayman, el Niño Genio de Apple. ¿Te sorprende verlo aquí en Santa Cruz? ¿Qué piensas de él?

La chica y sus amigas se sonrojaron y rieron. Claramente, estaban deslumbradas ante la presencia de una estrella nacional como María Carmen y, al mismo tiempo, era obvio que no tenían ni la menor idea de quién era yo. Aun así, la chica siguió el juego y contestó efusivamente:

—Sí, él es lo máximo, estoy muy impresionada. Es una gran inspiración.

Satisfecha, María Carmen empacó su micrófono, se echó al hombro varias bolsas con los equipos y se dirigió a la salida.

—¡Vámonos, vámonos! —nos dijo a mi aturdida mamá y a mí.

Seguimos a María Carmen y su camarógrafo hasta un polvoriento vehículo todoterreno, donde ella agarró el volante, aceleró el motor y salió disparada en dirección a la ciudad por un camino de tierra lleno de baches. Yo estaba convencido de que era una supermujer.

—Ya nos perdimos una entrevista debido al retraso del vuelo —nos dijo a mi mamá y a mí, que íbamos en el asiento trasero—, pero podemos llegar a la próxima si nos damos prisa. Y después de eso, vas a ser el invitado en nuestro programa de entrevistas nocturno más popular.

Mientras conducía, María Carmen repasó los temas de conversación que había preparado para mí, se maquilló y se arregló el pelo, y apenas dio uno o dos bandazos, lo cual me pareció milagroso. Me di cuenta —por la forma en que mamá iba agarrada a la manija de la puerta y por la sonrisa tensa en su rostro— de que estaba desesperada por dentro, como yo, por aquella locura de horario, sin mencionar la manera loca de manejar de María Carmen. Pero ¿cómo podíamos quejarnos? María Carmen ya había asegurado varias historias de primera plana sobre mí en las próximas ediciones dominicales de los periódicos. Parecía que su plan de hacer de el Niño Genio de Apple una estrella en Bolivia estaba funcionando.

Y esas eran buenas noticias, ¿verdad? Todo eso era algo bueno. Entonces, ¿por qué me sentía tan mal? Ah, sí, porque el niño alegre y generoso que yo fingía ser era una completa farsa, un disfraz para el que se escondía dentro y se sentía miserable, aquel cuya familia estaba resentida con él y se sentía agotado por el esfuerzo constante de mantenerse al día con sus propias creaciones.

Después de tres días de entrevistas consecutivas, recorridos turísticos televisados, visitas a las escuelas para hablar con los niños y la conferencia, mi mamá y yo, exhaustos, volamos de regreso a Miami. De vuelta en casa, subí directamente a mi habitación, me tumbé en la cama y revisé el número de seguidores en mis cuentas de Facebook y Twitter. Ambos habían crecido exponencialmente: a más de quince mil en Twitter y treinta mil en Facebook.

Cuando llegó el verano de 2012, estaba ganando alrededor de doce mil dólares mensuales. Pero esos ingresos no eran seguros. Me sentía como una acción en el mercado público cuyo valor podía llegar a las nubes o desplomarse fácilmente a causa de sucesos imposibles de controlar. Eso es exactamente lo que sucedió. En el otoño, después de unos meses increíbles encabezando las listas de la App Store, el juego del Club Penguin pasó a los últimos puestos en Estados Unidos y Latinoamérica. Mis ingresos se redujeron a menos de mil quinientos dólares al mes.

Y había un nuevo problema con el que lidiar: Disney. Habían adquirido Club Penguin en 2007 sin importarles mucho, al principio, el hecho de que personas como yo estuvieran creando aplicaciones de sus juegos. Ahora, a medida que la gigantesca empresa se preparaba para lanzar su propia aplicación, eso había cambiado. Recibí una notificación de Apple informándome que todos los programadores que no pertenecieran a Disney debían eliminar de la tienda cualquier producto relacionado con Club Penguin. Ya había comenzado a generar ideas acerca de aplicaciones que no tenían nada que ver con este juego y en las que estaba más interesado; así que, una por una, fui dándoles de baja a todas mis aplicaciones.

Mi mamá se dio cuenta casi de inmediato.

—¿Qué ocurre? —empezó a preguntar—. ¿Por qué tus aplicaciones están siendo eliminadas?

Calmado, le dije que las estaba quitando yo mismo.

—Tengo que hacerlo —le expliqué—. Apple me envió una notificación diciendo que Disney está creando su propia aplicación del Club Penguin.

Su rostro se convirtió en una máscara de total pánico.

—¿Cómo vas a pagar por las cosas? —exclamó—. ¿Qué hay de la universidad?

Sentí que un rubor me subía por el cuello.

—¿A qué te refieres cuando dices que cómo voy a pagar la universidad?

—Michael, te lo dije, usé el dinero para el restaurante —contestó—. ¡Lo gasté todo en salarios! ¡Solo *tenemos* que lograr sobrevivir hasta que la economía mejore y la gente comience a comer más en restaurantes!

Así que estaba a un año y medio de graduarme de la preparatoria y no tenía dinero para pagar la universidad. Al mismo tiempo, el mercado de las aplicaciones se había venido abajo. La gente ya no quería pagar por las aplicaciones; gastaba dinero solamente en compras dentro de la aplicación, un mundo relativamente nuevo del que yo no sabía nada.

Sin embargo, a pesar de lo impactante que había sido el anuncio de mi mamá, ya había estado contemplando en secreto mi futuro sin un título universitario. ¿Para qué lidiar con cuatro años más de educación tradicional cuando mi formación autodidacta como programador era lo que parecía impresionar al mundo? Ahora, probablemente, no tenía otra opción. Tendría que adaptarme, mejorar aún más en la codificación, redoblar mi esfuerzo. Si lograba construir un juego gratuito que se mantuviera por sí solo, tal vez lo compraría una empresa que me contrataría junto con él. Así era como solía ocurrir, según lo que había aprendido leyendo los blogs de la industria tecnológica. Me parecía un buen plan de respaldo: crear una aplicación irresistible que me catapultara directamente de la preparatoria a un trabajo de verdad. ¡Fantástico! ¿Pero cuál?

Capítulo 5

Creando 4 Snaps

DRAW SOMETHING ES UN juego por turnos interminable en el que dibujas una palabra determinada para que tu amigo la adivine y luego le toca al otro jugador. En 2012, Draw Something era una de las aplicaciones más populares del mundo. A los pocos meses de su lanzamiento fue comprada por Zynga, junto con su estudio de producción, OMGPop, por ciento ochenta y tres millones de dólares. A medida que iba pensando y descartando idea tras idea, seguía volviendo a Draw Something en busca de inspiración. Pensaba: "¿Qué pasaría si pudiera crear un nuevo juego de adivinanzas relacionado con una actividad que le gusta hacer a la gente de mi edad? Hmmm…". ¿Qué nos encantaba hacer, además de ir al cine y pasar el rato en el centro comercial?

Con la esperanza de que se me ocurriera de manera natural una idea de juego en la que los grandes desarrolladores de aplicaciones, a pesar de todas sus investigaciones y pruebas de mercado, aún no hubieran pensado, comencé a observar y analizar cómo mi hermana y sus amigos usaban sus teléfonos. No les gustaba Draw Something, pero a todos les encantaba jugar Hay Day, que se parecía mucho a FarmVille, el popular juego de redes sociales que simulaba el trabajo en una granja. En conjunto, mi hermana y sus amigos probablemente gastaban cientos de dólares al año en monedas virtuales de Hay Day solo por darse el gusto de pulsar botones al azar. Otra cosa que noté que hacían era enviarse imágenes en los mensajes de texto en lugar de escribir. A los adultos les gustaba tomar fotos para conmemorar ocasiones especiales o para conservar un recuerdo, pero para los chicos como nosotros, que crecimos con cámaras y almacenamiento en nuestros dispositivos, las fotografías no tenían nada de valioso. Tomarlas era tan fácil como hablar o respirar. Un día, vi a mi hermana enviándole un mensaje de texto a un amigo con una serie de fotos que acababa de tomar. "Adivina en qué palabra estoy pensando", escribió. Fue entonces cuando supe que había encontrado mi idea.

Quería crear un juego de jugadores múltiples en el que el primer jugador le enviara cuatro fotos a un amigo y este tuviera que adivinar la palabra en la que estaba pensando. Por ejemplo, si alguien te enviaba imágenes de papas fritas, nachos, alitas de pollo y galletas, tendrías que adivinar la palabra *munchies* [antojo]. Con suerte, las personas se quedarían enganchadas al juego y seguirían jugando con nuevas palabras, enviándose más fotos entre ellas.

Cada vez que pensaba en crear una aplicación, me pasaba semanas pensando en un nombre, una marca y un diseño. La marca es la personalidad y el mensaje que una empresa quiere transmitir a su público objetivo. Es muy parecido a tu estilo personal: la ropa, las joyas y el peinado que eliges llevar cuando sales al mundo. El diseño tiene más que ver con la utilidad y la funcionalidad de un producto. Junto con la mayoría de los demás diseñadores de tecnología a principios de la primera década del siglo XXI, a mí me encantaba una técnica de diseño conocida como esqueuomorfismo. En esta, las interfaces digitales imitan a sus contrapartes del mundo real, incluso hasta en las texturas, sombras y efectos de reflejo. Los primeros productos de Apple se basaban en gran medida en ese estilo: sus botones de encendido y apagado parecían reales, las teclas de la calculadora parecían tener bordes biselados, y así sucesivamente. Ese fue el estilo con el que comencé a trabajar a medida que diseñaba mi nueva idea.

Todavía no tenía un nombre, pero sabía que quería que la estética de mi juego combinara la atención a los detalles de los productos de Apple con el atractivo emocional de algunos de los programas de Nickelodeon como *iCarly* y *Victorious*. Descargué la música de esos programas y, con mis auriculares, me puse a trabajar esbozando una versión preliminar del juego en PowerPoint.

Hasta que no conseguí visualizar claramente mi idea —y pude imaginarme a gente joven riéndose al ver las pantallas de sus teléfonos, disfrutando y contándoles a sus amigos acerca de mi juego—, no me detuve a pensar en los detalles concretos de cómo funcionaría o cómo lo iba a crear. Primero necesitaba sentir esa chispa de confianza.

La forma en que llegué a ese punto fue probando mi idea con personajes que había creado en mi mente: un grupo diverso de gente joven con una variedad de hábitos, personalidades, edades, grupos sociales, estatus económicos, dispositivos y géneros.

Mientras ideaba mi juego de fotografías, mis personajes de prueba imaginarios eran una niña de diez años a la que le encantaba ir al cine, un niño que participaba en obras de teatro y se quedaba despierto hasta tarde después de los ensayos jugando en su iPod Touch y un grupo de chicos populares que se juntaban en el estacionamiento de su escuela. Intenté imaginar mi juego desde cada una de sus perspectivas. Luego presioné los botones en mi cabeza y vi cómo se desarrollaban las distintas escenas. ¿Cómo se veía el rostro de la niña de diez años cuando abría la aplicación en su teléfono? ¿Qué tipo de interfaz la hacía sonreír?

A continuación, puse a mis personajes de prueba en varios escenarios. Me imaginé a la niña de diez años echándole un vistazo a su teléfono en medio de una película porque había recibido una notificación del juego. ¿Cómo se veía la notificación? ¿Cómo respondía la niña? La notificación no le interesaba, así que guardó su teléfono. Modifiqué el texto de la notificación y reproduje la escena. La imaginé corriendo hacia el vestíbulo del cine para tomar una foto porque estaba tan enganchada al juego que no quería esperar hasta que terminara la película. Entonces me pregunté si esa era una escena realista. ¿Haría ella algo así? ¿Qué podría inducirla a necesitar hacer algo así? Luego pasé al chico del teatro. Me lo imaginé sentado en clase, aburrido, decidiendo a qué jugar con los quince minutos de tiempo libre que le quedaban antes de su próxima clase. Mirando por encima de su hombro, traté de visualizar su pantalla de inicio. Pude ver que tenía *Clash of Clans* instalado en la página principal, un juego de guerra en línea donde los usuarios construyen un ejército y atacan las bases de operaciones de otros clanes. Luego vi que tenía una carpeta con juegos como *Candy Crush* y *Angry Birds*, juegos antiguos que no había eliminado, pero que ya no jugaba mucho. Mientras deslizaba el dedo por la pantalla de inicio de sus aplicaciones, alcancé a ver mi juego. No lo había abierto desde que lo instaló el día anterior. ¿Por qué no? ¿Qué podía hacer para asegurarme de que lo hiciera? ¿Creía que jugarlo tomaría unos cinco minutos? ¿Prefería jugar *Clash of Clans* en su lugar? ¿Por qué sí o por qué no? A veces, mis personajes de prueba eran muy críticos, lo que me parecía realmente útil. Si el chico del teatro decía que había elegido *Clash of Clans* porque era más fácil de jugar durante el tiempo que tenía disponible, yo le preguntaba:

—¿Pero *por qué* crees que es más fácil? Cuéntame más.

Luego de varios días de mantener estas conversaciones imaginarias, decidí que era hora de pensar en un nombre. Dado que el juego se había creado en torno al intercambio de fotos entre amigos, mi primera idea para el nombre fue *Pics and Friends* [Fotos y amigos]. Me gustó ese nombre lo suficiente como para pasarme horas examinándolo desde la perspectiva de mis personajes de prueba, incluso haciéndolos hablar entre ellos al respecto.

Luego me tocó presentarles el posible nombre a algunos amigos no imaginarios e incluso a algunos adultos en los que confiaba, como Susan, una de mis maestras favoritas. Susan estaba a cargo de nuestro programa de iPad y era mucho más chévere y sabía mucho más sobre tecnología que la mayoría de los adultos. Un día la vi salir de la sala de profesores y, con excesivo entusiasmo, corrí hacia ella gritando:

—¡Hey, Susan! ¡Se me ocurrió un nombre para el nuevo juego en el que he estado trabajando!

Susan se dio la vuelta, mirándome como si le hubiera dado un buen susto.

—¡Oh! Hola. Qué bien, Michael. ¿Qué nombre le vas a poner?

Ahora iba andando junto a ella.

—¡Fotos y amigos! —dije emocionado.

Lo pensó por un minuto mientras seguíamos caminando. Yo sonreía nerviosamente, ansioso por escuchar su opinión.

—Hummm —dijo finalmente Susan—. A lo mejor deberías darle otro nombre.

¡Ay!

Me esforcé aún más y, una semana después, se me ocurrió el nombre 4 Snaps [cuatro fotos]. "Tengo un buen presentimiento sobre este nombre", pensé. Me gustó tanto que, de hecho, diseñé un logo. Luego me esforcé por ser específico. "Okey, el juego obviamente va a funcionar con cuatro fotos", me dije a mí mismo. "Vas a tomar cuatro fotografías y enviárselas a tus amigos. Vamos a hacer eso".

Ya estaba listo para crear mi primer juego de jugadores múltiples en línea para teléfonos inteligentes.

Hasta ese momento, todas mis aplicaciones relacionadas con Club Penguin se habían creado para que las usara un solo jugador en un dispositivo local. Me di cuenta de que, para coordinar acciones entre dos usuarios diferentes y guardar las fotos que compartirían, necesitaría conectar 4 Snaps a Internet. Le pregunté a mi buen amigo Google cómo se suponía que debía hacer eso y descubrí que necesitaría almacenar información en un servidor que existía fuera de mi teléfono. Esto puede parecer obvio actualmente, pero para mí, en ese momento, fue toda una revelación.

Me pregunté si sería capaz de crear un servidor. Definitivamente, no tenía el dinero para comprar uno. Ni siquiera sabía qué aspecto tenía un servidor. Pronto descubrí que había servicios de *hosting* o alojamiento bastante nuevos, creados por pequeñas empresas emergentes, que cobraban una tarifa mensual de alrededor de cien dólares por usar sus servidores. Yo no tendría que lidiar directamente con estos. Todo lo que tenía que hacer era escribir mi código. El servicio de *back-end* manejaría los datos por mí: dónde se almacenarían, cómo se cargarían, cómo se analizarían, buscarían y ordenarían. En resumen, el servicio haría todo excepto crear mi juego. Me decidí por un servicio llamado Parse porque la página web era bonita. (Recuerda, tenía dieciséis años. Así era como funcionaba mi mente).

Poco a poco, aprendí a crear mi primer juego de jugadores múltiples en línea. Después de cuatro meses de idear y desarrollar un diseño de *back-end* que creaba la ilusión de un juego de intercambio entre jugadores, comencé a probarlo con mis amigos. Cuando mi hermana dijo que le encantaba, comencé a creer que el juego podría ser un éxito. Necesitaba asegurarme de que también generaría dinero, así que agregué algunos *banners* publicitarios en la interfaz mientras me preparaba para enviarlo a la App Store.

A medida que pasaban los meses, mi mamá se volvía más escéptica.

—Vas a empezar a aplicar a universidades el próximo año y es un mal momento para nosotros —dijo—. ¿Por qué estás creando un juego gratuito? ¿Qué va a pasar si no funciona?

Hice todo lo posible para tranquilizarla y le expliqué que, una vez que el juego fuera popular, ganaría dinero a través de anuncios y compras dentro de la aplicación que iban a permitirles a los jugadores desbloquear más palabras y obtener pistas. Me di cuenta de que mi mamá no estaba convencida, pero como siempre cuando se trataba de mis aplicaciones, decidió confiar en mí. ¿Qué otra cosa podía hacer?

Mientras estaba dándole los toques finales a 4 Snaps en mayo de 2013, me contactó un equipo de noticias de Univision, una cadena estadounidense de televisión en español. Al final de la llamada con un equipo de tres periodistas, acordamos que comenzarían a filmarme para un documental sobre mi proyecto en curso.

Vinieron a mi casa en julio, justo a tiempo para filmarme enviando el juego a la App Store para el proceso de revisión. Estaba sentado en mi nueva "oficina": una banqueta en la barra de la cocina de la pequeña casa adosada donde habíamos estado viviendo luego de que, finalmente, el banco nos quitara la casa. Había dejado que mi mamá usara la mayor parte de lo que quedaba de las ganancias de mis antiguas aplicaciones para pagar la renovación del piso, que se hizo con baldosas de mármol blanco; así como para rehacer el segundo piso con madera negra. Con resultados desiguales, todavía estaba tratando de convencer a mis padres de que se mantuvieran a sí mismos, pero también quería asegurarme de que no sintieran que todo estaba perdido. No alcanzaba a comprender el dolor que mami debió haber sentido al perder la casa donde nos había criado a mi hermana y a mí. Después de ese duro golpe, habría hecho cualquier cosa para animarla.

—Bueno, Michael, ¿cómo te sientes ahora que acabas de enviar tu nueva aplicación a la App Store? —me preguntó el productor, Marcelo, luego de recordarme que debía contestar con oraciones completas y repetir su pregunta antes de responder.

Sonreí, cegado por dos luces brillantes mientras empezaba a hablar.

—Mira a Marcelo, no a la cámara —interrumpió Rocky, el camarógrafo.

Asentí en dirección a Rocky y miré a Marcelo.

—Acabo de enviar mi nueva aplicación, 4 Snaps, a la App Store ¡y me siento aliviado! Ahora… ¡quiero dormir!

Todos rieron. Entonces el rostro de Marcelo adoptó una expresión seria.

—¿Vas a seguir ayudando a mantener a tu familia con el dinero que ganes con 4 Snaps?

Ahí estaba de nuevo la cuestión del dinero. Froté mis manos sudorosas en mis *jeans*, haciendo tiempo. El único sonido en la habitación era el zumbido de mi *laptop*, todavía enfriándose por todo el trabajo de ese día.

Marcelo notó mi duda.

—Es importante ser honesto acerca de estas cosas —dijo con una voz amable, volviéndose para mirar a mi papá y a mi mamá, que estaban a unos pies detrás de él—. ¿Están de acuerdo, Micky y Cristina?

Mis padres intercambiaron una mirada. Entonces, mi mamá asintió una vez, manteniendo los ojos en el suelo. Marcelo volvió a mirarme y repitió la pregunta.

Respiré hondo.

—Sí, espero que la aplicación sea un éxito para poder seguir ayudando a mantener a mi familia —contesté.

¿Era la verdad? Todo lo que sabía era que no quería ver llorar más a mi mamá.

—Eso es genial —dijo Marcelo—. Con tanta responsabilidad, ¿tienes tiempo para hacer vida social?

Me reí incómodamente.

—¡La verdad es que no!

Y eso fue todo.

Afuera, hacía una hermosa noche cálida. Me imaginé una realidad alternativa en la que podía disfrutarla, tal vez jugando básquetbol con mis vecinos. ¿Era eso lo que realmente quería?

Nah. Hacía mucho tiempo que no salía con gente que no estuviera conectada al Internet y uno de mis pocos amigos, Lucas, cansado de ocupar un segundo plano ante mis aplicaciones, se había alejado de mí. Si bien me había vuelto un experto analizando la manera en que la gente joven utilizaba las redes sociales para socializar, había pasado mucho tiempo sin que yo mismo lo hiciera. Bueno, aparte de trabajar a veces en mi *laptop* cerca de mi hermana y sus amigas simplemente para experimentar lo que se siente estar rodeado de otras personas. Además, tan exhausto como estaba, me sentía tranquilo por primera vez en meses. Amigos, escuela, todo eso estaba sobrevalorado. ¿Qué importaba si había reprobado la mayoría de mis exámenes finales? Ser admitido en una universidad prestigiosa, o incluso asistir a cualquier universidad, parecía menos importante cuanto más éxito tenía con mis aplicaciones. Especialmente ahora que había marcado un hito que nunca imaginé que lograría: inventar y crear mi propio juego desde cero. Ahora solo tenía que esperar para saber si Apple lo aprobaría.

Capítulo 6

Ahora que lo construí, ¿vendrán?

LAS VACACIONES DE VERANO casi habían terminado y estaba a punto de comenzar mi último año de preparatoria cuando, finalmente, se aprobó la venta de 4 Snaps en la App Store. No había hecho ninguna de las tareas de lectura del verano ni había comprado mi uniforme, pero eso me daba igual. Tenía asuntos más importantes en qué pensar.

Nunca había hecho mucho para comercializar mis aplicaciones anteriores, pero tampoco había estado tan desesperado por dinero. Si iba a lograr mi objetivo de venderle 4 Snaps a una empresa, el producto no solo tenía que ser excelente, sino que también debía generar un gran interés. En el pasado, había publicado mis aplicaciones en la App Store tan pronto Apple las había aprobado. Esta vez, sentí que necesitaba generar algo de publicidad en torno a mi creación antes de lanzarla al público. Así que fijé una fecha de lanzamiento para un par de semanas después y comencé a armar una lista de reporteros de tecnología a los que seguía debido a mi obsesión con Apple y las noticias de tecnología.

Aún veía todos los eventos de Apple en línea y me mantenía al tanto de los lanzamientos de iPhone y las actualizaciones de *software* con el tipo de interés febril que los fanáticos del deporte sienten por sus equipos favoritos. La pestaña del historial de navegación de mi iPad en la escuela estaba llena de blogs de tecnología que informaban a diario sobre los últimos rumores y noticias de Silicon Valley, y yo los revisaba a primera hora todas las mañanas. Ahora hice clic en la sección "Acerca de" en cada uno de los blogs de tecnología que seguía. A partir de ahí, copié y pegué en mi lista todas las direcciones de correo electrónico que pude encontrar. Cada uno de esos blogueros recibió el mismo mensaje, que comenzaba diciendo: "¡Hola! Tengo dieciséis años y creé una aplicación llamada 4 Snaps…". Estaba enfatizando mi edad, esperando que eso ayudara a atraer su atención. El primer día, envié aproximadamente cien correos. Luego esperé.

Transcurrieron un par de horas sin ninguna respuesta. Sentado en la barra-escritorio de la cocina, traté de ignorar el zumbido ronco de nuestro viejo refrigerador. Estaba descompuesto, pero casi todo el dinero de mis aplicaciones se había acabado y no podíamos permitirnos pagar el arreglo. Detestaba aquello. No iba a dejar que ese fuera nuestro futuro. ¿Qué podía hacer para aumentar mis posibilidades de que un reportero contestara? Volví a mirar mi computadora y comencé a escribir todo lo que se me ocurrió para hacer mi presentación más atractiva. Decidí enviar una segunda ronda de correos electrónicos con versiones preliminares de 4 Snaps y capturas de pantalla del juego. Pasé horas preparándolo todo y envié un correo masivo por segunda vez ese día.

Mientras me preparaba para una ráfaga de respuestas, me dediqué a corregir algunos errores (fragmentos de código que tenían el potencial de fallar) en los que no había tenido tiempo de trabajar anteriormente. Afuera, el sol se estaba ocultando y la pantalla de mi computadora era la única luz mientras la cocina se iba oscureciendo. Actualizaba con ansiedad mi correo electrónico cada cinco minutos, pero nadie respondió ese día. No había funcionado.

A la una de la mañana, mi familia se había ido a dormir y yo todavía estaba en la cocina, caminando en círculos para ayudarme a pensar. Me di cuenta de que, sin importar lo que hiciera, mis pequeños correos electrónicos no eran lo suficientemente "legítimos" para llamar la atención de los blogueros de tecnología. La mayoría de los lanzamientos de aplicaciones de grandes empresas incluían un tráiler bien producido. Eso era lo que necesitaba: ¡un tráiler de 4 Snaps! No tenía ni idea de cómo crear uno, pero la idea de pagarle a otra persona para que me lo hiciera no me pasó por la cabeza e incluso, si lo hubiera hecho, no habría podido pagar un servicio profesional.

Al día siguiente, le pedí a mi hermana que invitara a sus amigas a la casa. Alquilé una cámara en una tienda local de tecnología y caminé alrededor de la cuadra con las chicas, grabando mientras charlaban y utilizaban mi juego. Después de editar todo en iMovie en mi computadora, subí el video a YouTube y envié el enlace a otras cincuenta direcciones que encontré en línea. Esta vez tuve suerte. Dos reporteros de páginas web más pequeñas y relativamente desconocidas respondieron con preguntas. "Es mejor algo que nada", me dije.

Faltando solo tres días para el lanzamiento público, había dos historias sobre 4 Snaps en proceso. No era suficiente. Mientras quedara tiempo, todavía había correos que podía enviar, tuits que podía publicar y periodistas a los que podía contactar. Me recordaba a mí mismo una y otra vez: "La escuela comienza en dos semanas y entonces no tendrás tiempo para promocionar la aplicación". Era ahora o nunca.

Le eché un vistazo a la página web de Parse y encontré la dirección de correo electrónico de su diseñador, quien rápidamente me respondió.

Estaba escribiendo desesperadamente un correo a otro reportero de tecnología cuando mi papá bajó las escaleras, me miró con tristeza y regresó a la cama. Yo todavía traía puesta la misma ropa del día anterior. Durante el último año, mis padres me habían visto subir de peso hasta alcanzar casi ciento noventa libras. Ya ni siquiera podía mirarme en el espejo. Pero mientras estuviera trabajando en 4 Snaps, no tenía que pensar en el verdadero y literalmente enorme problema. En algún momento de aquel verano, mis padres habían dejado de pedirme que me duchara, que descansara, que comiera bien. Era algo raro: había pasado años deseando que dejaran de molestarme, pero ahora que finalmente lo habían hecho, no podía evitar sentirme triste. Si mis padres habían dejado de intentarlo, me preguntaba, ¿significaba que se habían dado por vencidos conmigo?

Mientras esperaba con el alma en vilo a que alguien —cualquiera— me contestara, tuiteé: "No puedo salir con mis amigos, tengo que terminar de trabajar en mi juego 4 Snaps".

Un compañero de clase del que no había sabido durante todo el verano me envió un mensaje de texto momentos después: "Oye, ¿vas a tomar este año la nueva clase avanzada de Informática?".

"¿Cuál clase avanzada de Informática?", respondí. Había estado rogándole a mi escuela durante años que ofreciera una, pero los mandamases nunca habían mostrado interés.

"La añadieron a fines de año. ¿No leíste el correo?", escribió mi compañero de clase.

Nunca había abierto un correo electrónico de la escuela y, por primera vez, lo lamenté. ¿Se había cerrado la inscripción? ¿Y si la clase ya estaba llena? Necesitaba tomar esa asignatura. Le envié un correo a Susan, la administradora del programa iPad de la escuela que me había dado su opinión acerca del nombre de mi juego. Ella era la única entre los profesores que entendía lo importante que era esto para mí. ¡Diablos!, yo sentía que ella era uno de los pocos adultos en mi escuela que parecía entender la importancia de la informática para mi generación y punto.

Susan me dio la dirección del director encargado de programar los horarios, a quien le escribí de inmediato, pidiendo cambiar mi clase de Psicología por la de Informática. Realmente no me importaba demasiado la materia de Psicología y pensé que nunca la iba a necesitar. Qué equivocado estaba, pero volveré a este punto más adelante.

A las once de la noche del 7 de agosto de 2013, respiré hondo y lancé 4 Snaps públicamente en ciento ochenta y dos países a través de la App Store. Luego lo celebré devorando varios pastelitos Zebra Cakes a la vez, esas deliciosas bombas amarillas de carbohidratos con relleno de crema cubiertas con glaseado blanco y adornadas con franjas de chocolate.

Fue entonces que me di cuenta de algo: solo había puesto diez opciones de palabras en la base de datos de 4 Snaps.

El propósito entero de 4 Snaps era, a partir de tres palabras aleatorias, elegir una y tomar cuatro fotos relacionadas con ella, ¡y solo había diez palabras! Ya había publicado el juego. No había vuelta atrás. Tuve que actuar rápidamente e ingresar manualmente más palabras antes de que la gente comenzara a descargar la aplicación.

A las dos de la madrugada, ya se me habían ocurrido mil palabras nuevas y las había subido a Parse, el servicio de *back-end* que estaba usando para alojar mi aplicación. Para entonces, uno de los blogs de tecnología que había convencido de que escribiera sobre el juego había publicado un artículo positivo. Revisé las listas de la App Store. Recordaba perfectamente haber visto mi primera aplicación alcanzar el número siete en la lista de las mejores aplicaciones de referencia en 2010. Ahora estaba mirando más allá de las mejores diez, cien, doscientas… 4 Snaps no aparecía en ningún lado. Seguí desplazándome hacia abajo hasta que encontré 4 Snaps en el puesto mil setenta y ocho en la categoría de los mejores juegos gratis de palabras.

A las tres de la madrugada, dejé la cocina llena de contenedores vacíos de papas fritas de McDonald's y envoltorios de pastelitos Zebra Cakes, y subí lentamente las escaleras hasta llegar a la cama, donde actualicé la lista de la App Store en mi teléfono por última vez: 4 Snaps había alcanzado el número ochocientos setenta y seis en la lista de los mejores juegos gratis de palabras. Finalmente, me quedé dormido.

Después de unas horas, me desperté de golpe, agarré el teléfono y revisé las listas: 4 Snaps seguía estancada entre las ochocientas mejores aplicaciones. Desayuné más pastelitos y leí el segundo artículo acerca de 4 Snaps tan pronto se publicó. Mientras me desplazaba nerviosamente por el artículo, me di cuenta de que no mencionaban ni mi nombre ni mi edad; solo hablaban del juego. Siempre había pensado que la gente prestaba atención a lo que hacía solo porque era joven, que la atención que había recibido de los medios y los viajes de prensa a Latinoamérica se debían a que era un chico precoz. Pero esta reseña trataba mi juego como cualquier otro. Era una buena señal.

Pasé el resto de esa mañana en Twitter, tratando de convencer a los reporteros que anteriormente me habían ignorado de que se sumaran al revuelo publicitario. No funcionó tan bien como había esperado. Varias personas me bloquearon por ser el individuo más irritante del mundo.

A la una de la tarde, 4 Snaps había logrado alcanzar el número ciento cincuenta y siete en la lista de los mejores juegos gratis de palabras. Necesitaba hacer algo más para que siguiera subiendo. Le envié un mensaje de texto a mi mamá:

Yo: Hey, ¿cuánto dinero me queda?
Mami: Seiscientos dólares.

YO: ¿Eso es todo?

MAMI: Mi otra cuenta tiene un saldo negativo de veinte dólares.

Había ganado más de ciento cincuenta mil dólares con
mis aplicaciones anteriores durante los últimos tres años y
habíamos llegado a este punto. Emplearía ciento cincuenta
dólares en promocionar el juego con anuncios en Facebook.
Si funcionaba, por ahora elegía la quiebra y me preocuparía
por las cuentas atrasadas de mis padres más adelante.

Pero las conversiones no eran muy buenas. Solo unas
veinte personas habían hecho clic en el anuncio. No valía
la pena. Mi mamá me había dicho que solo quedaban cuatrocientos cincuenta dólares en mi cuenta bancaria. Sabía
exactamente lo que diría ahora:

—¿Qué vamos a hacer? Tu aplicación fracasó y no tenemos adónde ir. ¡Nos vamos a quedar sin nada! ¿Qué vamos
a hacer?

Era lo que decía con frecuencia y siempre me hacía
sudar. ¿Y si tan solo un pago de la App Store fuera la diferencia entre perder o no nuestra casa? ¿Y si esos cuatrocientos cincuenta dólares fueran la diferencia entre pasar los
siguientes años viviendo al día o teniendo un sueldo estable?

Hice una pausa en la campaña publicitaria de Facebook
justo cuando mi mamá me envió un mensaje de texto para
recordarme una cita con el ortodoncista. Tanto mi hermana como yo habíamos usado aparatos de ortodoncia durante
años y con ellos venían los obligatorios ajustes mensuales.
Odiaba esas citas. Podía identificarme con nuestros perros,
que se hacían pis encima cada vez que se daban cuenta
de que mi mamá los estaba llevando al veterinario. Pero
aceptaba ir porque estaba impaciente por averiguar cómo
me iba a ver sin los aparatos. Me decía a mí mismo que el
día que me librara de ellos, empezaría a preocuparme por

mi apariencia de nuevo, perdería peso y haría un esfuerzo por mí mismo, no solamente por mis aplicaciones.

En el auto, mi hermana se sentó a mi lado en el asiento de atrás, revisando Instagram. Mirando por encima de su hombro, noté que iban apareciendo anuncios en su *feed*. Eso era raro. Instagram no tenía anuncios (todavía). Le pregunté a Mariana qué estaba mirando y me dijo:

—Algunas de las cuentas que sigo siempre publican sobre unas aplicaciones, es muy fastidioso.

Me acerqué más.

—¿Puedo ver esa publicación por un segundo?

Una cuenta que ella seguía tenía que ver con zapatos.

—¿Cuántos seguidores tiene esa cuenta? —le pregunté.

—Cuatro millones.

—Guau, impresionante.

—Sí, sigo muchísimas de esas cuentas. Una tiene un montón de cosas rosadas. Hay otra sobre perros.

—Oye, ¿hay alguna dirección de correo electrónico en el perfil de la cuenta? —le pregunté.

Ella miró su teléfono.

—Sí, la hay. ¿Como sabías?

Ignorando su pregunta, le pedí que hiciera clic en algunas de las cuentas que publicaban "anuncios" fastidiosos. Luego le dije que me enviara las direcciones de correo electrónico que encontrara en los perfiles.

Cuando llegamos al consultorio del ortodoncista, ya me había librado de las preocupaciones sobre gastar lo último que quedaba de mi dinero. En la sala de espera, les envié un correo a las personas que manejaban esas cuentas (hoy, por supuesto, les diríamos *influencers*): "Hola, tengo una nueva aplicación llamada 4 Snaps. Me encantaría promocionarla a través de su cuenta. ¿Cuánto cobran?".

Durante la cita, mientras me apretaban y pinchaban los dientes con varios dispositivos de tortura, mi teléfono sonaba sin parar en mi bolsillo. Cuando regresé a casa, abrí los correos en mi *laptop*. Había descubierto una gigantesca red clandestina de anunciantes. Uno escribió: "¿Qué tal? Este mes, celebramos una oferta especial llamada 'Agosto genial': setenta dólares por cuatro publicaciones y ciento veinte dólares por ocho publicaciones (dos veces por semana). Las publicaciones permanecen en nuestra cuenta durante al menos dos meses. Tenemos más de ciento cincuenta y ocho mil seguidores a los que les encantarían tu página y tus productos".

Sabía que la mayoría de estas cuentas estaban bombardeando a mi hermana con publicaciones sobre aplicaciones fastidiosas. No quería que ella tuviera la misma experiencia con mi aplicación, así que pensé: "¿Cómo puedo mejorar esto?". Decidí crear anuncios que fueran relevantes para cada cuenta. Para la que era sobre zapatos, tomé cuatro fotos de zapatos que aparecían en su Instagram y añadí el logotipo de 4 Snaps con el comentario: ¿Puedes adivinar la palabra para esta imagen? Los anuncios obtuvieron muy buenas respuestas, generando más de mil cuentas de 4 Snaps.

Y así, sin más, me sentí como si estuviera montando un cohete hacia el espacio. La emoción de ver que meses de arduo trabajo estaban dando sus frutos fue algo que, finalmente, pude disfrutar, incluso si nadie a mi alrededor sabía lo que estaba pasando.

Un par de días después del lanzamiento, 4 Snaps siguió subiendo en las listas gracias a todas esas promociones de Instagram por las que había pagado. El juego había llegado a dos mil usuarios, duplicándose en menos de veinticuatro horas. No podía detenerme allí, así que le rogué a mi mamá que me consiguiera otros trescientos dólares de alguna parte. De algún modo, se las arregló para juntar el dinero y lo depositó en mi cuenta. Inmediatamente, compré más anuncios publicitarios en Instagram.

Mientras escribo esto hoy, no puedo resistirme a ofrecer una perspectiva más actual sobre la publicidad para cualquier desarrollador de aplicaciones novato que pueda estar interesado. Cuando estaba lanzando 4 Snaps, había algunos anuncios publicitarios en Facebook, pero no existían las publicaciones patrocinadas en Instagram. Entonces, contacté directamente a los *influencers* y les pregunté cuánto cobrarían por publicar anuncios sobre mi aplicación. (Esa cifra ha aumentado drásticamente. Hoy en día, podría costar entre mil y un millón de dólares publicar un anuncio por el que, en ese entonces, pagué ochenta dólares).

Algo que no ha cambiado: la publicación pagada de un *influencer* nunca debería interrumpir la experiencia de sus usuarios. ¡Las personas no hacen clic en cosas que les molestan! La publicación debe estar relacionada con aquello que motiva a los usuarios a seguir esa cuenta y debería ser tan cautivadora que las personas se sientan impulsadas a comentar y compartirla. La publicidad hipersegmentada siempre ha funcionado bien para mí.

La plataforma de anuncios de Facebook es un servicio claramente definido que funciona de manera muy diferente al mercado ambiguo de *influencers* al que yo estaba recurriendo. Si tu anuncio no tiene un buen rendimiento (esto quiere decir que no está recibiendo ningún "me gusta", no está siendo compartido y la gente no está haciendo clic en él con frecuencia), ¿adivina qué?: Facebook no va a aceptar tu dinero. Elegirá no mostrárselo a la gente. Facebook solo quiere enseñarles a las personas anuncios que realmente les gusten y con los que vayan a interactuar; por tanto, haz que tu anuncio se dirija lo más directamente posible a las personas que deseas que lo vean.

Una de las preguntas que me hacen mucho es: ¿puede la publicidad impulsar una aplicación y llevarla a encabezar las listas? La respuesta es sí, pero solo temporalmente.

No recomiendo invertir demasiado en grandes campañas publicitarias. En lugar de eso, comienza apelando a la audiencia más pequeña posible, una que sea muy específica y se ajuste perfectamente a tu nicho. Una vez que hayas tenido éxito conectado con esa audiencia, entonces puedes empezar a buscar mercados adyacentes. Es posible que estos usuarios no sean tu público objetivo exacto, pero con algunos ajustes en la aplicación, un par de funciones nuevas, tal vez puedas expandir el producto para incluirlos. Y una vez que hayas conquistado *ese* mercado, podrás seguir expandiéndote a partir de allí. Al extender continuamente tu alcance a un público cada vez más amplio, puede que termines con un producto muy diferente al que tenías al principio. ¡Y eso está bien! Siempre y cuando recuerdes quiénes fueron tus seguidores originales y te esfuerces por hablar con ellos e incluirlos, tus primeros usuarios seguirán amando tu producto y, con suerte, ¡millones más lo harán también!

A medida que transcurría la semana, mi aplicación seguía subiendo en la lista, del número ciento cincuenta y siete pasó al puesto cincuenta en la categoría de los mejores juegos gratis de palabras. Aunque la aplicación no estaba ganando dinero todavía, porque era gratuita, sabía que estaba en el camino correcto.

Y muy pronto, las cosas empezaron a moverse para 4 Snaps. Durante la primera semana de mi último año de preparatoria, se convirtió en el juego de palabras número uno en la App Store. Pero lo más importante que sucedió no me pareció tan relevante en ese momento. Recibí un correo de una mujer que trabajaba en Parse, preguntándome si estaría dispuesto a hacer un video de dos minutos describiendo cómo había creado mi aplicación y cómo el servicio había impactado mi vida.

—¡Claro que sí! —le respondí de inmediato.

Nunca habría rechazado la oportunidad de hablar sobre 4 Snaps, y esta oportunidad era superemocionante porque Parse había sido adquirida recientemente por Facebook. Eso hizo que me subiera un escalofrío de emoción por la espalda. Es posible que Facebook no fuera popular entre la gente de mi generación, pero a mí me encantaba. Como el niño nostálgico que era, me gustaba especialmente catalogar los eventos más importantes de mi vida en la línea de tiempo de Facebook. El día que lanzaron esa función en 2011, fui al sitio donde almacenábamos nuestras cosas, desenterré las viejas tarjetas SD de mi papá con todas las fotos antiguas mías y de Mariana que habían tomado durante nuestra infancia y comencé a crear mi primer libro digital de recuerdos.

La misma noche que recibí la solicitud de Parse, grabé el video. Tenía puesta una pijama de cuadros azul y verde, imaginando que solo unas cinco personas lo verían. Eso no fue lo que pasó.

Lo que sucedió fue que alguien le mostró mi video a Mark Zuckerberg. Cada semana, como supe después, Zuckerberg les daba una charla a sus empleados y, a veces, para cerrar el evento, mostraba un video de alguna persona común que elogiaba uno de los productos de Facebook. Parse había sido adquirida por Facebook meses antes y le tocaba aparecer en uno de esos videos, que resultó ser el mío. Así que Zuckerberg transmitió mi video en pijama para toda su empresa. En Menlo Park y Austin y Dallas y Seattle y Londres y en todo el mundo, cada uno de los empleados de Facebook me vio hablando sobre mi aplicación. Me enteré después por el director ejecutivo de Parse, Ilya Sukhar, que Zuckerberg se volteó hacia él mientras se reproducía el video y le dijo:

—Oye, pienso que deberíamos contratar a este chico.

Capítulo 7

Famoso en Perú

APROXIMADAMENTE UNA SEMANA DESPUÉS de que Zuckerberg viera mi video en pijama, estaba sentado en la clase de Precálculo sin escuchar a mi maestro cuando llegó un correo electrónico de Facebook, invitándome a que aplicara a una pasantía. Un segundo correo llegó minutos después: "Mark Zuckerberg quiere conocerte, así que nos gustaría que viajaras a nuestra oficina". La voz de mi maestro se volvió aún más distante. Esto no podía ser verdad. Golpeé la cabeza contra mi escritorio para verificar que estaba realmente despierto. Sí, lo estaba.

—¿Qué pasó? —susurró el chico sentado a mi lado, pinchándome en el hombro con su lápiz.

Sin poder decir nada, me volteé y le mostré mi iPad. Leyó rápidamente el correo, se puso de pie y le gritó a la clase:

—¡Mark Zuckerberg quiere contratar a Michael!

Mis compañeros de clase se pusieron como locos. El maestro se acercó y nos quitó el iPad.

—¡Déjense de tonterías! —dijo molesto.

Me encogí en mi asiento. Me pasé el resto de la clase sentado ahí sudando y pensando: "¡Tengo que responder! ¡Necesito decirles que sí o pensarán que no me interesa!". Al final de la lección, nerviosamente, pedí mi iPad de vuelta y salí corriendo del salón de clase. Mi actitud, junto con mis calificaciones, había ido de mal en peor durante mi último año de preparatoria. Y no es que no me importara mi futuro, sino que cada vez me quedaba más claro que sacar buenas notas y asistir a la universidad tenían muy poco que ver con ese futuro.

"¡Sí, me encantaría!", le contesté a Facebook desde el pasillo fuera de mi aula. Los amigos de Mariana siempre me decían que debería tener mi propia empresa después de graduarme, pero yo ya sabía que todo lo que quería era estabilidad. Después de años de vivir con mi mamá haciendo sonar las alarmas para advertir que estábamos a punto de quedarnos sin electricidad en nuestra casa, quedarnos sin comida o perder el restaurante, no quería correr más riesgos. Así que me tenía sin cuidado poder dirigir una nueva empresa. Quería trabajar para una compañía grande que me pagara un salario. Quería sentir la seguridad de que iba a estar bien sin importar lo que pasara.

En octubre, recibí dos buenas noticias: primero, ¡había obtenido la pasantía en Facebook!; segundo, me habían invitado a Perú para hablar en una conferencia tecnológica. De niño, había pasado varios veranos allí con la familia de mi mamá, pero este viaje sería diferente, un verdadero viaje de trabajo. Pedí que no me pagaran por hablar en la conferencia, pero ellos cubrirían tanto mi pasaje como el de mi mamá.

El viaje era la oportunidad perfecta para generar interés en 4 Snaps en Latinoamérica. Estaba decidido a aprovechar mi visita para que el juego fuera tan exitoso allá como lo era en Estados Unidos. Con más de cien mil usuarios, habíamos alcanzado la posición número cien en la categoría de las mejores aplicaciones. A pesar de que 4 Snaps era una aplicación gratuita y no generaba dinero, todavía tenía la esperanza de hacerla tan popular que una gran empresa la comprara por millones.

Siempre llevaba a mi mamá en mis viajes de trabajo para que me ayudara a organizarme y recordar comer y dormir, y porque siempre eran buenas oportunidades para pasar tiempo juntos y mejorar nuestra relación. Realmente la iba a necesitar para este viaje. La agenda de mis tres días en el país estaba completamente llena desde las seis de la mañana hasta las diez de la noche todos los días en intervalos de media hora.

Si bien todavía necesitaba el apoyo de mi mamá, ella también dependía del mío. Casi había dejado de intentar pronunciarme acerca del hecho de que mis padres gastaban mi dinero: simplemente, no valía la pena la agitación que causaba. Sin embargo, estaba más atento a lo que gastaba mi mamá. Cada semana, cuando Apple depositaba lo poco que recibía de mis aplicaciones anteriores, intentaba sentarme con ella para decidir qué cuentas vencidas había que pagar primero. Por lo general, me decía que estaba demasiado ocupada, pero yo tenía que intentarlo. Por supuesto, en retrospectiva, ahora sé que esta era una situación absurda: yo era un niño peleando con mis padres acerca de sus finanzas... y mi dinero. Pero en aquel momento parecía una conversación normal, aun cuando fuera desagradable.

Cuando estábamos aterrizando sobre los tejados de Lima, mi mamá me tocó el brazo ligeramente y me dijo:

—Oye, Michael, tenemos que volver a pintar el restaurante. Va a costar un par de miles de dólares, pero papi y yo creemos que vale la pena. ¿Qué opinas?

Fruncí el ceño. A estas alturas sabía que el restaurante perdía cuatro mil dólares al mes. Cuando mi dinero no era suficiente para cubrir los salarios de los empleados y los costos operativos, esos gastos iban a las tarjetas de crédito. Las cuentas para mantener El Pollón abierto, simplemente, no daban.

—¿Qué va a cambiar cuando lo repinten? —pregunté.

Mi mamá puso su teléfono en mi mano.

—¡Mira! Esto es lo que podríamos hacer. —Un amigo había modificado algunas imágenes usando Photoshop para mostrar cómo se veía el restaurante pintado—. Se verá más moderno —insistió—. Si lo hacemos, tal vez la gente quiera comer allí.

Suspiré. Incluso después de las terribles pérdidas que nuestra familia había sufrido durante la recesión, mis padres todavía se negaban a ver que el sueño americano del que se habían enamorado cuando eran jóvenes inmigrantes no tenía garantía. Mi papá había estado seguro de que su ambición de convertirse en un exitoso editor de video y sonido en televisión podía hacerse realidad si trabajaba lo suficiente. Estaba tan convencido, de hecho, que había renunciado al apoyo económico de su familia para venir a Estados Unidos y hacer el trabajo que amaba en lugar de lo que su familia quería que hiciera. Cuando surgió la oportunidad, dejó la carrera para seguir su sueño: tener su propio negocio con mi mamá. Y durante unos años, cuando el restaurante estaba en auge, mis padres *pudieron* experimentar la buena vida que habían visto en los programas de televisión estadounidenses mientras crecían en Latinoamérica. Pero esa vida, la forma en que *ellos* la habían logrado, no era sostenible y nunca lo sería. ¿Por qué no pudieron darse cuenta de eso?

—No sé —dije, tratando de mantener mi determinación—. Tal vez tú y papi deberían cerrar de una vez el restaurante y encontrar otros trabajos.

Me sentía como un niño malcriado. Era horrible tener que mirarla a los ojos y decirle que cerrara el negocio que ella y mi papá habían construido. Pero el restaurante estaba perdiendo tanto dinero que dudaba que un simple trabajo de pintura pudiera arreglarlo.

Cuando las ruedas del avión rozaron la pista, nos recostamos en los asientos y nos quedamos en silencio. Tendríamos que retomar la conversación en otro momento.

Varios equipos de camarógrafos, incluido un equipo local de Univision que estaba obteniendo imágenes para mi documental, nos filmaron cuando bajamos del avión. Los medios de comunicación latinoamericanos me habían estado siguiendo desde mi entrevista en CNN cuando tenía trece años y, como resultado, ahora era de verdad famoso allí. Mientras intercambiaba un abrazo incómodo con mi tímido tío Kike y mi prima de ocho años, Ariana, noté la presencia de un grupo de espectadores curiosos.

Después de tres años haciendo publicidad para mis aplicaciones, mi mamá y yo nos habíamos hecho expertos y teníamos nuestros roles bien definidos: yo era el feliz Niño Genio de Apple y mi mamá era la madre orgullosa y solidaria que me daba un codazo si me olvidaba de sonreír o agradecer a un seguidor por venir a verme. A ella siempre le preocupaba lo que las demás personas pudieran pensar de nosotros; especialmente, cuando se trataba de mantener la imagen de que éramos una familia estable de clase media. Todavía hablábamos de manera abierta en las entrevistas con respecto a cómo yo ayudaba a mantener a mi familia: probablemente era la parte de mi historia que más fascinaba a la prensa. Pero se suponía que no debía revelar lo mal que se habían puesto las cosas. Incluso cuando perdimos nuestra casa, mis padres no querían que nadie lo supiera y siempre tuvieron cuidado de no discutir sobre nuestros problemas financieros frente a la gente de Univision. Esas peleas se guardaban para las dos de la madrugada o cuando íbamos solos en el carro.

Después de los saludos en el aeropuerto, nos subieron a una camioneta. Era el momento de mostrar a las personas lo que querían ver: el niño sudamericano que había conseguido un pedazo de Silicon Valley. Alguien que había triunfado.

—

Treinta minutos después, estábamos parados en un pequeño restaurante de ceviche, rodeados por el equipo de Univision, un camarógrafo de un programa llamado *Día D* y
dos personas que estaban a cargo de organizar mi agenda. No había nadie más allí. ¿Habían cerrado todo el lugar
para nosotros?

Alguien me puso un uniforme blanco de chef. No tenía
ni idea de lo que estaba haciendo, lo que se suponía que
debía decir, con quién debía hablar o lo que iba a suceder.
Me presentaron al chef. Mi sonrisa estaba ahora realmente encendida. Aparecieron media docena de meseros y se
pusieron en fila detrás del chef, quien me dijo:

—¡Vamos a hacer que prepares un ceviche! ¡Va a ser
fantástico!

—¡Espera! ¿Qué? —le contesté en español (no había
hablado nada de inglés desde que habíamos aterrizado)—.
¿Yo voy a preparar un ceviche?

—¡Por supuesto! —dijo entusiasmado el chef y me dio
una palmada en la espalda—. ¡Te va a encantar!

Me estaban filmando desde un ángulo extraño que me
hacía parecer más gordo, pero ¿qué podía hacer? Simplemente, seguí sonriendo. Mientras tuviera una sonrisa en
el rostro, podría navegar la situación. El chef me entregó
un plato de pescado crudo y tomates cortados en cubitos
y me dijo:

—Mezcla esto.

Lo mezclé durante tres segundos y el chef no cabía en sí:

—¡Lo máximo! ¡Felicitaciones! —dijo—. ¡Preparaste un
ceviche! ¡Lo hiciste! ¡Y te salió buenazo!

Alguien me entregó un premio, una medalla de verdad,
y un libro de cocina de tapa dura. Los meseros aplaudie-
ron. Mi mamá asintió y sonrió, pero sabía que por dentro

no estaba sonriendo. Estaba cansada y preocupada por su restaurante, pero estaba aquí y podía contar con ella.

Ahora el chef daba un discurso. Algo sobre el Niño Genio de Apple. No me sentía como un genio. Sentía que era un chico con suerte que había creado una aplicación y ahora había preparado un ceviche en tres segundos. Querían que hablara, así que les dije:

—Muchísimas gracias por esta maravillosa comida. ¡Es deliciosa! ¡Es increíble! Estoy muy orgulloso de haber aprendido a hacer ceviche con mi mamá. Vamos a intentar prepararlo en casa. Probablemente nos va a quedar terrible, ¡pero haremos nuestro mejor intento!

Una de las personas a cargo de mi agenda dijo:

—Muy bien, se nos acabó el tiempo. Nos toca el siguiente lugar.

No nos dio tiempo a comernos el ceviche. Toda la comida se quedó allí. Ni siquiera la tocamos y yo me moría de hambre.

Nos llevaron a un estadio para admirar una estatua. Una vez más, no tenía idea de dónde estábamos o qué hacíamos allí. Mi tío y Ariana aparecieron detrás de la estatua. Me pregunté si me había quedado dormido en la camioneta y esto era un sueño.

—¿De dónde salieron? —les pregunté, porque pensaba que nos habíamos despedido por el día en el aeropuerto.

Resultó que el programa *Día D* requería material adicional de todos nosotros caminando por la ciudad. Querían mostrarme con mis familiares peruanos. Caminamos y caminamos, las cámaras delante y, detrás de nosotros, mi sonrojado tío, mi mamá, mi prima pequeña y yo, simplemente dando un paseo.

Fuimos a cenar: una cena familiar con docenas de personas que nunca antes había visto, pero que se suponía que eran mis parientes. Realmente, no podía hablar libremente con nadie y tenía que ser extremadamente optimista. Aunque no quería lidiar con el estrés de probar platos nuevos, debía hacer gestos como si me encantaran.

Luego nos tocaba el programa de entrevistas nocturno. Simplemente lo hice. Me lo quité de encima.

Por la mañana, nos recogieron en casa de mi tío para ir a la gran conferencia. Cientos de estudiantes se aglomeraron en el patio de la universidad para recibirme. Me reuní con el presidente de la escuela y realicé un pequeño recorrido con las cámaras siguiéndome. Mi mamá ya no tenía que darme codazos para recordarme sonreír. Mi sonrisa estaba tan congelada que me dolía.

El discurso que di fue, en el mejor de los casos, mediocre. No debería haber esperado para escribirlo en el avión. Hablé sobre el estado de la App Store y cómo se puede ganar dinero allí. Fue así de básico. Si hubiera dado este discurso en Silicon Valley, me habrían sacado de la sala, burlándose. La gente me habría dicho: "¿Por qué estás hablando de esto? Podría buscarlo en Google".

Pero, sorprendentemente, todos los que estaban allí presentes respondieron:

—Guau, muchísimas gracias.

Se mostraron más agradecidos y más amables conmigo de lo que yo merecía. Tan pronto como terminó el evento, los estudiantes se amontonaron a mi alrededor, haciéndome preguntas:

—¿Dónde puedo descargar ese programa? ¿Cómo puedo hacer lo mismo que tú?

Su curiosidad era increíble. Yo sabía que muchos de ellos ni siquiera tenían una computadora en casa y, mucho menos, acceso a una buena conexión wifi. Así que hice todo lo posible para explicarme.

De regreso en la casa de mi tío, subí las escaleras tambaleándome hasta el dormitorio de mis difuntos abuelos. Mi mamá y yo estábamos durmiendo allí, rodeados de fotografías de mi abuela y mi abuelo, y un ángel de la guarda en la cabecera de la cama, algo que es costumbre en la cultura peruana: casi todas las habitaciones tienen un ángel sobresaliendo de la cabecera de la cama, incluida la mía en Miami. La habitación estaba inundada de fotografías de nuestra familia, en blanco y negro y a color, y algunas descoloridas que ahora eran *beige*. Fotos de mi hermana y mías de cuando éramos bebés se desparramaban por toda la casa: estaban en todas las mesas laterales, dentro de todos los cajones y colgadas en las paredes de los pasillos. Era como si esta casa nos perteneciera. Caí en la cama muerto de cansancio. Mi mamá encendió el pequeño televisor y puso las noticias. Estaban hablando de mí en tres canales de noticias diferentes.

—Mira, mira. ¡Estás allí! ¡Mira! ¡Mira! ¡Están hablando de ti! ¡Michael! ¡Michael! ¡Mira!

Me cubrí la cabeza con una almohada, incapaz de soportar una gota más de emoción. El día entero (durante años, en realidad) había fingido ser una persona extrovertida. Pero toda esa atención, toda esa gente, me habían agotado por completo. Solo quería dormir.

No fue hasta que llegué a casa y revisé mi cuenta de Facebook que me di cuenta de lo mucho que mi viaje a Perú había cambiado mi vida, haciéndome avanzar de maneras que yo nunca podría haber imaginado. Niños de países de habla hispana, así como otros de la India, Francia y del mundo entero, inundaron mi cuenta con mensajes. La mayoría eran latinoamericanos. Me contaban historias sobre sus familias y lo orgullosos que estaban de saber que alguien que compartía su cultura había logrado triunfar en el mundo de la tecnología como yo lo había hecho. Me admiraban, así estuviera gordo o no.

Mientras miraba cientos de notificaciones de mensajes nuevos, elegí uno de alguien que parecía una mujer de mediana edad de Perú. Decía:

¡Hola, Niño Genio de Apple!
Te vi en el programa *Día D* anoche. Tengo dos hijas que viven conmigo en Miraflores, Lima, Perú. Me aseguré de que ambas estuvieran en la habitación para ver tu segmento. ¡Eres un genio!... Me has inspirado a esforzarme más. Y a mis hijas también. Una de ellas está enferma; estamos rezando para que mejore con el tiempo. Me dijo que algún día quiere crear aplicaciones como tú. Te deseo la mejor de las suertes. No olvides tus raíces y de dónde vienes, Michael. Que Dios te bendiga.

¿Cómo respondes a algo así? No podía enviarle una de esas frases ingeniosas que había repetido una y otra vez. Quería ser elocuente; quería decir algo significativo. Lo mejor que se me ocurrió fue lo siguiente:

Gracias por sus generosas palabras. Por favor, transmítales este mensaje a sus hijas:
¡El mundo necesita más programadoras latinas! Y no es necesario ser un genio para crear una aplicación exitosa o convertirse en ingeniero. Definitivamente, no soy un genio, a pesar de mi tonto apodo. Pero esto es lo que deben hacer: por encima de todo, deben ser persistentes. Deben creer en ustedes mismas hasta el punto en que los demás piensen que están delirando. Fue más fácil para mí, en Miami, con mi servicio rápido de Internet y buena tecnología, que lo que les resultará a ustedes. Pero si son determinadas —superdeterminadas—, tendrán éxito. Sinceramente lo creo. ¡Y creo en ustedes! Con cariño, Michael.

Capítulo 8

Conociendo a Mark Zuckerberg

DESPUÉS DE LA VISITA a Perú, las cosas realmente empezaron a darse. 4 Snaps había llegado a casi un millón de usuarios en Estados Unidos y algunas empresas más grandes parecían interesadas en adquirirlo. Dos semanas después de ese viaje, fui a California con mi mamá para reunirme, a petición de él mismo, con Mark Zuckerberg. Mi mamá no tenía idea de quién era, a pesar de que tenía una cuenta de Facebook para compartir fotos con su familia en Perú. Días antes de la reunión, rápidamente, buscó en Google el nombre de Zuckerberg. El único detalle que le llamó la atención fue el hecho de que él era judío como mi papá.

Tomamos un Uber directamente desde el aeropuerto hasta el campus, donde nos recibieron una reclutadora llamada Emily y dos coordinadores pasantes.

Entrar al campus de Facebook en Menlo Park fue como entrar a Disney World, mi lugar favorito en la tierra: había edificios coloridos; canchas de básquet; restaurantes que servían todo tipo de comida; máquinas expendedoras provistas de cargadores de batería, cables, auriculares y teclados (todo esto era gratis para los empleados). Había gimnasios con entrenadores personales; clases gratuitas de baile, yoga y aeróbicos; peluquerías y salones de belleza que ofrecían cortes de pelo sofisticados; médicos y dentistas en el campus que podían atenderte a cualquier hora del día; y nutricionistas que, de manera gratuita, te ayudaban a encontrar una dieta equilibrada. Cada piso de cada edificio contaba con una minicocina con múltiples máquinas de café; refrigeradores llenos de leche, queso, agua y refrescos; y toda clase de *snacks*, incluidos tres tipos de palomitas de maíz. Una tienda de bicicletas en el campus les permitía a los empleados tomar prestadas las bicicletas de su elección por un período de tiempo indefinido: sin costo alguno, por supuesto. Cuando tenías que lavar ropa, simplemente la ponías en uno de los depósitos de lavandería esparcidos por el campus y te la dejaban en el escritorio lavada y doblada.

No sé quién tenía la boca más abierta, mi mamá o yo.

—¡Demasiado, demasiado! —no paraba de decir mi mamá. Su inglés no era muy bueno y estaba luchando por transmitirles su incredulidad a nuestros guías—. Le enseño a mi hijo a hacer su propia cama y lavar su ropa, ¿para que nunca tenga que mover un dedo?

Nuestros guías simplemente se rieron.

—Creemos que mantener felices a nuestros empleados los anima a trabajar más duro —explicó Emily, chocando las manos con dos mujeres con gafas de aviador que pasaban cerca de nosotros.

Era, aproximadamente, la décima vez que chocaba las manos con alguien mientras caminábamos y, finalmente, tuve que preguntar qué pasaba. Emily señaló una gigantesca pantalla LCD en el medio del patio donde estábamos parados: en letras de neón, se desplazó el anuncio #HIGH-FIVEFRIDAY [viernes de chocar las manos]. *Ohhh.*

—Quiero trabajar aquí a tiempo completo —le susurré a mi mamá.

Siempre había seguido a Facebook en las noticias y sabía un poco sobre su cultura empresarial de "Muévete rápido y rompe cosas", pero hasta ese día, nunca me había dado cuenta de que sería tan… ¡feliz y radiante! Definitivamente, ahí era donde yo pertenecía.

Había tenido el estómago revuelto todo el día, preguntándome en qué momento conocería a Mark Zuckerberg. Finalmente, cuando el campus casi se había vaciado (era viernes y, al parecer, la gente salía temprano porque era el fin de semana), Emily recibió un mensaje en su teléfono.

—¡Muy bien, chicos! —dijo, empezando a caminar rápido—. Llegó la hora.

Mi mamá y yo la seguimos hasta una imponente oficina de vidrio con un diseño de planta abierta.

—¿Estás preparado? —susurró mi mamá—. ¿Sabes lo que le vas a decir?

—Nah, simplemente voy a improvisar —le respondí en un susurro, tratando de sonar casual.

¿Por qué no me había preparado? ¿Qué *iba* a decir?

—¡Ay, Dios mío! —dijo mi mamá, persignándose.

Doblamos una esquina y allí estaba Mark Zuckerberg, una de las personas más ricas del mundo, vestido con *jeans*, tenis y una camiseta, sentado en un sencillo escritorio blanco en una esquina de aquel espacio abierto. Se puso de pie cuando nos vio.

—Hola, Michael —dijo.

Su apretón era firme y frío, realmente frío, como si mi mano estuviera envuelta en una paleta de helado. De hecho, todo el lugar estaba helado (¿tal vez para asegurarse de que las computadoras no se sobrecalentaran?), lo cual era la única razón por la que no estaba sudando a chorros en ese momento. Lo único que podía pensar era: "Por Dios, ¡ahí está Mark Zuckerberg! ¡Se sabe mi nombre!". Zuckerberg parecía sentirse casi tan incómodo como yo.

—Entremos y hablemos un poco —dijo.

—¡Sí, claro, está bien! —dije efusivamente, siguiéndolo a la "pecera", la sala de reuniones acristalada.

Se sentó y tomó un balón de fútbol que estaba sobre una mesa *beige* enorme que podría haber salido de IKEA.

—Toma asiento —dijo, reclinándose en su silla y dribleando el balón.

Me senté, esperando mi próxima orden como un atontado cachorro gigante.

Mark puso los pies calzados con tenis sobre la mesa.

—¿Por qué creaste 4 Snaps? —preguntó.

—Yo… Yo…

Era la pregunta más fácil del mundo, pero todo lo que yo podía pensar era: "¡No puedo creer que los multimillonarios pongan los pies sobre la mesa!". En muchos hogares latinos, esto era prácticamente el mayor tabú y me desconcertó por completo. "Concéntrate, Michael", me dije. "Estás en una reunión ahora mismo, no vayas a arruinarlo todo. Simplemente, respóndele. ¡Es una pregunta tan obvia! Te la hacen todo el tiempo. Solo tienes que responder lo mismo de siempre. Y mantén la calma. Él está tan calmado. ¡Trata de ser como él!". Mientras mi mente se aceleraba, Zuckerberg esperaba, mirándome con expectación. Por fin, me las arreglé para explicarle que la idea de 4 Snaps se me había ocurrido viendo a mi hermana y sus amigas enviarse fotos en un chat grupal de mensajes de texto.

—Me encanta observar cómo las personas se comunican y juegan, y luego crear nuevas maneras para que hagan las cosas que ya les gustan. —Luego dije—: Realmente no creo que existan las ideas originales, solo nuevas combinaciones de lo que ya existe.

Mark bajó las piernas de la mesa de conferencias y rebotó el balón entre sus pies.

—Genial —dijo.

¿Era esa su forma de decir que creía que yo era un idiota? ¿O realmente pensaba que había dicho algo que valía la pena? Por su rostro inexpresivo, era imposible saberlo. Me mordí la lengua y miré a través del ventanal de vidrio detrás de Mark, esperando su siguiente pregunta. Afuera había un jardín exuberantemente plantado, dividido por varios pilares cilíndricos enormes. "Oh, por Dios", pensé. "¡Deben haberlos puesto en caso de que alguien intente chocar un vehículo contra el edificio!".

Zuckerberg interrumpió mi balbuceo interno diciendo:

—¿Cómo decidiste que la programación era algo en lo que querías trabajar?

Debería haber contestado algo que sonara inteligente. Lo que dije fue:

—No me gusta trabajar. Simplemente me gusta divertirme.

Zuckerberg levantó las cejas casi imperceptiblemente. "Oh, no, oh, no, oh, no. ¿Por qué acabo de decir eso?". Era una frase que había repetido en un millón de entrevistas. Tenía un archivo en mi cabeza con diferentes respuestas a varias preguntas y mi comentario típico de "Simplemente me gusta divertirme" era uno que había repetido tantas veces que me salió de manera automática. Ahora Zuckerberg iba a pensar que yo era un vago. Esto iba mal. Muy mal.

Intenté aclararlo:

—Quiero decir, me gusta programar y programar es divertido, ¡así que se siente como si no estuviera trabajando!

Eso pareció ayudar. Asintió e hizo rebotar la pelota una vez sobre la mesa.

—¿Te gustan los videojuegos y esas cosas?

—No, no tengo tiempo para jugar, solo me gusta crearlos.

Otra frase de respaldo. Estaba tan nervioso que las soltaba como un autómata. Estaba perdiendo la oportunidad de ser yo mismo y todo estaba sucediendo demasiado rápido. El resto de la reunión pasó volando. Y después de quince minutos que se sintieron como una fracción de segundo, se acabó.

Zuckerberg me acompañó hasta donde estaba esperando mi mamá. Volvimos a estrecharnos las manos y, luego, Mark se acercó a darle la mano.

—Es un chico brillante —dijo.

Fue entonces cuando, por alguna razón inexplicable, mi mamá dijo:

—Sabes, mi hijo también es judío.

Durante toda mi vida, ella había estado peleando con mi papá acerca de mi religión, insistiendo en que yo era católico como ella. Pero por Zuckerberg, simplemente había decidido renegar de su religión. Me tapé la cara con las manos. Hubiera sido feliz si la tierra se hubiera abierto y me hubiera tragado.

Pero Mark se estaba riendo y me miró como diciendo: "Ocurrencias de mamás, ¿verdad?".

Mi mamá aún no había terminado.

—Una pregunta más —dijo, luciendo superavergonzada.

Todos nos quedamos allí, esperando a que acabara de hablar. Creo que ese instante duró más que cualquier otro momento de mi vida. Ella extendió la mano hacia el fascinante multimillonario, pero parecía que no podía pronunciar las palabras.

—Déjame adivinar —respondió Mark finalmente—. ¿Quieres una foto?

—¡Sí, por favor! —dijo mi mamá.

—Oh, por Dios, qué vergüenza —murmuré.

Me había puesto una camiseta negra y una sudadera con capucha de color morado que decía San Francisco, la cual creía que ocultaba decentemente mis rollitos de grasa, pero mi mamá quería que me pusiera la sudadera con capucha de Facebook que acabábamos de comprar en la tienda de regalos. De eso ni hablar.

—¡Sonríe! —dijo ella.

"Por favor, que esto se acabe pronto", deseé mientras lucía mi sonrisa metálica y mi cara regordeta se ruborizaba y destellaba mil tonos de rojo.

Sin embargo, mi mamá no había terminado.

—Ahora —rio nerviosamente—, ¿solo una más… conmigo?

Mark estaba siendo muy paciente con todo esto, pero me podía dar cuenta de que a Emily, la reclutadora, la estaba desesperando que estuviéramos haciéndole perder el tiempo.

—¡Muy bien, la última y se acabó! —chilló.

Mi mamá le dio su teléfono y Emily tomó una foto de nosotros dos flanqueando a Zuckerberg. Luego, antes de que yo supiera lo que estaba sucediendo, nos llevaron al vestíbulo y Emily, que parecía que necesitaba una bebida o un baño caliente o *algo por el estilo*, se despidió de nosotros. Pero ella no podía haber estado más aliviada que yo de que el día hubiera terminado.

Capítulo 9

Adiós, Belén

A PESAR DE TODAS las conversaciones conmigo mismo en los últimos meses acerca de cómo mis aplicaciones eran más importantes que la universidad en el panorama general, una parte de mí seguía teniendo ganas de ir, de aprender informática con verdaderos científicos informáticos. Terminé ingresando al nuevo curso que ofrecían en Belén, pero lo impartía un maestro que sabía menos que yo sobre el desarrollo de aplicaciones móviles. Lo mejor que aprendí del curso fue que había nombres para muchos de los conceptos a los que había llegado por mi cuenta aprendiendo de mis errores. Ahora sabía, por ejemplo, que el cronograma en bloques que había elaborado cuando estaba desarrollando 4 Snaps se llamaba diagrama de Gantt.

De todos modos, había llegado la hora de la verdad: la primera semana de diciembre era la fecha límite para enviar las solicitudes a la universidad. Pronto descubriría si mi promedio de C– había arruinado mis posibilidades o no. De hecho, me sentía optimista: había obtenido muy buena puntuación en los exámenes SAT y ACT. Pensé que si escribía un ensayo universitario contando mi historia y explicando por qué no había sobresalido en la escuela, la gente de admisiones entendería por qué yo era diferente y por qué debían aceptarme. Después de todo, si una universidad admitía a un estudiante que tenía calificaciones excelentes, pero nada más que mostrar en su currículum y, en cambio, no me aceptaban a mí solo porque mis calificaciones eran malas, eso no estaría bien.

Unos días antes de la fecha límite de mi primera solicitud, mi mamá apareció en la puerta de mi habitación retorciéndose las manos.

—Michael, ¿qué pasa si no logras ingresar a una universidad?

Sacudí la cabeza.

—Todo va a estar bien, mami. He logrado grandes cosas. He creado aplicaciones que han mantenido a nuestra familia. Me han entrevistado en la televisión. ¡Conocí a Mark Zuckerberg!

No le dije que la consejera universitaria de mi escuela no sentía la misma confianza que yo.

—Tus posibilidades de ser admitido no son muy buenas —me había advertido.

Con mi mamá tranquilizada, volví a concentrarme en mi ensayo sobre cómo había aprendido a crear aplicaciones cuando era niño. Pero cuando terminé, no se parecía en nada a la historia impactante que había imaginado. Lo había escrito con el apuro de último minuto y era un desastre. Luego, estaba la cuestión de las recomendaciones de los maestros: me había dado demasiada vergüenza pedírselas a la mayoría de ellos. Solo me sentí cómodo recurriendo a mi maestra de estadística —una de solo dos maestros que amaba en la escuela (el otro era el que dirigía el club Modelo de las Naciones Unidas)—, que había aceptado escribir una carta.

Aunque tenía una D en su clase, ella podía ver mi potencial y, a menudo, pasaba por mi escritorio para ofrecerme palabras alentadoras como:

—Mi hijo y yo te vimos en la televisión el otro día. ¡Estoy muy orgullosa de ti! Continúa lo que estás haciendo.

Fue en parte gracias a su apoyo que hice lo posible y reuní los fondos —casi cuatrocientos dólares en total— para aplicar no solo a una universidad comunitaria y un par de universidades de nivel medio de la Costa Este que mi consejera universitaria había recomendado, sino también a unas cuantas de la Liga Ivy. Las densas y confusas solicitudes de ayuda financiera eran la parte más difícil. Para mis padres eran aún *más* confusas que para mí debido a la barrera del idioma, así que las llené lo mejor que pude y las envié. Entonces, esperé.

En marzo, todas las esperanzas que tenía de que las universidades vieran más allá de mis malas calificaciones, se fijaran en el trabajo del mundo real que había hecho y clamaran por mí se desvanecieron. Las malas noticias llegaron todas a la vez: rechazo, rechazo, rechazo. Solo la universidad comunitaria que estaba al lado de mi escuela y una de nivel medio de Rochester me enviaron cartas de admisión (y conseguí la de Rochester solo porque me había reunido con un reclutador que estaba impresionado por lo que había hecho con 4 Snaps). La carta decía que mis calificaciones dejaban mucho que desear e iba a ser duro para mí, pero que estaban haciendo una excepción porque les gustaba mi "historia". Sin embargo, no era tanta la excepción: no calificaba para recibir ayuda financiera debido a mis notas. Entonces, si quería asistir a esa universidad, tendría que pagar el total de la matrícula anual de cincuenta mil dólares.

Según Belén, que se jactaba de una tasa de aceptación universitaria del cien por ciento, eso era exactamente lo que debía hacer. Otros chicos, en este punto, podrían haber recurrido a sus padres en busca de orientación, pero esa no era una opción para mí. Antes, cuando al restaurante aún le iba bien y mis padres no dependían económicamente de mí, ellos habían tenido el control. Pero con los años, a medida que había asumido más y más la responsabilidad de nuestras finanzas, había dejado de preguntarles cómo vivir mi vida. Me criaba a mí mismo. Entonces, cuando llegó el momento de tomar una decisión acerca de la universidad, no les pregunté qué pensaban que debería hacer; simplemente, me lo pregunté a mí mismo. Y yo ya sabía la respuesta. No podía pagar la universidad: no quería sacar préstamos estudiantiles y tener que pagarlos durante veinte años, lo que significaba que tenía que hacer todo lo posible para que me contrataran en Facebook después de mi pasantía.

Aun así, no estaba listo para decirles a mis padres que no iría a la universidad, así que hablé con la oficina de admisiones de Rochester y les dije que les daría una respuesta pronto.

Mientras tanto, una semana antes de graduarme de la preparatoria, Belén les envió una carta a mis padres. La mano de mi mamá temblaba cuando me la tendió. A medida que mis ojos recorrían la página, sentí que mi cuello y mis mejillas se encendían. La carta era una amenaza. Si no pagaba mi matrícula atrasada de setecientos dólares "inmediatamente", no me permitirían graduarme con mi clase.

Las lágrimas nublaron mi visión y, rápidamente, me di la vuelta, parpadeando. No quería llorar frente a mi mamá. Cualquier tristeza que sentía se convertía instantáneamente en ira o falsa indiferencia. Me ponía la máscara delante de todos: maestros, compañeros de clase y familia. Incluso me engañaba a mí mismo acerca de la idea de que alguna vez podía ser vulnerable. Los sentimientos eran para los niños pequeños, no para el hombre de la casa. Sentí una opresión familiar en el pecho, seguida de una ráfaga de calor entre mis oídos, como si se hubiera encendido un horno dentro de mi cabeza.

Girando para mirar a mi mamá, le dije:

—¿Por qué no pagaste? ¡Ni siquiera me lo dijiste!

—¡Necesitábamos el dinero para pagar deudas más grandes! —respondió llorando.

Hacía poco, habían cerrado finalmente El Pollón. El negocio familiar se había terminado, había acabado.

—¡Oh, Michael, lo siento!

Se hundió hasta el borde de mi cama y puso la cabeza entre las manos.

Arrugando la notificación de Belén, la tiré a la basura.

—No importa —dije con frialdad—. Que se jodan. De todos modos, no necesito el diploma.

Sabía que estaba siendo un idiota (había sabido desde un principio que mis padres estaban usando mi dinero para pagar sus cuentas), pero no tenía ganas de consolar a mi mamá en aquel momento.

—No lo necesito. No lo quiero —continué—. No de esta escuela.

Mi mamá me miró como si yo hubiera perdido la cabeza.

—¿De qué estás hablando, Michael? ¿No lo necesitas? ¡Esa no es una opción! ¡Necesitas tu diploma!

Un profundo surco de preocupación se había formado en medio de su frente.

—No pagues la escuela —dije, empezando a dar vueltas—. Si no pueden ver que estamos en una situación desesperada… ¡Los odio! —Antes de que pudiera detenerlas, las lágrimas empezaron a deslizarse por mi rostro. Demasiado conmocionado para secármelas, me escuché decir con voz de niño pequeño—: Pero dijiste que ibas a pagar.

—Michael, dije que lo intentaría. ¡Pero no teníamos el dinero!

Me di cuenta de que estaba justo en el límite, decidiendo si ser ella la fuerte o hacer que yo lo fuera.

"Ahí. Va. De. Nuevo". Mi mamá comenzó a llorar. Se secó los ojos con las yemas de los dedos para no estropear su maquillaje. Sacudí la cabeza. ¿Era así como funcionaban otras familias? Todo siempre tenía que ser perfecto en la superficie: la manicura de mi mamá, inmaculada; nuestro auto, encerado y reluciente; el césped a la entrada de la casa, recortado de manera tan uniforme que parecía césped artificial, aunque, debajo de esa capa externa, no había nada más que polvo. Mi mamá seguía insistiendo en que ella solo quería que yo fuera a la universidad y tuviera una buena educación, pero detrás de sus palabras no había nada de fondo, ningún plan de pago. Dependía de mí resolverlo.

—Ojalá la escuela fuera más comprensiva contigo —dijo—. ¡Ellos saben que eres especial!

Sacudí la cabeza.

—No soy especial, mami. ¿De qué estás hablando?

—¡Ellos saben lo duro que trabajaste para conseguir la pasantía en Facebook! —insistió mi mamá.

Se había sentado en una silla y se frotaba la sien como si le doliera la cabeza.

—Sí —dije ahora en un tono más suave—. Ese es el problema. —Mientras salía de la habitación, añadí—: Veré qué puedo hacer, pero no cuentes con eso.

"Ella no entiende", dije únicamente para mí. Estaba furioso con mi mamá por ponerme en esta posición, pero no quería hacerla sentir peor de lo que ya se sentía. El restaurante estaba cerrado y, por mucho que ella trataba de poner buena cara, su espíritu parecía haberse apagado junto con el negocio. A veces pasaba por delante de nuestra antigua casa solo para echarle un vistazo a la vida que solíamos tener. Mis padres estaban cayendo lentamente en una depresión; lo podía ver en la forma en que discutían para luego sumirse en un silencio sombrío. Una noche, había encontrado a mamá sollozando mientras veía una serie en Univision. No soportaba verla así. Me dejaba agobiado y con el corazón roto, pero al mismo tiempo, no sabía cómo consolarla. Lo único que yo quería era encontrar una solución. De alguna manera.

Llamaré señor Thanos al funcionario de la escuela que me reprochó aquel día en honor al insensible personaje de *The Avengers* [*Los Vengadores*], porque, honestamente, me atemorizaba muchísimo. No porque les gritara a los estudiantes, sino precisamente lo contrario. El señor Thanos nunca levantaba la voz ni mostraba ninguna emoción, ni siquiera ante un lloroso joven de diecisiete años que rogaba por la oportunidad de graduarse.

Así que ahí estaba yo, sentado con el señor Thanos, suplicando misericordia. Abordaría mis problemas económicos más tarde; primero, necesitaba recuperar todas las horas de estudio que había perdido mientras me preparaba para mis entrevistas de pasantía y viajaba para dar charlas en Sudamérica.

—Por favor, señor Thanos. Si me da una oportunidad, haré lo que sea. Puedo tomar exámenes adicionales, hacer más tareas, ¡lo que sea!

El señor Thanos se reclinó hacia atrás en su silla demasiado pequeña, me lanzó una mirada de rayos láser con sus ojos marrones oscuros y sonrió.

—¿Cómo es que te llamaban en la televisión? ¿El chico maravilla de las aplicaciones?

—El Niño Genio de Apple —dije, sin darme cuenta de que no era buena idea corregirlo.

—Ah, sí —dijo el señor Thanos—. El Chico *Genio*. Es una pena que no hayas podido aplicar algo de esa genialidad a tus estudios aquí en Belén. Me temo que ahora es un poco tarde. Incluso si pagaras tu matrícula vencida, todavía está la cuestión de tus malas notas; sin mencionar…

Una pausa se apoderó de la oficina mientras el señor Thanos se inclinaba para abrir un cajón y sacaba una carpeta de manila con la etiqueta FACEBOOK. Oh, oh.

Anteriormente, ese mismo año, la administración había descubierto el grupo de Facebook "Estudiantes de Belén", una página privada donde los alumnos de la escuela compartían tareas, memes tontos… y quejas. No estábamos planeando una rebelión ni nada por el estilo, solo lamentándonos de lo que muchos pensaban que era un mal liderazgo en nuestra escuela; lo cual, por supuesto, debería haber sido nuestro derecho, pero la administración no lo veía así. Como castigo, cancelaron nuestro baile de graduación. También había escuchado rumores de que los chicos que habían publicado comentarios especialmente "problemáticos" no iban a poder asistir a la ceremonia de graduación. Sin embargo, hasta el momento, yo no había sido señalado.

El señor Thanos me entregó una página impresa del grupo de Facebook y señaló un comentario que yo había escrito. No recuerdo exactamente lo que había dicho: probablemente algo acerca de cómo me habría gustado que el presidente de la escuela tomara mis aplicaciones más en serio.

Cuando le devolví la hoja de papel, mi mano temblaba tanto como la de mi mamá luego de haber leído la carta de Belén un día antes. Traté de que mi voz no temblara:

—Señor Thanos, por favor, ¡no insulté a nadie! No es tan grave… ¿verdad?

El señor Thanos me estaba lanzando su mirada láser de nuevo, aunque se mantuvo desconcertantemente calmado.

—No podrás asistir a la ceremonia de graduación —dijo después de una larga pausa—. Tendrás que ir a la escuela de verano para recuperar tus muchas ausencias. Tienes que pagar la matrícula. *Entonces,* podremos hablar de tu diploma.

Me puse a llorar allí mismo frente a él. Después de unos cuantos sollozos vergonzosos, me limpié la nariz con la manga, parpadeé y, con la voz más valiente que pude, dije:

—No puedo asistir a la escuela de verano. ¡Tengo una oferta de Mark Zuckerberg para hacer una pasantía en Facebook!

El señor Thanos empujó la silla hacia atrás y se levantó de su escritorio.

—Mark Zuckerberg puede esperar.

Así que eso fue todo. La autoridad había hablado. Fui directamente a casa, llamé a Mark Zuckerberg y le dije que no podía hacer la pasantía: asistir a la escuela de verano era más importante.

Ja, ja. ¡Por supuesto que no hice eso! Solo bromeaba, obviamente.

Al final, fui a hablar con el presidente de la escuela y lo convencí de que me dejara asistir a la ceremonia de graduación, aunque no me fuera a graduar ni ahora ni nunca. Él cedió respecto a la ceremonia, pero dejó en claro que no obtendría mi diploma hasta que terminara de pagar la matrícula. Por mí estaba bien. Rápidamente, había dejado de preocuparme por ese pedazo de papel y lo que representaba. Algo acerca de atravesar las pesadas puertas de la escuela después de mi reunión con Thanos —salir de las paredes de Belén y adentrarme en la cegadora tarde azul— lo había dejado todo claro. Lo único que importaba era la pasantía, la oportunidad de seguir adelante. Y permitir que mi mamá me sacara una foto con toga y birrete, por supuesto.

—¡Michael, despierta! ¡Tienes que alistarte!

Con un chasquido y un insoportable estallido de luz, mi mamá abrió las persianas de la ventana de mi habitación. La noche anterior, mientras yo estaba encorvado encima de mi computadora en la cama, ella había planchado cuidadosamente mi uniforme azul marino y mi toga de graduación, dejándolos sobre mi silla.

Me vestí rápidamente y comencé a sudar a través de la tela sintética incluso antes de que llegáramos al auto. Era un día típico de verano en Miami, caluroso y repugnante, y mi familia estaba fuera de nuestro Mazda negro. El todoterreno, equipado con un interior completamente negro, tenía las puertas abiertas y el aire acondicionado encendido para que se enfriara lo suficiente como para que fuera seguro montarse.

—¡Uf! —gemí, tirando del cuello de mi toga—. ¡Solo quiero quitarme esto!

Mi hermana torció los ojos.

—Ya vámonos de una vez.

No la entusiasmaba mucho tener que vivir sola con mis padres. Sin mí, mi mamá tendría aún más energía para preocuparse por las calificaciones de mi hermana, que nunca habían sido tan buenas tampoco. Haciéndome a un lado, Mariana se hundió en el asiento de atrás e inmediatamente gritó:

—¡Ay! ¡El cinturón de seguridad me quemó!

De camino a la ceremonia de graduación, mi mamá me volvió a sermonear sobre cómo se suponía que debía mantener la carpeta del diploma cerrada para las fotos para que nadie viera que estaba vacía. Estaba nerviosa. Mirándose en su espejo compacto, se aplicaba una y otra vez el lápiz labial mientras hablaba. Mi papá estaba callado, pero cuando me miró por el espejo retrovisor, pude ver, por la manera en que se inclinaban las líneas de expresión alrededor de sus ojos, que estaba sonriendo. Eso fue un alivio. No había visto esas líneas en mucho tiempo, al menos no desde que mis padres habían renunciado al restaurante. Ayer habían venido unos hombres a mirar las sillas y las mesas. El nuevo dueño del restaurante había decidido mantenerlo exactamente como estaba, lo que me deprimió aún más. Pronto, el letrero de la fachada anunciaría algún otro negocio familiar y ya no había forma de cambiar esto. Me preguntaba qué planeaban hacer mi mamá y mi papá para trabajar. ¿Esperaban que les diera mi salario de la pasantía? No lo habíamos conversado, porque, si no hablábamos de eso, no era un problema, ¿verdad?

En la ceremonia, caminé por el escenario y le sonreí a mi mamá. Fiel a su promesa, Belén había retenido mi diploma, reemplazándolo en la carpeta decorativa con un número de teléfono gigantesco garabateado en una hoja de papel blanco con bolígrafo azul. Reconocí el número de la secretaría de la escuela.

Después, cuando mis compañeros de clase y yo posamos para las fotos, hice todo lo posible para fingir que en realidad pertenecía allí. Había estado tan aislado de mis compañeros todos estos años que ni siquiera conocía los nombres de la mitad de los chicos que me rodeaban y, si hubiera *querido* ir a una fiesta de graduación esa noche, no habría sabido dónde encontrar una. En los alrededores, pude ver a Lucas, uno de los pocos amigos de verdad que había hecho en Belén, abrazando a una chica bonita de pelo oscuro. ¿Había conseguido novia? Como ya no se molestaba en hablar conmigo, no podía saberlo, pero me enteré por mi mamá que había obtenido una beca completa y estaba planeando estudiar Ciencias Informáticas.

Finalmente, la toma de fotografías en grupo terminó y los otros chicos se separaron para posar con sus verdaderos amigos. Mientras mi mamá revoloteaba, presumiendo con cualquiera que quisiera escuchar sobre mi pasantía, yo estaba agradecido de que algunos de los otros padres de familia se acercaran a hablar conmigo.

—¡Escuchamos lo de Facebook! —decían, dándome palmaditas en mi espalda sudada—. ¡Es un gran logro, felicitaciones!

Me había propuesto mantener una actitud tranquila al respecto, responder con un simple "Sí, gracias" y un encogimiento de hombros, pero no pude evitar sonreír y responderles efusivamente a todos los padres que se me acercaron:

—¡Muchas gracias! ¡Estoy muy emocionado! ¡No puedo creer que haya pasado!

Mi mamá se separó de los otros padres y vino trotando hacia mí; sus tacones altos se hundían en el césped. Mi papá iba detrás, con esa mirada agradablemente distante que tiene cuando está rodeado de mucha gente.

—Micky, hazme una foto con Michael —dijo mi mamá, poniendo su brazo alrededor de mí y apretándome. Luego me miró a los ojos y dijo dulcemente—: ¿Esta foto con el libro cerrado?

Levanté la carpeta cerrada y mi papá tomó la foto.

—Okey, mami —dije, apartándome—. Conseguiste lo que querías. ¿Ya podemos irnos?

Ella apretó mi brazo.

—Sí, podemos irnos. Gracias, Michael. Eso era todo lo que quería.

Celebramos en el restaurante al que nuestra familia acudía en las ocasiones más especiales, un lugar japonés al estilo Benihana donde le prendían fuego a la comida. Y luego nos fuimos a casa, todos oliendo a humo y ajo. Mi mamá fue directo a su cama para publicar en Facebook las fotos del día desde su teléfono y, con la poca energía que me quedaba, traté de detenerla.

—¡Mami, no publiques esas fotos! ¡Me veo gordo!

—Michael, no te preocupes, voy a eliminar la gordura con Facetune. ¡La familia las quiere ver hoy! ¡No quiero hacerlos esperar!

—Uf, prefiero que no las publiques.

Ignorándome, mi mamá comenzó a subir mis fotos a la aplicación Facetune.

—Mira, solo voy a retocar un poco aquí, un poco allá…

Me di por vencido. No tenía la energía para discutir.

Los únicos miembros de la familia de mi mamá a quienes les importaban las fotos de mi graduación estaban, sin duda alguna, profundamente dormidos en sus camas en Perú, pero no tenía sentido discutir. Mientras subía las escaleras hacia mi habitación, mi mamá ya me estaba llamando:

—Michael, tu tía Cecilia dice "Felicidades" y que te ves muy adulto. ¡Y tus tíos Miguel, Kike, Mario y Carlos también te felicitan!

—Okey, mami. Diles que les doy las gracias —le respondí.

—Asegúrate de darles me gusta a sus comentarios, ¿okey? ¿Puedes entrar a Facebook y hacer eso ahora mismo, Michael?

—¡*Okey*, mami!

Estaba a punto de cerrar la puerta de mi habitación cuando ella gritó de nuevo:

—Oh, oye esto, Michael, es muy lindo… Michael, ¿me estás escuchando?

—¡Te estoy escuchando! —respondí, agarrando la manija de la puerta con tanta fuerza que se podía ver el blanco de mis nudillos a través de la piel.

Pensé que de verdad podría llegar a morir si mi mamá no se detenía pronto.

—¡Es de uno de tus primos! Dice: "¡Michael tiene grandes cosas por delante! ¡Apuesto a que va a ser millonario a los treinta!" —gritó mi mamá—. Eso es lindo, ¿verdad?

—Sí, mami, es lindo —dije en voz baja.

No me importaba para nada convertirme en millonario. Lo único que deseaba era estabilidad.

Capítulo 10

La cuenta regresiva comienza ahora

—Prométemelo de nuevo, Michael.

—¡Ay, por Dios, mami! —Inflé las mejillas y torcí los ojos—. ¡Te prometo que no me voy a olvidar de ti!

Mi familia se estaba despidiendo de mí afuera del control de seguridad en el Aeropuerto Internacional de Miami y cada uno de nosotros se estaba comportando de manera cien por ciento fiel a su estilo: mi mamá estaba haciendo un espectáculo; yo me sentía avergonzado; mi papá esperaba pacientemente su turno para hablar; y Mariana, fastidiada porque mi partida la iba hacer llegar tarde a una cita para arreglarse las uñas, a duras penas nos toleraba a todos.

—¡No puede ser! —se lamentaba mi mamá—. ¡Mi bebé solo tiene diecisiete años!

Estaba empezando a llorar un poco.

Mi papá suspiró, dándole palmaditas en la espalda.

—Vamos, mami, no te pongas así. ¡Es casi un adulto y estará de regreso en un par de meses!

—Sí, mami, volverá antes de que te des cuenta —dijo mi hermana.

—Estoy bien —resopló mi mamá—. Estoy bien… Es solo que me estoy acordando de ti cuando eras pequeño y te sostenía en mis brazos.

Comenzó a hacer como que mecía a un bebé con una mirada distante en los ojos.

Colgué el bolso sobre mi hombro y me estiré por detrás de ella para abrazar a mi papá.

—Chao, papi.

—Chao, hijo. Buena suerte con…

—¡Cuando eras pequeño, te encantaban los dulces! —interrumpió mi mamá—. ¿Te acuerdas de que yo te compraba esas paletas largas y onduladas? ¡Eran más grandes que tu cabeza! —Ahora se reía y sollozaba al mismo tiempo—. ¿Te acuerdas de eso, Michael?

Necesitaba subirme a ese avión antes de que Mariana combustionara espontáneamente de vergüenza.

—Claro que me acuerdo. Chao, mami, te quiero mucho —dije de nuevo, abrazándola—. Te prometo que te enviaré fotos todo el tiempo, ¿okey?

En la fila de seguridad, me volví para mirar por encima del hombro. Mi hermana y mi papá ya habían desaparecido, pero mi mamá todavía estaba parada allí. Le dije adiós con la mano y me di la vuelta, con mis pensamientos ahora a tres mil millas de distancia.

Faltaba todavía una semana para la fecha oficial del inicio de mi pasantía, la cual incluía un apartamento gratuito, pero viajé antes y reservé un hotel para poder asistir a la Conferencia Mundial de Desarrolladores de Apple [WWDC por sus siglas en inglés]. Este es un evento anual de verano en el que Apple anuncia nuevos productos y *software*, e ingenieros importantes dan conferencias sobre cómo trabajar con las nuevas funciones. Imagínate un par de miles de programadores siendo transportados al cielo de la tecnología todos a la vez y habrás dado en el clavo. Yo estaba casi tan emocionado de asistir a la WWDC como de iniciar mi pasantía en Facebook.

El equipo del documental de Univision había viajado por separado para filmarme en el evento. Habían reservado habitaciones en mi hotel de San Francisco, por lo que mi mamá estaba feliz. Había llegado a confiar en ese equipo, igual que todos nosotros. Durante los tres años que Marcelo, Charline y Rocky me habían visitado ocasionalmente para filmar el documental, se habían convertido en una segunda familia para mí. Marcelo, de cuarenta y tantos años, era el mayor del grupo y el que solía entrevistarnos a mis padres y a mí para el documental. A veces lo veía como una versión más joven y relajada de mi papá. Rocky tenía poco más de veinte años y estaba a cargo de hacer todo el trabajo de cámara para la producción, además de montar todos los clips en la postproducción. Él era la persona con la que siempre podía contar para conversar. Me abrió una ventana para ver cómo era la vida de un joven adulto independiente. Charline estaba cerca de los treinta años. Su rol como productora ejecutiva del documental era coordinar la logística. Siempre podía confiar en que me dijera si tenía comida en los dientes antes de un rodaje o que me tranquilizara si estaba en medio de una pelea con mi mamá. Así que, por muy emocionado que me sintiera de estar allí por mi cuenta, tenía que admitir que estaba feliz de que los tres estuvieran conmigo en esta nueva y extraña ciudad. San Francisco estaba a un mundo de distancia de Miami y era totalmente diferente para mí, con sus locas colinas, sus rígidas casas victorianas y su niebla escalofriante de verano.

En un restaurante del centro, lleno de veinteañeros y treintañeros, Marcelo colocó su cámara profesional con resolución de 1080p sobre la mesa y chocó mi mano, sonriendo.

—¿Tienes tu saco de dormir? —preguntó.

—¡Obvio que sí! —señalé donde lo había puesto, a mis pies debajo de la mesa.

Charline frunció los labios y miró por la ventana a un hombre con ropa andrajosa tambalearse por una intersección.

—¿Seguro que quieres hacer esto? ¿Y si te asaltan?

—Oh, no te preocupes, hay mucha seguridad —dije para tranquilizarla.

Planeaba pasar la noche con los otros asistentes incondicionales que se alineaban en sillas de jardín alrededor de la cuadra la noche anterior al día de la inauguración. Cuando las puertas se abrieran mañana a las ocho de la mañana, seríamos los primeros en entrar, corriendo en estampida hacia el vestíbulo principal con el objetivo de conseguir asientos de primera fila para el discurso de apertura del director ejecutivo de Apple, Tim Cook.

Charline había conseguido que le dieran permiso para filmarme durante el evento, una hazaña que no es poca cosa, ya que en Apple son muy estrictos con respecto a quién dejan entrar a la conferencia. No permiten cámaras grandes, así que un cuarto miembro del equipo que ella había enviado para ese día me filmó con su teléfono.

—¿Estás seguro de que no quieres quedarte con nosotros? —le pregunté a Marcelo, lamiendo salsa de tomate de mis dedos.

Marcelo sonrió.

—Suena… divertido, pero estoy seguro de que obtendremos lo que necesitamos en nuestras visitas.

Después de llenarme con suficiente comida grasosa como para pasar un invierno en la Patagonia, los cuatro caminamos hasta el Moscone Center, un edificio monolítico de vidrio flanqueado por una hilera de banderas ondeantes. Una larga fila de temblorosos programadores, la mayoría portando idénticas sudaderas negras con capucha con las letras WWDC y gafas de montura cuadrada, ya serpenteaba hasta el final de la cuadra. Me junté con un par de chicos que había conocido en Twitter, agradecido de ver caras conocidas.

—Hermano, ¿no trajiste una silla ni nada? —dijo Oliver, un programador rubio y delgado de veinte años.

—Nah, solo esto.

Saqué mi bolsa de dormir del forro.

—Puedes sentarte en mi silla de vez en cuando —dijo otro chico del grupo—. La acera se pone fría.

—Genial, hombre, gracias —dije mientras Marcelo nos filmaba.

Podía sentir que él estaba disfrutando este momento, viéndome llevarme bien con personas de mi edad.

Durante la larga noche, mis amigos de Twitter y yo intercambiamos historias sobre nuestras aplicaciones, comimos *pretzels* y disfrutamos de nuestra emoción compartida. Se sentía bien estar con personas jóvenes que hablaban mi idioma, que no me veían como el niño genio de las aplicaciones, sino como un chico más al que le gustaba codificar. Esto era lo que me había estado perdiendo durante los últimos cuatro años: la solidaridad, el alivio de saber que había ciertos lugares en el mundo en los que yo encajaba.

A las ocho de la mañana, se abrieron las puertas y me lancé, riendo como un loco, a la estampida. Marcelo, que había regresado justo a tiempo para captar la alocada carrera en el video, se reunió adentro conmigo para la conferencia de apertura.

—Ustedes no pierden el tiempo. —Se rio, sacudiendo la cabeza.

Las luces se atenuaron y Tim Cook apareció en el escenario ante un prominente logotipo de Apple en el centro de las enormes pantallas panorámicas. Empezó la charla destacando la diversidad de los asistentes a la conferencia de desarrolladores ese año. Había un número récord de nacionalidades, adultos jóvenes y participantes en línea.

Mientras Cook hablaba, yo ya estaba planeando mi próximo movimiento: tomarme una foto con él. Para decir lo obvio, Cook es como un dios para los programadores. Para nosotros, compartir un momento con él es tan monumental como una preadolescente que logra conocer a Beyoncé o un tenista acérrimo que consigue una selfi con Federer.

Cuando terminó el discurso de apertura, corrí al pasillo principal, donde lo que parecía un huracán de cuerpos se arremolinaba alrededor de Cook y su guardia de seguridad de camisa naranja. Tim se dirigía hacia la salida y el remolino de chicos encapuchados se movía con él.

—¡Acá, Tim! —gritaban, agitando las cámaras de los teléfonos sobre sus cabezas—. ¡Te queremos, Tim!

Sabía que tenía que juntarme con él antes de que llegara a la puerta, pero no iba a conseguirlo siguiendo a esa multitud. En lugar de eso, los intercepté desde el frente, luego comencé a abrirme paso a través de los cuerpos hasta el ojo de la tormenta. Una vez que, finalmente, me abrí paso a codazos hasta donde estaba Cook, extendí mi mano más allá de su fornido tipo de seguridad y dije:

—¡Oh, por Dios, hola! ¡Soy Michael!

Cook me devolvió el apretón de manos.

—¿De dónde eres, Michael?

Todo en él mostraba un éxito discreto.

—¡Soy de Miami!

—Genial —dijo, regalándome una sonrisa amistosa—. A los Heat les está yendo bastante bien, ¿no es así?

No tenía ni idea, nunca me había importado una mierda el básquetbol. ¿Y si fuera una pregunta capciosa?

—¡Vamos, Heat! —Levanté el puño en el aire—. Oye, Tim, ¿puedo tomarme una foto contigo?

En el segundo en que asintió con la cabeza, me incliné hacia él y levanté mi teléfono, sonriendo de oreja a oreja.

¡Clic! Le di las gracias y me fui. Había obtenido mis quince segundos; era hora de darle la oportunidad a alguien más.

Después de hacer una pausa para tuitear la foto de Tim Cook, fui directo —con Marcelo corriendo al lado, filmando— a la sala de prensa. Quería ver si algún reportero podría estar interesado en escuchar sobre 4 Snaps. La aplicación había ido bajando en las listas de forma constante desde que había dejado de promocionarla para centrar mi atención en prepararme para la pasantía. Pero ahora sentía que había recuperado las energías con respecto a 4 Snaps, como si algo de la magia del director ejecutivo de Apple se me hubiera pegado durante nuestro apretón de manos.

Durante el resto de la conferencia fui un remolino. Charlé con varios reporteros, consiguiendo que 4 Snaps volviera a la prensa y enviándola unos puestos más arriba en las listas. Hice una entrevista en un *podcast* con un tipo que había conocido anteriormente en Twitter y quien acabaría creando y vendiendo un sitio web de revisión de productos que lo convertiría en millonario. Estoy superseguro de que nunca dejé de sonreír durante todo el evento. Pero a diferencia de la falsa alegría que había mostrado en mis diversas apariciones en la prensa anteriormente, mi felicidad era auténtica. Ahora que estaba a miles de millas de casa, los problemas de dinero de mi familia también se sentían muy lejanos, y lo único en lo que podía pensar era en el futuro —*mi futuro*— y en lo increíblemente amplio que era.

Todavía estaba sonriendo el día que terminó la conferencia y tomé un Uber que me llevó a mi nuevo apartamento en Mountain View, en el corazón de Silicon Valley, cerca del campus de Facebook. Cuando salí del auto, caminé apresurado por un camino de terracota roja a través de un complejo de estilo español con exuberantes jardines, pasé junto a una piscina reluciente que obviamente nunca usaría y subí un tramo de escaleras hasta el soleado apartamento de dos habitaciones que estaría compartiendo con un misterioso compañero de apartamento. ¿Qué fue lo primero que hice en aquel lugar nuevo con mi recién descubierta total independencia? Pedir una *pizza*, por supuesto.

Mi compañero de apartamento llegó mientras yo estaba revisando el teléfono y comiendo mi sexta porción de *pizza*. Era alto y delgado, con lentes redondos, y caminaba con una ligera joroba, como disculpándose por su altura.

—Hola, mi nombre es John —dijo con un acento marcado, dejando caer una maleta gigante y abultada.

Me enteré de que John era de China, había asistido a una prestigiosa universidad de la Liga Ivy y estaría trabajando en proyectos de infraestructura en Facebook: asuntos de *back-end* de los cuales incluso a mí me resulta aburrido hablar porque las únicas personas que interactúan con ese tipo de cosas son otros programadores. Tenía la sensación de que vería muy poco a John durante los próximos tres meses, ya que ambos pasaríamos la mayor parte de nuestro tiempo en el campus de Facebook. Pero esa noche, ambos intentamos dar lo mejor de nosotros. John había oído hablar de un lugar coreano que servía boba. No lo sabía en ese momento, pero el té de boba es prácticamente una bebida sagrada en Silicon Valley. Las personas debaten sobre qué lugares sirven la mejor versión casi con la misma intensidad con que discuten acerca de si deben usar tabulaciones o espacios como sangrías al escribir código.

El lugar del boba estaba lleno de pasantes de Facebook, Google y Apple. Era una tienda diminuta del tamaño de la cocina de mi mamá con cerca de cuarenta personas apretujadas dentro y otras doscientas más o menos en una fila que se extendía por toda la manzana. Apenas podíamos escucharnos por encima del estruendo de la multitud. Cuando finalmente conseguí mi té de boba, John preguntó emocionado qué me parecía.

—¡Me encanta! —dije, mostrándole mi mejor sonrisa falsa.

John arrojó su vaso vacío y miró el mío que todavía estaba lleno.

—¿Vamos a casa para alistarnos para mañana?

—¡Sí, hay que alistarse!

Fingí tomar un último sorbo y luego, discretamente, tiré mi té.

De regreso a casa, cerramos las puertas de nuestros respectivos dormitorios. Mientras John compilaba una hoja de cálculo con los objetivos de su pasantía o cualquier tarea altamente organizada en la que seguramente estaba trabajando, yo me quedé despierto toda la noche viendo televisión en mi computadora, publicando, tuiteando y revisando 4 Snaps. Pero casi no me preocupaban los desafíos que tenía por delante. Desde que había abordado el avión a San Francisco una semana antes, un mantra había estado dando vueltas por mi mente como un cintillo de anuncios: "La cuenta regresiva comienza ahora. Tres meses para conseguir una oferta a tiempo completo. Empieza a planificar. La cuenta regresiva comienza ahora…". Pero, a diferencia de John, no tenía idea de cómo prepararme para el día más importante de mi vida. Y con respecto a dormir… ¿Quién podía *dormir*?

A las seis de la mañana, finalmente, dejé caer el teléfono sobre la cama. A las siete y media, vagamente, escuché el clic de la puerta principal y los pasos de John alejándose por el camino. El servicio de transporte de Facebook pasaba cada media hora hasta las nueve de la mañana y, después de eso, solo cada hora. Se suponía que debía registrarme con mi coordinador de pasantías a las nueve, lo que significaba que podía aprovechar otros cuarenta y cinco minutos y alcanzar el servicio de transporte de las ocho y media sin problema alguno. Mi último pensamiento, antes de caer de nuevo en un profundo sueño, fue que probablemente debería poner la alarma.

Capítulo 11

¿Todo listo?

Nunca puse la alarma. Ahora eran las diez e iba a llegar una hora tarde a mi primer día de trabajo. El sudor manchaba mi camiseta mientras corría a través del campus de Facebook, zigzagueando entre grupos de empleados fastidiosamente relajados. ¿Por qué todos se movían en cámara lenta? Apenas treinta minutos antes, me había despertado de un salto y, al mirar la hora en mi teléfono, había gritado algunas palabras que habrían enviado a mi mamá directamente a la iglesia católica de Santo Tomás para encender una vela por mi alma. Después de agarrar unos *jeans* sucios del piso, alcancé el último servicio de transporte de la mañana por solo unos segundos.

Casi patiné hasta detenerme frente a un estand temporal con el letrero: Registro de pasantes.

—¡Hola, hola! ¡Perdón por llegar tarde! —jadeé dirigiéndome a las mujeres a cargo del estand mientras me tapaba la boca.

Ni siquiera me había mirado al espejo antes de salir corriendo por la puerta. ¿Por qué no había tomado un kit de cepillo de dientes de una de las máquinas expendedoras gratuitas que había por todo el campus? ¿Quién sabía lo que estaba atascado en mis aparatos de ortodoncia?

—No te preocupes, no pasa nada —dijo una de las mujeres.

Tenía el pelo largo y castaño, gafas de sol y una camiseta que decía ¿Qué estás pensando?, igual que el texto provisional que aparece en Facebook en el cuadro para crear una nueva publicación. No estaba seguro de si ella me estaba sonriendo o si su boca se veía permanentemente así.

—¿Eres Michael Sayman? —dijo la otra mujer, que parecía estar cerca de los cuarenta años y tenía el pelo rizado y revuelto con reflejos: más al estilo de Jennifer López que de una chica surfista.

—¡Sí! —jadeé—. ¿Cómo lo supieron?

—Escuchamos que un chico muy joven empezaba a trabajar hoy —dijo la mujer con gafas de sol.

¿Realmente me veía tan joven? ¡Qué mal!

—¡Bienvenido a Facebook, Michael! —dijo la mujer de pelo rizado—. Yo soy Selena y ella es Sarah. Todavía estás a tiempo de escuchar algo de la charla de orientación. ¡Pasa adelante!

Me colé en la última fila de una sala de reuniones abarrotada mientras un tipo vestido con una camisa elegante explicaba cómo aprovechar las miles de ventajas y beneficios que estarían disponibles para nosotros durante los próximos tres meses: desde un sinfín de opciones de comidas gratuitas hasta modernos servicios de salud, membresías en gimnasios, yoga en el césped al atardecer y así sucesivamente. Hizo un gesto hacia un estante gigante lleno de mochilas con el logo de Facebook.

—Asegúrense de agarrar una de esas mochilas más tarde. ¡Será útil para las nuevas *laptops* que están a punto de recibir!

El auditorio estalló con los gritos de casi cuatrocientos genios de la programación, que anticipaban esa nueva tecnología en sus diestras manos. Anteriormente, les habíamos informado a los coordinadores de prácticas nuestras preferencias: ¿PC o Mac? ¿Android o iPhone? Yo había elegido todo de Apple, por supuesto. Estaba ansioso por tener en mis manos esos aparatos nuevos.

Deseé que mi viejo amigo Lucas estuviera allí para ver todo eso. Parecía que hacía un millón de años que habíamos visto juntos las presentaciones en vivo de los productos de Apple. Habíamos sido verdaderos fanáticos de Apple juntos, alimentándonos mutuamente de nuestro entusiasmo por la promesa de la tecnología. Y luego, bueno, supongo que yo había elegido esa tecnología en lugar de la amistad de Lucas. Estaba casi seguro de que, por lo menos, así lo veía él. No había sido una decisión activa, solo simple pereza de mi parte. Había perdido a mi único verdadero amigo debido a mi intenso enfoque en el desarrollo de aplicaciones. ¿Dónde estaría Lucas ahora? Probablemente, en un trabajo de verano, ahorrando para pagar la universidad. El camino que yo no había tomado. Si hubiéramos estado en contacto todavía, habría sido genial saber cómo era ese camino.

Mi atención volvió a centrarse en el orador que estaba al frente en la sala de conferencias. Levantaba una mano en el aire y nos recordaba que camináramos *lenta* y *cuidadosamente* hacia las *laptops* y las mochilas sin pisotearnos.

—¿Todos entendieron? —dijo.

—¡Entendido! —gritaron cuatrocientos ingenieros.

—¡Muy bien, entonces! Sigan adelante y…

Antes de que pudiera decir "¡Tomen sus cosas!", ya estábamos de pie y corriendo hacia nuestra tecnología gratuita. Era como la mañana de Navidad con esteroides.

Con mi propia MacBook Pro de quince pulgadas, hermosa, brillante, de primera línea y al tope en las manos; de repente, me embargó el terror de no pertenecer allí con esos veinteañeros graduados de universidades prestigiosas.

Los escuchaba hablar de programación con un nivel de sofisticación que yo no entendía. Y con razón, ya que la mayoría de ellos había desarrollado sus habilidades con algunos de los mejores profesores de informática del mundo. Mientras que yo me apoyaba en sitios de preguntas y respuestas como Quora y Stack Overflow para mantenerme al día. Debían haber puesto mi solicitud en la pila del "sí" por error. Algún coordinador pasante con exceso de trabajo se había equivocado. En cualquier momento, alguien podría (era casi seguro que *lo hiciera*) tocarme en el hombro y exigirme que devolviera las cosas y me fuera. Aquella posibilidad me llenaba de pavor, y con ella vino la convicción de que tendría que trabajar más duro para poder engañarlos y lograr que pareciera que sabía lo que estaba haciendo.

No podía dejar de mirar boquiabierto a mi alrededor. Facebook estaba en el proceso de construir un nuevo campus diseñado por Frank Gehry, pero no podía imaginar de qué manera podría superar a nuestra Main Street bordeada de árboles, la cual supe que, de hecho, estaba inspirada en Disneyland. No era de extrañar que me sintiera como en casa en aquel lugar. Me encantaban sus restaurantes multiétnicos y sus anticuadas barberías y sus tiendas de dulces y sus suaves áreas verdes en las que podías tumbarte cuando necesitabas un descanso.

Adentro también era agradable, pero, lamentablemente, menos parecido a Disney. Mi escritorio era uno de cientos en un amplio espacio de estilo industrial. Para fomentar la colaboración y el igualitarismo, Facebook mantenía una filosofía de "Di no a las paredes". No había oficinas privadas, ni siquiera para el propio Zuckerberg; aunque sí tenía una sala de conferencias designada. Murales coloridos cubrían casi todos los pasillos y los empleados se sentaban en sillones puf dentro de salas de reuniones con paredes de vidrio que tenían nombres como: Auriculares Enredados; Claro, Totalmente; y No Existe.

A unos días de iniciar la pasantía, dejé caer mi mochila nueva y le dije hola a Jake, mi gerente, que se sentaba en el escritorio de al lado. Él pertenecía al equipo de Parse dentro de Facebook, en el cual, gracias a mi conexión inicial con la plataforma, yo también estaría trabajando.

—Por fin llegaste —dijo Jake, un chico asiático estadounidense alto y delgado, que vestía un uniforme de *jeans* azules y una camiseta negra lisa con cuello en V.

—¡Sí, lo siento!

Miré mi reloj. Diez y veinte. Me había quedado dormido de nuevo y había tenido que tomar un Uber.

—Hey, es tu pasantía —dijo Jake—. Vamos a la sala Auriculares Enredados y pensemos en un proyecto para ti.

Jake había visto el vergonzoso video en pijama que había sido mi puerta de entrada a Facebook, así que pensaba en mí como un experto en juegos. En la sala de reuniones, me explicó que pensaba que mi experiencia se prestaría para la construcción de un módulo de juego, específicamente, un modelo de juego genérico por turnos al que cualquier desarrollador que usara Parse pudiera conectarse. La idea era evitar que la gente tuviera que reinventar la rueda cada vez que creaba un juego nuevo.

—¿Qué opinas? ¿Encaja bien con lo tuyo? —me preguntó.

Me rasqué la cabeza. Había escuchado que, en Facebook, les gustaba dejar que la gente se dedicara a aquello que le apasionaba y este proyecto de módulo, definitivamente, no era lo mío. Esto se relacionaba con la infraestructura, que era para lo que vivía mi compañero de apartamento, John. A mí lo que me entusiasmaba era crear cosas para los usuarios. Estaba mucho menos interesado en pensar en lo que un programador imaginario quería y necesitaba que en lo que un jugador imaginario quería y necesitaba. Pero no tenía una idea mejor y la de Jake sonaba…, bueno, al menos sonaba útil. Definitivamente, un módulo de *back-end* prefabricado era algo que podría haber usado cuando estaba creando 4 Snaps. ¿Quizá no sería tan aburrido si imaginaba que lo estaba construyendo para mi yo pasado?

Le dije a Jake que me parecía una gran idea.

—¡Excelente! Entonces, ¿todo listo? —dijo mi gerente, obviamente impaciente por terminar con la reunión.

Su reloj Android zumbaba en su muñeca y él movía los pies de arriba a abajo como si estuviera calentando para una carrera.

Sentí un poco de ganas de vomitar, como en Belén cada vez que entraba a tomar un examen final para el que no había estudiado y que sabía que reprobaría, pero puse mi sonrisa de televisión y dije:

—¡Todo listo!

Escena: *las oficinas de Facebook, dos semanas después.*

JAKE: [*En su escritorio, mirando en dirección a mi pantalla*]
  Buenos días, Michael. ¿Qué estás
  haciendo?

YO: Oh, ya sabes, ¡apenas estoy empezando!

JAKE: Son las tres de la tarde. ¿Has estado trabajando
  en el módulo?

YO: Algo así…

JAKE: [*Mirándome con una expresión en blanco*]

YO: ¡Quiero decir, sí! ¡Estoy completamente en ello!
  [*Mostrando una sola línea de código*]

JAKE: [*Volviendo a su trabajo*] Genial.

Veinte minutos después...

YO: [*Haciendo clic entre la misma línea de código y
   Facebook Messenger, comenzando a escribir...*] Hola,
   ¿es ahora un buen momento para reunirnos y
   tomarnos ese café?

Así se veía mi vida, más o menos, durante el primer
mes y medio de mi pasantía. Sabía cuán irresponsable estaba siendo. Podía ver el panorama general: si impresionaba
a Jake y a sus jefes, y, con suerte, incluso a Zuckerberg,
tenía la posibilidad de ser contratado a tiempo completo
en Facebook; lo cual, probablemente, era mi *único* camino hacia la seguridad económica, dado que carecía de un
diploma de preparatoria o de planes para ir a la universidad. Esta pasantía era mi puerta al éxito. Me importaba,
me importaba, me importaba desesperadamente tener éxito. Pero, simplemente, no le podía entrar a ese módulo.
En cambio, me pasé el primer mes y medio de la pasantía
programando y diseñando meticulosamente una animación
de transición para un botón de volumen que se pasaría del
estado de encendido al de apagado. No importa cuán específico o aleatorio eso suene, era el diseño y la programación de animaciones para interfaces de usuario lo que me
fascinaba. El código era solo un medio para lograr un fin.
Pero no era la tarea que me habían asignado.

Me conocía demasiado bien a mí mismo como para
intentar forzar el código del módulo. Al igual que con
cualquier tipo de escritura, para codificar bien, tienes que
escarbar y encontrar la inspiración, incluso cuando está tan
profundamente enterrada que sientes que estás excavando
en busca de diamantes con una cuchara sin punta. El problema era que ni siquiera podía encontrar mi cuchara. Estaba tan acostumbrado a trabajar en mis propias aplicaciones,

que encontrar un equilibrio entre los aspectos de la programación que me fascinaban y los que se requerían para este proyecto era difícil. Realmente difícil. Me dije que, con el tiempo, lo conseguiría. Mientras tanto, tenía que hacer *algo*. Decidí seguir adelante por un camino diferente, aprovechar la oportunidad que presentaba mi pasantía desde otro ángulo. En la Conferencia Mundial de Desarrolladores de Apple, me había acercado a un programador aleatorio para que me aconsejara acerca de cómo ser contratado en Silicon Valley.

—¿Debería simplemente continuar creando mis aplicaciones? —le pregunté.

—No —dijo el tipo—. Ya has creado un montón de aplicaciones. Tienes miles de seguidores de doce años. Pero son las personas *dentro* de tu industria quienes te elegirán para sus equipos o te recomendarán para trabajos. Lo que *tú* tienes que hacer es establecer contactos, hacer todo el *networking* que puedas como un puto campeón.

Y luego, el tipo se alejó para hablar con alguien importante.

Por abrumador que fuera, ese consejo se me quedó grabado. Había empezado a programar porque era algo que me encantaba, no para escalar hasta la cima. Pero a menudo pensaba en cómo, si no le hubiera enviado un correo en frío a ese diseñador de Parse para presentarle 4 Snaps, nunca habría conocido a la persona de *marketing* que me invitó a hacer el video que capturó la atención de Mark Zuckerberg. ¿Quién sabía dónde estaría si no hubiera hecho *networking*? En casa de mis padres, probablemente, sentado en la barra de la cocina, sudando con la próxima aplicación que sería un gran éxito o un total fracaso. No quería volver a sentirme tan frágil e inseguro nunca más. Me prometí dedicar el resto de mi pasantía a hacer *networking* como un campeón. Comencé por contactar a investigadores de mercado, científicos de datos y otras personas en ese nivel, diciéndoles que me gustaría conocer sus experiencias. Rara vez alguien se negó a reunirse conmigo. Me he dado cuenta de que la mayoría de las personas aprovechan la oportunidad de ser maestros.

Aprendí que el secreto era no hablar de mí mismo, más allá de decir lo suficiente para garantizar a las personas que yo era competente y digno de su tiempo.

Un buen *networker* —alguien que tiene la capacidad para establecer buenas relaciones de trabajo— se siente seguro de sí mismo. No me malinterpretes, pero yo trataba de dirigir la conversación hacia los logros de la otra persona lo más posible.

—¿Cómo empezaste tu carrera? —le preguntaba, y luego me callaba y escuchaba.

A la mayoría de las personas les encanta hablar de sí mismas, por lo que usualmente hablaban durante un buen rato.

Mi truco favorito era preguntar al final de cada conversación:

—¿Estarías dispuesto a presentarme a tres personas que crees que debería conocer?

Les pedía tres nombres porque pensaba que sería más fácil para las personas decir "Nadie me viene a la mente en este momento" si solo pedía uno o dos.

Fiel a mi promesa de hacer *networking* como un campeón, a veces me tocaban dos o tres almuerzos o bobas al día. Me reunía con todo el mundo sin excepción. Comí burritos con un chef de Facebook, helado con un gerente de *marketing* de Instagram, *pizza* con un administrador de relaciones públicas y así sucesivamente. Despacio, pero seguro, conocí a una persona que me presentó a otra que me presentó a alguien que, a su vez, me presentó al director de *marketing* de Facebook, Gary Briggs.

Gary fue el primer tipo que conocí en la empresa que traía la camisa por dentro del pantalón, un verdadero adulto con una cara amigable y pelo canoso. Mi nerviosismo por sentarme con una persona tan importante en la empresa desapareció en el mismo instante en que me dio la mano afuera de la sala de conferencias que estaba junto a su escritorio.

—Cuéntame, ¿cómo crees que le está yendo a Facebook, Michael? —preguntó mientras nos acomodamos en un par de sillones adentro de la sala.

—¡Oh! —dije—. ¡Okey, esa es una buena pregunta!

Gary se rio.

—Puedes contestarla como tú quieras.

—Bueno, ustedes son dueños del territorio de la memoria a largo plazo y la publicación de momentos significativos —comencé—. ¡Eso es fantástico! Además, soy un gran fan del nuevo diseño. Durante los meses en que lo estaban implementando, constantemente actualizaba mi página y, prácticamente, ¡todas las mañanas buscaba en Google cómo obtener la última versión beta! Ah, y la línea de tiempo de una sola columna es lo máximo. ¡Actualizo la mía todo el tiempo! —Al hacer una pausa para tomar un respiro, me di cuenta de lo poco sofisticado y efusivo que sonaba—. Lo siento, es que estoy muy emocionado de estar aquí —dije.

—Hey, no te disculpes —dijo Gary—. ¡Esto es genial! Tengo dos hijos adolescentes. ¡Ojalá pudiera hacer que pensaran tan bien acerca de Facebook!

—Sí, puede ser que me interese mucho más que a la mayoría de los chicos de mi edad —admití.

Pero, aunque me encantara Facebook, me había quedado claro que, para la empresa, había problemas por delante.

—La verdad es que las personas de mi grupo demográfico están perdiendo interés en Facebook como producto debido a la naturaleza de largo plazo del contenido que se puede publicar. Sin mencionar lo estancado del buscador gráfico de amigos de cada usuario, el cual he notado que es difícil de asimilar para las personas de mi edad debido a la etapa de la vida en que se encuentran. Los gráficos de amigos cambian rápidamente durante los últimos años de la vida de un adolescente. Facebook no proporciona una manera fácil para que sus usuarios sientan que el producto refleja ese cambio —expliqué—. En cualquier caso, no quiero ser demasiado *nerd*, pero me encantaría compartir con ustedes más ideas acerca de los asuntos a los cuales temo que Facebook tendrá que prestarles atención en un futuro cercano. Disfruté mucho nuestra conversación —dije, notando que se nos acababa el tiempo.

Gary asintió con la cabeza, pensativo.

—Es entretenido hablar contigo, Michael. Deberíamos hacer esto de nuevo.

Mientras iba en el servicio de transporte de regreso a mi apartamento esa noche, mi mamá llamó para ver cómo estaba.

—¡Hola, Michael! ¿Cómo estás?

—¡Hola, mami, todo bien!

Estaba rebosante de optimismo, contándole sobre mi increíble conversación con Gary, ¡nada más y nada menos que el director de *marketing*!

Después de un rato, mi mamá dijo:

—Michael, suenas *diferente*.

—¿Diferente cómo? —dije.

—No lo sé. —Ella hizo una pausa—. Más ligero. Suenas más ligero.

—¿Quieres decir más delgado? —le pregunté.

Gracias a mis frecuentes almuerzos en la búsqueda de nuevos contactos para crear una red de relaciones y a las dos órdenes de pasta Alfredo que solía comer todos los días, definitivamente no me estaba poniendo más delgado. De hecho, había subido las "quince de Facebook", el aumento de peso típico que experimentan los nuevos empleados al comer toda esa comida gratis.

—No, quiero decir que no suenas *serio* —explicó mi mamá, de una manera que me dijo que no creía que eso fuera algo bueno—. ¿Te estás tomando en serio esta pasantía, Michael?

Suspiré. A los ojos de mi mamá, el trabajo no debía ser divertido. Le habían enseñado que tener una carrera y disfrutar eran cosas mutuamente excluyentes en la vida: básicamente, lo opuesto al *ethos* de Facebook.

—Sí, mami, te prometo que me la estoy tomando en serio.

Y lo estaba. Regresaba a casa exhausto al final de cada día de mi riguroso *networking*.

—Michael, ¡me preocupas! No me cuentas nada de lo que está pasando en tu trabajo en Facebook. ¿Estás seguro de que todo te está yendo bien? Me preocupas porque sé que a veces eres desordenado. De repente, eres muy confiado, no sé. Ten cuidado.

Estaba empezando a impacientarme.

—No te preocupes, mami. La gente en Facebook está feliz conmigo. Por supuesto, me cuesta a veces debido a mi estilo de trabajar, pero me entienden y saben cómo soy.

Ella no parecía convencida en absoluto.

—Está bien, Michael, nomás te preguntaba. Sabes que me preocupo. —Hizo una pausa, como si tratara de evitar que un pensamiento se le escapara y luego lo soltó—: ¡A veces me da miedo que te boten del trabajo!

—Ja, ja, mami, no me van a botar. De eso no te tienes que preocupar. Yo sé que te preocupas. No te preocupes. Todo está bien.

Luego, para escapar de su implacable sermón, hice lo único que podía hacer: cambié de tema.

—¿Recuerdas que dijiste que sonaba más ligero? Bueno, tienes razón. Me siento más ligero.

"Más ligero" era la manera perfecta de describirme a pesar de las libras adicionales a causa de la pasta Alfredo. Desde que había salido de mí mismo y había comenzado a prestarles atención a otras personas, los fuertes dolores de cabeza por estrés que había tenido desde la secundaria habían parado. Por primera vez desde que tenía memoria, podía caminar erguido sin ningún esfuerzo.

Capítulo 12

Lúcete o fracasa

A UN MES DE haber comenzado la pasantía, tuve la oportunidad de experimentar mi primer Hackathon de Facebook. Desde niño, las películas me habían hecho creer que el *hacking* siempre era algo malo: como cuando unos genios malvados se apoderaban de la computadora de la heroína para arruinar el mundo. Y ese *es* un tipo de *hacking*. Los que actúan de manera malintencionada son diferentes de los que llamamos *hackers* en el mundo de la informática, quienes son personas que disfrutan de investigar y descubrir nuevas formas de desarrollar y mejorar el código. Los llamados *hackers* de sombrero blanco son profesionales capacitados que ayudan a las empresas a encontrar las debilidades en sus sistemas. En las películas, los sombreros blancos son los archirrivales de los *hackers* maliciosos.

Hackear es casi siempre una palabra positiva en Silicon Valley. No está relacionada con destruir cosas; sino con trabajar en equipo, resolver problemas y crear cosas. Cuando hackeas, no solo sigues instrucciones y trabajas con un conjunto determinado de componentes, sino que utilizas tus propios ingredientes para armar algo y hacerlo tuyo.

En Facebook, aprendí rápidamente que los *hackatons* de la empresa eran (y todavía son) una tradición venerada y clave para el modelo de negocio de la empresa. La gente

dejaba de lado su trabajo oficial y se pasaba tres días segui-
dos codificando lo que quisiera. Podías participar independientemente de si eras ingeniero o abogado o especialista
en recursos humanos, y podías trabajar solo o en grupo.
Al final de los tres días, presentabas tu proyecto y los tres
mejores eran entregados a Mark Zuckerberg para su revisión. Muchas funciones importantes de Facebook —como
el famoso botón "me gusta" con el pulgar hacia arriba—
habían surgido de los *hackathons*.

Un miércoles de junio por la mañana, un anuncio de los
coordinadores del *hackathon* apareció en mi pantalla, encima de mi proyecto de consola de juegos, que continuaba
siendo solo esa única línea de código: "Llegó la hora del
hackathon. Si vas a participar, infórmale a tu gerente que
no te verá durante unos días".

Esa tarde, caminé detrás del éxodo masivo hacia la
orientación en una de las salas de grupos grandes, donde
fuimos recibidos por Hannah, la directora de actividades
de Facebook, con gafas de sol y un ánimo sobrenatural.

—¡Hola a todos! —gritó a la sala con extremo entusiasmo—. ¿Están listos para el Campamento Hackathon?

—¡Sí! —grité en respuesta con la multitud.

En el fondo, me molestaba el hecho de que, durante tres
días completos, no podría programar una sola reunión para
tomar café o almorzar. Me estaba dando cuenta muy rápido de que mi pasantía no se trataba necesariamente de escribir un código asombroso, sino de asegurarme de que tantas
personas como fuera posible pudieran ver el valor que estaba
creando con ese código. Todavía estaba entusiasmado con la
novedosa conexión humana que ocurría cuando dejaba mi
laptop en el escritorio y me sentaba frente a una persona que
también estaba haciendo todo lo posible por conversar sin
mirar su teléfono; lo cual es, al parecer, algo que, sorprendentemente, la gente está dispuesta a hacer cuando haces

que hable de sí misma. Me había pasado tantos años trabajando solo en mis aplicaciones que había olvidado cómo era, cuando estaba en la escuela con Lucas —o con Mariana y sus amigos—, reír y compartir historias con personas de carne y hueso. Iba a estar rodeado de cientos de personas en el *hackathon*, por supuesto, pero eso era diferente. No mucha conversación profunda ocurre entre programadores de ojos vidriosos que están en pleno proceso de programación. Pero la razón más profunda por la que temía el *hackathon* era que tenía miedo de no ser lo suficientemente bueno. Realmente, yo solo podía codificar usando Google a cada paso y estaba seguro de que ese no era el caso de los otros programadores de Facebook, quienes parecían tener un nivel de instrucción más alto que el mío. (Resultaría estar equivocado acerca de esto: ¡*todos* los programadores buscan información sobre la marcha! Y había ciertos aspectos de mis habilidades de programación que únicamente yo poseía).

Al final de la orientación, Hannah comenzó a tirar camisetas al aire y yo me uní al loco intento por atrapar una, sintiéndome como un niño gigante de nueve años en una fiesta de cumpleaños. Los gráficos de la camiseta incluían las palabras CAMP HACKATHON con el dibujo de una fogata que tenía líneas amarillas saliendo de ella. Me la puse sobre mi otra camiseta de Facebook y esperé instrucciones.

—¡Bueno, todo el mundo! —anunció Hannah—. ¡Encuentren su grupo y generen sus ideas! Luego envíennos un correo con su proyecto, ¡y eso es todo! ¿Están listos?

—¡Sí! —gritamos de nuevo.

Esta directora de actividades realmente era buena en su trabajo. Estaba empezando a sentirme animado.

—¡Muy bien, vayan a hackear! —gritó.

Encontré a tres de mis colegas de Parse apiñados en un par de sofás en una sala y les pregunté en qué estaban trabajando.

—Hey, Michael —dijo Víctor, un diseñador jefe de Parse—. Estamos pensando en crear un formato de fotografía
dinámico para reemplazar el antiguo estilo de cuadrícula
de los álbumes. Será como un *collage*, con variaciones de
tamaño y forma, tal vez con algo de movimiento.

Continuó explicando que, a través del *software* de reco-
nocimiento facial, se resaltarían las fotos de los amigos más
importantes de tu red y las personas en los círculos exter-
nos del grupo obtendrían menos espacio en tu página.

Un ingeniero de la empresa agregó:

—Se tratará de contar una historia: no solo colocar un
montón de fotos, sino dejar que interactúen. ¡Hey, podríamos hacer un poco de animación! Michael, tú podrías
aportar algo en este aspecto. Trabaja con nosotros.

Quizá estaba siendo amable. Una parte de mí temía
que todos en el grupo estuvieran pensando que tenerme
a bordo significaría más trabajo para ellos, no menos. Pero
decidí dejar mis temores para otro momento y unirme a
ellos. Incluso cuando sabía que tendría muchas preguntas.

Una vez que Víctor, nuestro líder, respondió con (más
o menos) paciencia a docenas de mis preguntas, los cuatro
nos inclinamos ante nuestras pantallas y nos sumergimos
en la escritura de código. Esto no se parecía en nada a las
películas, donde los gráficos y animaciones en 3D siempre
saltaban de las pantallas de los programadores. Después de
todo, ¿cómo diablos podía alguien trabajar así? Se sentía
bien estar trabajando de nuevo, como me imaginaba que
se sentirían los escritores de ficción cuando comenzaban
el proceso de plasmar en el papel una historia que tenían
en la mente, solo que nuestro lenguaje era Objective-C en
lugar de inglés o español o lo que sea.

Originalmente creado en la década de 1980, Objective-C fue el primer "verdadero" lenguaje de programación que yo había aprendido. En 2014, todavía era

necesario crear productos para dispositivos iOS, por lo que todos teníamos que usarlo. Era superanticuado: casi cualquier cosa que un lenguaje más nuevo manejaría automáticamente, Objective-C requería que se ingresara manualmente, usando una tonelada de aparatosos corchetes. Era, probablemente, el lenguaje con mayor cantidad de palabras que existía. Escribir en este lenguaje de programación se sentía como dar miles de pequeños pasos para subir una montaña, solo para darte cuenta, unas horas más tarde, de que habías escalado una colina.

Mi equipo y yo ya estábamos inmersos en ese proceso de oruga cuando una ráfaga de actividad en el patio nos sacó de nuestras pantallas. Bajo un cielo oscuro, una caravana de coloridos camiones de comida entraba y formaba un círculo en el patio. Abandoné mi *laptop* y corrí de camión en camión, probando la comida gratis: una taza de macarrones con queso, un burrito chino, una minihamburguesa... o tres. Repleto y feliz, me quedé despierto hasta el amanecer, tecleando con mi equipo.

En retrospectiva, obviamente, Facebook no nos estaba colmando de dinero y comida gratis mientras jugábamos en nuestras computadoras por razones *altruistas*. Los *hackatons* siempre han sido clave para el modelo de negocio de la empresa. Cuando unos doscientos ingenieros son liberados para llevar a cabo proyectos que los apasionan, existe una posibilidad muy real de que se materialice alguna función innovadora. (El proyecto de mi equipo, por el que no puedo aceptar ningún crédito, fue posteriormente adoptado y patentado por Facebook. Hoy es la base de sus álbumes).

Al mismo tiempo, los *hackathons* les brindan a los trabajadores un descanso de su rutina diaria para formar nuevas conexiones y recargar sus baterías creativas. En resumen, son extractores de productividad ingeniosamente eficientes.

Si sueno demasiado soñador para tu gusto acerca de Facebook, ten en cuenta que empecé a trabajar allí en 2014. Claro, algunos informes de filtraciones de datos habían comenzado a captar nuestra atención, existía el troleo común y corriente, y los expertos en salud mental estaban comenzando a sugerirle al mundo que, tal vez, estar durante horas todos los días dándoles "me gusta" a las publicaciones de nuestros amigos más felices y ricos no era lo mejor para nuestra autoestima. Pero la manera en que la mayoría de nosotros lo vimos desde adentro, yo creo, fue: escucha, cuando tienes 1.23 billones de clientes —como los tenía Facebook en ese momento (ahora han superado los 2.8 billones)—, no *todos* pueden ser consumidores satisfechos. Era más fácil, entonces, descartar los errores de Facebook como consecuencias desafortunadas del *ethos* "Muévete rápido y rompe cosas" que guiaba a la empresa.

Con esa salvedad, quiero tomarme un momento para hablar sobre por qué Facebook era, y probablemente todavía es, un gran lugar para trabajar.

Si has oído hablar de la ley de Moore, sabrás que la velocidad de procesamiento de las computadoras se ha duplicado cada dos años durante aproximadamente medio siglo (aunque eso probablemente se acabe pronto). Naturalmente, esa aceleración ha provocado —y seguirá provocando— cambios masivos en el panorama del empleo. A pesar de todos sus crecientes problemas, Facebook ha creado una cultura que ayuda a los trabajadores no solo a adaptarse, sino también a prosperar con todo este rápido cambio y descubrimiento.

Desearía que más empresas —*todas* las empresas— tomaran nota sobre las maneras creativas en que Facebook se involucra y apoya la pasión de sus empleados por el trabajo. Imagina las innovaciones que podrían surgir si todos los sectores del mundo empresarial cultivaran la satisfacción y el crecimiento de los empleados en lugar de perpetuar el modelo cansado y completamente obsoleto de "Limítate a la tarea para la que te contratamos".

Fin del discurso.

A pesar de nuestro éxito en el *hackathon*, yo estaba preocupado por el proyecto que se me había encomendado, pero que no me interesaba mucho.

—Mi pasante es otra cosa, sin duda —le dijo Jake a un grupo de gente de Facebook unos días después de que finalizara el *hackathon*.

Estábamos en un restaurante mexicano del campus que servía margaritas después de las cinco y todas las personas en edad de beber se rieron a carcajadas. Yo también me reí, sorbiendo nerviosamente mi margarita sin alcohol vacía.

—No estoy bromeando —dijo Jake, dirigiéndome una sonrisa condescendiente—. Ha pasado casi un mes y realmente no sé lo que hace Michael.

—¿Qué has estado haciendo, Michael, además de salir a almorzar? —preguntó un desarrollador sénior llamado Kevin, a quien había invitado a almorzar la semana anterior.

—Este… —dije mientras me reacomodaba en la silla—. He estado trabajando en la animación de un par de botones que la gente podría poner en sus páginas para…

—¡Los putos botones! —interrumpió Jake, golpeando la mesa para dar énfasis.

Todos se rieron. Yo miraba la mesa.

—Bueno, me entusiasma mucho implementar mis propias ideas y, de hecho, estoy realmente orgulloso de las sutiles transiciones animadas de esos botones. Pero todavía no he descubierto cómo entusiasmarme con el proyecto de la pasantía.

Jake levantó las manos.

—¡Lo dice el pasante de diecisiete años!

Kevin parecía más comprensivo.

—¿Estás diciendo que no sabes cómo motivarte o que no quieres hacerlo?

Lo pensé por un momento.

—Lo único que sé es que…, si no puedo sentir emoción al ver el producto terminado en mi mente, no soy capaz de comenzar a hacerlo.

Kevin chasqueó los dedos.

—Deberías hablar con mi amigo Andrew. Acaba de ser ascendido a gerente de ingeniería y es un genio para guiar a las personas en este tipo de cosas.

—¡Eso sería genial! —dije, sintiendo a Jake torcer los ojos.

Sabía que pensaba que me estaba comportando como un bebé mimado, pero no me importaba. Al principio había estado agradecido por su enfoque de no intervención para dirigirme, pero ahora de verdad necesitaba que me orientaran.

Andrew estaba en la pantalla de la videoconferencia, sonándose la nariz. Estaba visitando a su abuela en Michigan y se había resfriado, pero aceptó mi invitación para charlar de todos modos gracias a la recomendación de Kevin.

—Entonces, ¿me estás diciendo que quieres que te contraten a tiempo completo, pero no sabes cómo convencerte a ti mismo de trabajar? —dijo, arrugando la frente.

—Básicamente, sí —admití.

Yo era obviamente un idiota. Un idiota que estaba haciéndole perder el tiempo de visitar a su abuela a un desconocido con un asunto estúpido que no era realmente un problema. Sacudí la cabeza.

—Disculpa. ¿Sabes qué?: lo voy a resolver por mi cuenta. No era mi intención molestarte.

—No me estás molestando —dijo Andrew, pasando una mano por su pelo castaño rizado—. Ahora soy gerente, así que este es mi trabajo, ayudar a la gente. —Solté un suspiro de alivio—. Y puedo decirte que de ninguna manera te van a contratar si no te pones rápido las pilas.

—Entiendo —dije, tragando un nudo en mi garganta.

—¿Cuánto tiempo te tomaría codificar el proyecto del módulo si te sintieras inspirado? —preguntó Andrew.

—¡Oh, unas dos semanas, hombre!

—¿Y te queda un mes?

Asentí enérgicamente. ¡En realidad se estaba tomando en serio mi asunto estúpido!

—Esto es lo que creo que deberías hacer —dijo Andrew con firmeza—. Deberías simplemente terminar este proyecto en las dos semanas que dices que te tomará hacerlo y luego puedes trabajar en todas las cosas divertidas que te entusiasman, Michael. Eso es, si quieres trabajar en Facebook a largo plazo.

¡Eureka! Minutos (posiblemente solo segundos) después, encontré a Jake trabajando en un sillón puf dentro de una de las salas. Estiró su largo cuerpo y me miró, con las manos entrelazadas detrás de la cabeza, mientras yo, casi sin aliento, le presentaba mi nuevo plan para la dominación total de mi pasantía. Le expliqué que iba a construir toda la consola de juegos en Objective-C y también en un lenguaje más limpio llamado Swift para que fuera más accesible. Había pensado en la adición de la capa Swift mientras lo buscaba y, como se trataba de una idea mía, en realidad me entusiasmaba. Crucé los brazos y esperé el veredicto de Jake.

—Lo vas a construir en dos lenguajes completamente diferentes. —Jake parecía dudar.

—¡Sí! —dije—. Crearé un módulo Objective-C para programadores experimentados y un módulo Swift para principiantes. ¡Construiré algo para todos!

—¿Estás seguro de que puedes hacerlo en un mes?

En este punto, mi adrenalina descendió lo suficiente como para darme cuenta de que, aunque me sentía bastante seguro, probablemente debería reducir sus expectativas por si acaso.

—No estoy *seguro* de poder terminar la segunda capa a tiempo, pero voy a hacer mi mejor esfuerzo —le dije a Jake. Entonces añadí—: Estoy realmente esperando de verdad una oferta de trabajo a tiempo completo al final de esto.

—Tomo nota —respondió.

Muchos de los pasantes de Facebook tenían reparos en dejar saber que querían un trabajo permanente. Pienso que, debido a sus antecedentes universitarios, no estaban acostumbrados a tener que abogar tanto por sí mismos. Su actitud era permanecer callados, trabajar duro, y esperar ser reconocidos y recompensados adecuadamente. Como probablemente ya habrás notado, esperar y simplemente desear que pasen las cosas nunca ha sido mi táctica.

Terminé de construir el módulo en los dos lenguajes en dos semanas, algo sorprendente incluso para mí. Luego llegó el momento de mi presentación final a Jake y algunos otros gerentes, incluido el director del programa de pasantías. Esta iba a ser la parte fácil.

Era bueno haciendo presentaciones. Se lo debía completamente a una de mis maestras de sexto grado. Nos había animado a mí y a un puñado de otros estudiantes a unirnos al club Modelo de las Naciones Unidas que ella ayudaba a coordinar. Fuera de eso, era muy honesta sobre el hecho de que odiaba trabajar con estudiantes de sexto grado. Pero como estaba a cargo de nosotros ese año, acabaría enseñándonos lo que ella consideraba la habilidad más valiosa que alguien podía aprender en la escuela: cómo hacer una presentación.

Mi maestra nos daba un tema diferente cada semana. Cada uno de los estudiantes tenía que pararse frente a la clase y hablar sin parar durante cuarenta y cinco minutos sobre ese tema sin usar fotos o notas. Detrás de nosotros, había una presentación de diapositivas que teníamos que ir pasando sin mirar por encima del hombro ni una sola vez. Después de eso, había un período de preguntas y respuestas por quince minutos durante el cual los otros estudiantes competían para hacernos las preguntas más difíciles posibles, tratando de quitar puntos a nuestra calificación. Nos volvimos muy buenos respondiéndoles a las personas que intentaban arruinarnos. Lo más importante es que aprendimos que hacer una presentación tiene que ver tanto con las emociones como con las palabras. Era fundamental transmitir la emoción que deseabas que tu audiencia sintiera.

Otro elemento clave que nos enseñó mi maestra de sexto grado: siempre entreteje una historia en tus datos. Así que hablé sobre las dificultades con las que me había encontrado al construir 4 Snaps y cómo el módulo Swift simple y reducido que acababa de diseñar era exactamente lo que me podría haber ayudado en ese entonces.

Después de responder una ronda de preguntas, el grupo aplaudió. La mirada de sorpresa en el rostro de Jake fue especialmente satisfactoria. Decidí aprovechar el momento y lo alcancé mientras todos salían de la sala de conferencias.

—¡Hola! ¡Espero que te haya gustado la presentación!

—Me gustó. Buen trabajo —dijo.

—¿Crees que podrías mencionarle a Anastasia cómo me fue? —insistí—. Porque estoy muy interesado en que me consideren para un trabajo permanente.

Anastasia, una mujer alta de Europa del Este, con un acento marcado, era la jefa del programa de pasantías. Al ser la persona que escribiría mi evaluación final, ella también tenía el poder para determinar mi futuro. Ya le había enviado tres correos electrónicos para informarle sobre mi interés en continuar trabajando en Facebook. Sus respuestas siempre habían sido breves y ambiguas. Había insinuado que la empresa no solía contratar a las personas a tiempo completo antes de que asistieran a la universidad, que Facebook no quería privar a la gente joven de la oportunidad de obtener una educación superior. En respuesta, yo había *más* que insinuado que no tenía ningún interés en asistir a la universidad, independientemente de que Facebook me contratara o no, señalando que, en la profesión de programación, las habilidades eran más importantes que el pedigrí. Solo podía esperar que mi falta de interés en la universidad resultara un cambio refrescante, que tal vez la empresa estuviera harta de escuchar *Harvard* esto, *Stanford* aquello. Definitivamente yo lo estaba.

El 25 de agosto de 2014, al día siguiente de haber cumplido los dieciocho años, Anastasia me llamó a una sala de conferencias. Estaba tan nervioso y desvelado por la preocupación de si me iban a contratar o no que cambié al piloto automático en el momento en que cerré la puerta, y no recuerdo nada de lo que sucedió después. Un borrón total de memoria.

Cuando la reunión terminó, estaba en tal estado de conmoción y alivio que no podría haberles dicho ninguno de los detalles del trabajo que acababa de aceptar: que mi título sería ingeniero de *software*, que iba a ganar ciento diez mil dólares al año más bonificaciones, que iba a tener varias acciones de Facebook y muchos beneficios más y que empezaría en seis semanas. Lo único que sabía, mientras salía al patio iluminado, era lo que más me importaba: lo había logrado. Tenía un trabajo de tiempo completo que me pagaría dos veces al mes. Podría ahorrar mi dinero porque tenía dieciocho años y sería mío. Por fin me sentiría seguro.

Capítulo 13

Una independencia agridulce

Lo primero que hice después de ser contratado fue salir corriendo del edificio y llamar a mi mamá y a mi papá. Les había dicho que la reunión con la jefa de pasantías era hoy y mi mamá contestó después de medio timbre.

—¿Michael? —Le temblaba la voz como sucedía siempre que estaba nerviosa—. ¿Conseguiste el trabajo?

Antes de que pudiera responder, escuché un clic y la resonante voz de barítono de mi papá me llegó a través de la línea.

—¡Hola, hijo! ¿Qué noticias hay?

—¡Sí, sí, lo conseguí! —dije, saltando de alegría.

Ambos se echaron a llorar.

Estaban felices por mí, pero probablemente también se sentían un poco culpables… y aliviados.

Lo segundo que hice fue publicar en Instagram y Facebook:

Esta pasantía de verano en Facebook ha sido fantástica, pero no ha terminado. Facebook me ha ofrecido un trabajo permanente como ingeniero. ¡La aventura recién comienza!

De inmediato, las felicitaciones de mis nuevos colegas comenzaron a iluminar mi pantalla. Incluso Mark Zuckerberg me escribió por Messenger, diciendo: "Estamos deseosos de ver lo que vas a crear"; lo cual no me esperaba. A la medianoche, periodistas de Bolivia, Perú y Colombia me habían escrito para solicitar entrevistas. No se me ocurrió pensar que esto podría ser un problema con mi nuevo y famoso reservado jefe, así que les respondí a todos: "¡Claro que sí!".

Y lo tercero que hice después de ser contratado fue caminar hasta mi banco y abrir una nueva cuenta a la que nadie más que yo pudiera acceder. Como había sido menor de edad hasta ahora, los veintiún mil dólares que había ganado por la pasantía habían ido directamente a la cuenta de la que mi mamá tenía total control. No había tocado el dinero porque Facebook había pagado mi comida, mi transporte y todos los gastos básicos del día a día.

En el banco, seguí a una mujer agradable hasta un pequeño cubículo, dejé mi mochila con el logo de Facebook en su escritorio y le entregué mi tarjeta bancaria que nunca había usado.

—¿Podemos transferir lo que hay en mi antigua cuenta a la nueva? —pregunté.

Ni siquiera había revisado el saldo, pero pensé que, dado que mi mamá no me había pedido dinero últimamente, debía tener un monto decente para mover de mi cuenta anterior a la nueva. Sería una buena base para la cuenta de ahorros que mi tío Kike me seguía animando a abrir.

La mujer tipeó un poco, entonces me miró por encima de sus lentes.

—Por supuesto. Tu cuenta actual tiene un saldo de setenta y siete dólares.

—¿Qué? —grité, poniéndome de pie—. ¡Eso no puede estar bien!

La banquera se rio entre dientes y sacudió la cabeza.

—Toma asiento, cariño —dijo, adoptando la voz de una maestra de jardín de infantes mientras me guiaba a través de la serie de transferencias que mi mamá había hecho a su cuenta personal.

—Oh… —fue lo único que pude decir.

—Entonces, ¡decidamos qué tipo de cuenta necesitarás, cariño! ¿Estás trabajando actualmente?

Los ojos de la mujer se abrieron cuando le dije que ganaría más de cien mil dólares al año. Hizo una llamada y apareció un tipo con traje que me llevó a una oficina mucho más elegante. Allí me ofrecieron agua mineral y un montón de opciones de tarjetas de crédito y cuentas de inversiones.

—Este… —dije—, solo quiero una cuenta en la que pueda poner dinero y no sacarlo nunca.

Para gran decepción del tipo del traje, terminé eligiendo la clase de cuenta en la que tu tarjeta de débito es rechazada si la cuenta de la que retiras no tiene fondos y en la que se te cobra por hacer más de un par de retiros de efectivo al mes. Como nunca había aprendido a ahorrar, necesitaba todos los incentivos que pudiera conseguir.

Esa noche, llamé a mi mamá y fingí informarle de manera casual que había abierto una nueva cuenta con Chase donde se iba a depositar a partir de ahora mi salario de Facebook.

Hubo una pausa y entonces mi mamá contestó con una voz demasiado animada:

—¡Bien por ti! ¡Estupendo!

—¿De verdad? —dije mientras una sensación de alivio recorría mi cuerpo.

—¡Sí, por supuesto! Tienes dieciocho años. Así es como debe ser.

—¡Oh, bueno, genial!

¿De verdad era tan fácil defenderme? No lo podía creer.

—¿Tal vez puedas darme tu contraseña por si acaso?

Recosté la cabeza en mi mano sin decir nada.

—¡Ja, ja, solo estoy bromeando! —chilló mi mamá.

Independientemente de si bromeaba o no, supe en ese momento que se necesitaría más que una nueva cuenta bancaria para ayudar a mis padres a construir su propia independencia nuevamente. Pero bueno, era un comienzo.

En una semana, estaría por mi cuenta. No más pasantía, no más alojamiento gratuito. La idea de tener que buscar un apartamento me aterrorizaba. Como no tenía ni idea de por dónde empezar, dejé el asunto a un lado. Cuando terminó mi pasantía, empaqué la maleta; me despedí de mi compañero de apartamento, John; y viajé de regreso a Miami. Durante el mes siguiente, dormí, miré televisión, fui a Disney World dos veces —pagué las entradas de toda mi familia, por supuesto—, fui al cine una docena de veces, comí mucho y traté de no involucrarme en los dramas financieros en curso de mis padres. Habían dejado de brindarme información acerca de su situación económica, pero podía ver que las cosas no estaban mejorando. El tercer intento de mi papá en una carrera inmobiliaria aún no había despegado y mi mamá estaba explorando la idea de iniciar un negocio de joyería. A medida que se acercaba la fecha de inicio de mi trabajo en Facebook y el problema de mi apartamento no se había resuelto por sí solo como por arte de magia, escribí una publicación rápida en Facebook: "Se busca una habitación para alquilar". Horas más tarde, un chico que conocía un poco a través de Internet, pero que no conocía en persona, me envió un mensaje diciendo que había una habitación disponible en su "casa de *hackers*" en San Francisco. "Vaya, qué fácil", pensé. "¡Estoy interesado!", escribí de vuelta. "¿Más detalles?".

El punto era que todos en la casa (no dijo cuántas personas había y, por alguna razón, no se me ocurrió preguntar) tenían poco más de veinte años. Eran lo que se conocía como *hackers* de Silicon Valley: lobos solitarios que odian la idea de trabajar a tiempo completo y programan de forma independiente, ganando dinero de vez en cuando con la venta de sus aplicaciones. El alquiler era de mil trescientos cincuenta dólares, lo cual me pareció muy alto, pero estaba ansioso por concretar mi situación de vida, así que, una semana antes de regresar a California, le confirmé al chico que me gustaría mudarme a la casa de los *hackers*.

Una semana después, viajé de regreso a San Francisco y tomé un Uber directamente desde el aeropuerto a mi nuevo hogar en la ciudad a eso de las diez de la noche. Quedaba en el centro del Distrito de Castro, un viaje de dos horas durante el tráfico de hora pico hasta el campus de Facebook en Menlo Park. La mayoría de los trabajadores jóvenes de Silicon Valley vivían en la ciudad y usaban el servicio de transporte gratuito de Facebook y Google para ir todos los días al trabajo y regresar. No me entusiasmaba el trayecto diario de dos horas, pero supuse que todas las personas de mi edad vivían en San Francisco por una razón, así que debía valer la pena.

El arrepentimiento me golpeó en el mismo segundo en que salí del auto. Era una noche helada de domingo y hombres borrachos y semidesnudos salían de los ruidosos bares tambaleándose, aullando por el frío y tropezando con personas indigentes, que se alineaban en la acera envueltos en sucios sacos de dormir y refugios provisionales.

—Mierda —dije en voz baja, tratando de actuar como si todo estuviera bien.

Las sirenas resonaban y una hilera de carros de policía pasó a toda velocidad, pasándose un semáforo en rojo. Agarré el asa de mi maleta con más fuerza y tuve que rodear las piernas de un hombre inconsciente que estaba tirado bajo un letrero de cartón que decía: CUALQUIER COSA AYUDA.

En Miami, rara vez se veía gente viviendo en la calle. Simplemente, hacía demasiado calor. Escuché que California tenía más personas indigentes que cualquier otro estado. San Francisco y todo Silicon Valley tenían una población de personas sin hogar particularmente grande, gracias a la escasez de viviendas y la burbuja de riqueza creada por el auge de los gigantes de la tecnología en las últimas dos décadas. El ingeniero tecnológico promedio que vivía allí gastaba entre el cuarenta y el cincuenta por ciento de su salario en alquiler, sin que quedara mucho para ahorrar, comprar una casa propia o comer fuera del campus. Algunos directores ejecutivos de Silicon Valley, como Marc Benioff, de la empresa Salesforce, habían comenzado a aportar miles de millones para financiar hospitales y refugios, pero, obviamente, no era suficiente.

El GPS del teléfono me decía que había llegado a mi destino, pero no podía ver ninguna residencia, solo restaurantes, clubes y salones de tatuajes. Después de caminar de arriba abajo por la cuadra durante veinte minutos, finalmente, le hice señas a un tipo que, al menos, estaba completamente vestido y caminaba en línea recta.

—Hey —dije, tratando de sonar casual—, ¿sabes dónde está este lugar?

Le mostré el mapa en mi teléfono, rezando para que no lo agarrara y corriera.

—Justo ahí, *bro*.

Señaló una escalera oscura y estrecha encajada entre un club nocturno gay y una cafetería descuidada. El primer escalón estaba bloqueado por un tipo con uniforme militar rasgado y su perro de aspecto igualmente andrajoso. Caminé alrededor de ellos y encontré la llave debajo de la alfombra, donde mi compañero de casa había dicho que la dejaría. Superreconfortante. Mientras luchaba con la cerradura, podía sentir los ojos fríos del hombre en camuflaje a mis espaldas.

Adentro, me encontré con lo que parecía un antro de *crack* salido directamente de *NCIS*, excepto que los seis tipos de aspecto desaliñado que estaban tumbados en los sofás desgastados escribían furiosamente en unas *laptops*. El lugar apestaba a basura y había botellas de cerveza y cajas de *pizza* vacías por todas partes. Un proyector mostraba un programa de anime de YouTube en una pared agrietada. Después de haber estado parado allí un rato, asimilando esta pesadilla, un par de chicos, finalmente, notaron mi presencia.

—¿Qué hay? —murmuraron y regresaron a lo suyo.

Era difícil ver en la oscuridad, pero ninguno de estos tipos se parecía a la foto de perfil del chico con el que había estado hablando, así que le envié un mensaje: "Estoy aquí". De inmediato, respondió: "Tu habitación es la segunda a la derecha". Miré a mi alrededor y no vi ninguna puerta.

"A la derecha, ¿dónde?", escribí de nuevo con dedos temblorosos. Lo único que quería era cerrar una puerta entre mí y lo que sea que fuera esto, y olvidar todo lo que estaba pasando en aquel momento.

Mientras esperaba una respuesta, la puerta principal se abrió de golpe y otro grupo más de chicos irrumpió en la habitación, empujándome contra la pared mientras subían por una escalera tan pequeña y oscura que ni siquiera me había dado cuenta de que estaba allí. Cuando el último del grupo pasó junto al chico gordo (yo) que estaba acorralado contra la pared, miró dos veces.

—¡Hey! ¿Eres el chico nuevo?

Asentí.

—He escuchado sobre ti. Tu habitación está arriba. Te acompaño.

Lo seguí hasta un segundo piso abarrotado, pasamos por una fila de habitaciones llenas de gigantescas pantallas de computadora y más gente, hackeando y jugando videojuegos. Había poca ventilación y olía a mil cuerpos sin bañarse.

Mi guía se detuvo frente a una puerta cerrada.

—Esta es tu habitación. ¿Tienes la llave?

Esperó mientras yo la sacaba del bolsillo, le daba vuelta a la cerradura… y entraba en un clóset. No miento: era un clóset, apenas un vestidor. Dando dos pasos a través del espacio, me agaché debajo de una estrecha cama de plataforma sobre pilotes precarios y miré al tipo en la entrada.

—¿Esta es una habitación?

—Sí, esta es tu habitación.

—¿Pero es *realmente* una habitación? —dije—. Es que parece un clóset.

—Obtienes lo que pagas —dijo el tipo, cruzando los brazos.

—¡Pero estoy pagando muchísimo por esto! ¡Mil trescientos cincuenta!

Cuando, finalmente, paró de reír, me dijo:

—Esto es San Francisco, hermano.

Entonces, cerró la puerta detrás de él, dejándome solo en mi clóset.

Estaba desesperado por irme después de pasar mi primera noche en la casa de los *hackers*. Habían sido siete agonizantes horas de dar vueltas en la cama dentro de mi clóset sin ventilación con el ritmo de la música de los clubes nocturnos vibrando a través de mis sueños. Por primera vez en mi vida, en la mañana, salté (okey, me levanté) de la cama en el justo instante en que estuve medio despierto en lugar de volver a dormirme tres o cuatro veces. Me vestí rápidamente, usé el baño —teniendo cuidado de no tocar nada: esperaría para ducharme en el gimnasio de Facebook— y salí corriendo por la puerta sin decir una sola palabra a la gente desconocida con la que, aparentemente, vivía ahora. Esta sería mi rutina por el resto de mi estancia en la casa de los *hackers*, la cual sabía que no sería muy larga.

Dios, odiaba ese apartamento y, ya que me estoy quejando, también mi húmedo y ruidoso vecindario de San Francisco y el largo trayecto al trabajo. Mi ánimo solo comenzaba a levantarse cuando el servicio de transporte de Facebook llegaba al último tramo en dirección sur de la Carretera 101 y dejaba atrás la niebla de la ciudad para entrar en el soleado condado de San Mateo, con sus ondulantes colinas y antiguos robles retorcidos. Solo entonces, mis hombros se despegaban lentamente de mis orejas y el nudo en mi estómago se aflojaba. En todo caso, así era como me sentía en esos primeros días.

Se sentía como un lugar donde todos estaban llenos de ideas y nadie se quedaba sentado esperando que la suerte le cayera del cielo. Dicen que en Los Ángeles todo el mundo está trabajando en un guion. En Silicon Valley, a mediados de la década de 2010, todo el mundo estaba trabajando en una aplicación. Si le preguntabas a cualquier conductor de Uber, barista o paseador de perros menor de treinta años sobre su vida, te contarían sobre una idea para una aplicación de un millón de dólares que iban a hacer realidad tan pronto como tuvieran el tiempo necesario. Si le preguntabas a cualquier ingeniero de *software* si pensaba que la tecnología iba a salvar el mundo, te diría: "Por supuesto que sí".

No estaba seguro de si eso era cierto, pero aun así, Silicon Valley sacaba a relucir mi optimismo.

———

Cuando empiezas a trabajar en Facebook como empleado a tiempo completo, pasas directamente al campo de
entrenamiento. Durante dos meses, tu trabajo consiste en
aprender cómo funciona la empresa, empezando por la
infraestructura. Hay cursos sobre diversidad, publicidad y
monetización, bienestar y cómo aprovechar los millones de
beneficios corporativos disponibles. Se te asigna un mentor
de campo de entrenamiento que te guía a través del proceso de orientación y se convierte en tu consejero de facto.

Durante ese período de dos meses, cada ingeniero del
campo de entrenamiento, como llaman a los nuevos trabajadores, está listo para ser reclutado. Gerentes de toda la
empresa compiten para atraer a los mejores programadores a sus equipos. Es como la semana para reclutar nuevos
miembros de las fraternidades y hermandades en las universidades, solo que, en este caso, son los potenciales nuevos miembros los que tienen todo el poder porque cada
equipo necesita tanta sangre fresca como pueda conseguir. Una vez que un campista acepta la invitación de un
equipo, se espera que se quede con esa elección durante al
menos unos meses; después de eso, son libres de cambiar
de equipo si así lo desean.

Algunos equipos me invitaron a unirme a ellos durante mis primeras semanas, pero me demoré en aceptar una
oferta porque no estaba entusiasmado con los proyectos en
los que estaban trabajando. Gracias a mi pasantía, mantenía fresco en mi mente que no debía decir que sí cuando
mi instinto decía que no.

Y mi instinto me estaba diciendo que esperara por un
equipo que trabajara en el problema que yo había notado desde mi pasantía: la amenaza de Snapchat. En 2014,
Snapchat se estaba volviendo realmente popular y a todos
mis conocidos les encantaba. Pero mientras que Snapchat tenía a todos los adolescentes de Estados Unidos en

su poder, Facebook no jugaba ningún papel en las redes sociales de la mayor parte de los jóvenes. Claro, lo usábamos para reuniones escolares y otras actividades autorizadas por adultos, pero no era el lugar al que íbamos para pasar el rato y ser nosotros mismos. La gente de Facebook tenía que estar muy asustada por esto, ¿no? Pues en realidad, no lo estaban. Por un lado, había adquirido Instagram por un billón de dólares en 2012 y, recientemente, había desembolsado diecinueve billones de dólares por la aplicación de mensajería WhatsApp. Pero a pesar de estas adquisiciones, todavía enfrentaban un desafío formidable al tratar de capturar y atraer a los usuarios más jóvenes. La actitud predominante que notaba en algunas personas de la empresa era: "No hay nada de qué preocuparse. Somos imparables. Snapchat es solo una aplicación poco conocida que algunos adolescentes usan".

Evadiendo las súplicas de Jack, mi mentor del campo de entrenamiento, que me decía: "¡Simplemente elige un equipo, cualquier equipo!"; le dediqué todo el tiempo a soñar mi propio proyecto, una aplicación que Facebook pudiera usar para competir contra el enorme mercado adolescente de Snapchat. A Jack le encantó el concepto.

Me puso en contacto con su gerente y le hice la misma presentación. Ese gerente dijo:

—Quiero que Chris Cox vea esto.

A Chris Cox, el director de producto, también le encantó el concepto y, rápidamente, programó una hora para que yo se lo presentara a los principales ejecutivos de la empresa, incluido el propio Zuckerberg. Yo era una maraña de nervios entrando en esa reunión. Zuckerberg y los demás ya estaban sentados en sofás cuando llegué y me miraron desde sus teléfonos al unísono, como un solo organismo con ocho cabezas (con ocho cerebros muy valiosos). Detrás de su profesionalismo frío, deduje, por las mandíbulas apretadas y las posturas erguidas de algunos de los ejecutivos, que estaban tan nerviosos como yo. Ellos contaban con que yo le vendiera mi idea a su jefe para poder atribuirse el mérito de haber visto que era algo que prometía y fomentar lo que podría ser clave para Facebook en cuanto a su comprensión de la población adolescente.

—Hey, Michael, siéntate —dijo Cox, señalando un lugar vacío en un sofá junto a un monitor de televisión.

Observé el lugar en el sofá, tratando de decidir qué hacer. Todas las otras veces que había presentado mi concepto, lo había hecho de pie frente a mi audiencia. Mi maestra de sexto grado, la Yoda de las presentaciones, nos había enseñado que estar de pie era clave, la mejor manera de transmitir la emoción y la energía que querías que sintiera tu audiencia. El método de sexto grado nunca me había fallado antes y necesitaba cada ventaja que pudiera obtener. Sin embargo, Andrew, el gerente de ingeniería que me había ayudado a ponerme las pilas en mi época de pasante y, desde entonces, se había convertido en la persona a quien yo acudía cuando necesitaba ayuda para navegar por el mundo de Facebook, me había prevenido contra presentar de pie.

—Cuando estás presentando un producto en la sala de juntas —había dicho—, es recomendable que no seas muy intenso, que te comportes más como un adulto.

—Hola, Mark —dije—. ¿Te acuerdas de mí? Soy Michael Sayman.

—Sí, por supuesto que me acuerdo de ti —respondió Zuckerberg, aunque su expresión no me dijo nada al respecto.

Estaba tan nervioso que no había manera de que pudiera hacer esto sentado.

—¿Está bien si me pongo de pie? —le pregunté al multimillonario.

—Eh, claro —dijo.

Algunas personas en la sala se rieron y todos los demás parecían confundidos. Pero cuando me lancé a la presentación con entusiasmo, pasión y energía, pude ver, por las expresiones de alivio de los vicepresidentes y directores, que estaban contentos. También, posiblemente, divertidos, pero eso no me importó.

Cuando terminé, todos los ojos se volvieron hacia el líder, esperando a que hablara.

Zuckerberg no tenía prisa. Miró a través de la ventana. Miró al techo.

—Bueno —dijo finalmente—. Pienso…, pienso que esto es interesante… —Los directores y vicepresidentes asintieron, inclinándose hacia adelante en sus sillas—. Pero en general, realmente no veo en qué se diferencia de Instagram —continuó nuestro líder—. Podría decirse que el concepto en general es interesante y hay aspectos que realmente me gustan, pero no me convence del todo.

En silencio, me maldije a mí mismo por no sentarme a la mesa como un adulto. Lo había arruinado. ¿Ahora qué? ¿Era demasiado tarde para sentarse? Tal vez debería simplemente agradecerle a Mark e irme. ¿O dejar que él se fuera primero? Nunca estaba seguro del protocolo. Miré a Chris Cox, quien se frotaba el cuello con una expresión compungida y parecía abatido por este resultado.

—Mark, tal vez, al menos, lo podemos intentar —dijo Chris finalmente—. Personalmente, me encanta. Es muy diferente.

Ahora Zuckerberg miraba más allá de mí hacia una pantalla de televisión gigante que reflejaba las ilustraciones onduladas, los emoticonos y las ideas de logotipos que había garabateado durante mi presentación. ¿Estaba haciendo una mueca? Oh, Dios, había hecho el ridículo. Mi presentación había sido poco profesional, un disparate.

Si tan solo hubiera hecho una presentación formal de diapositivas en lugar de mostrar todos esos locos embudos de estrategia. Qué desastre. El estómago se me revolvía mientras me recriminaba a mí mismo.

—Me gustaría pensar más acerca de esto —dijo Zuckerberg con su ademán superrelajado.

Luego volvió a su teléfono, con la atención ya en el siguiente proyecto.

Unos días después, me enteré de que Zuckerberg me había dado luz verde para comenzar un nuevo equipo en Facebook enfocado en abordar el sector demográfico adolescente. Y así comencé el proceso de reclutar ingenieros del campo de entrenamiento para que se unieran a *mi* equipo.

Sabía que el éxito que estaba teniendo en la empresa no se debía a que fuera superinteligente. Tenía la ventaja de ser una de las personas más jóvenes de Facebook y ahora quería convertir esa ventaja en algo más. Facebook había sido iniciado por jóvenes universitarios —Zuckerberg y algunos amigos— *para* jóvenes universitarios, lo cual fue el secreto de su éxito casi instantáneo. Para entender lo que quería su audiencia, los fundadores no habían necesitado grupos focales ni estudios de datos, solo se habían mirado a sí mismos y a sus amigos. Sin embargo, cuando llegué a trabajar allí, las personas que habían construido el producto tenían ahora treinta y tantos años, la mayoría con niños pequeños, y habían seguido creando productos para ellos mismos, no para el *nuevo* mercado juvenil, el cual necesitaban para mantener su ventaja.

Al darme cuenta de que nadie parecía estarle prestando atención a esta amenaza realmente creíble, preparé una presentación sobre los hábitos de los adolescentes en las redes sociales e invité a todos los que conocía en la empresa a escucharla. Antes de comenzar mi "Teen Talk" [Charla sobre adolescentes] —como la llamé—, le pedí a mi audiencia, compuesta casi en su totalidad de treintañeros, que respondiera un pequeño cuestionario sobre la cultura adolescente, con preguntas como: "¿En qué casos es aceptable el uso de la palabra *lit* [emocionante/excelente]?" y "¿Qué banda fue fundada por este importante *influencer* adolescente?". Tal como había predicho, todo el mundo fracasó. Todos reprobaron. Esto era lógico, le aseguré a la audiencia. Ahora, al menos sus ojos estaban abiertos respecto a lo poco que sabían sobre el mercado juvenil y lo que ese crucial grupo demográfico deseaba de las redes sociales. Luego, fui repasando cada una de las diferentes redes sociales y expliqué cómo las usaban los adolescentes. Por ejemplo: publicábamos en Instagram una vez al mes, casi nunca lo hacíamos en Facebook, usábamos Twitter de vez en cuando, y nos encantaba Snapchat y la usábamos todo el tiempo.

Las herramientas de comunicación que empleamos en nuestros años formativos le darán forma a la manera en que nos comunicaremos y veremos el mundo por el resto de nuestras vidas. Después de explicarle este concepto a mi audiencia, le recordé que mi generación, que había crecido con iPhones, se comunicaba de manera diferente a la de ellos, que habían crecido usando los teléfonos exclusivamente para hablar. Usar Snapchat para saludar a un amigo que estaba en el mismo lugar que nosotros se sentía natural. Pasar un año charlando en Internet con alguien que nunca habíamos conocido en la vida real se sentía natural. Para nosotros, no había nada triste en ver nuestros teléfonos como extensiones de nosotros mismos.

A la gente le gustó tanto mi "Teen Talk" que me pidieron que diera más charlas, con diferentes temas y enfoques… Las presentaciones se volvieron más pulidas y, al mes, me estaba dirigiendo a salas de varios cientos de directores de producto, líderes de diseño e ingenieros mientras que muchos otros las veían en línea. Poco a poco, la gente de Facebook comenzó a admitir: "Sip, tal vez debamos hacer más para dirigirnos a nuestra audiencia más joven".

Aprovechando ese impulso, comencé a publicar "notas" de manera regular en la página corporativa de Facebook acerca de cómo captar la atención de los adolescentes. Cada uno o dos días, publicaba una nueva nota.

Una noche, iba en el servicio de transporte de regreso a casa y escuché a dos programadores aparentemente recién salidos de la universidad —uno de ellos con una sudadera con capucha de Stanford y el otro con accesorios de MIT— hablando de mí:

—Oye, ¿leíste el nuevo comentario del tipo de las "Teen Talks"?

—Facebook tiene muchísimos usuarios. Las cosas no pueden estar tan mal.

—Sí, o sea, ¡gracias por el asesoramiento empresarial, niño!

—¿Cierto? Vuelve a intentarlo cuando lleves algunos años en el negocio.

[*Risas*]

Al día siguiente, dejé de seguir a todos mis amigos adultos de Facebook, incluidos mis compañeros de trabajo, durante un día. Cuando solo quedaban mis amigos adolescentes, actualicé el *feed*. No había nada. Bueno, aparecieron algunos anuncios publicitarios, por supuesto, pero no publicaciones de personas.

Tomé capturas de pantalla de mi solitario *feed* y escribí una nota sobre el experimento, titulada: "Así es como se ve Facebook para alguien de mi edad". Luego volví a seguir a mis compañeros de trabajo y publiqué la nota en la página interna de la empresa.

En otra ocasión, hice que todos los amigos de Mariana tomaran capturas de las pantallas de inicio de sus teléfonos para demostrar que la aplicación de Facebook estaba más lejos de su alcance en sus dispositivos que otras aplicaciones sociales. (Snapchat, por supuesto, estaba al frente y al centro de todas las pantallas de inicio). Cuando publiqué eso, Chris Cox me pidió mis capturas de pantalla para usarlas en su propia presentación acerca de conseguir la participación de los adolescentes. Pero es difícil acceder al cerebro adolescente si no eres, de hecho, uno de ellos. Un compañero de trabajo mayor que sabía en lo que estaba trabajando me sugirió que creáramos una Teen Zone [Zona para Adolescentes] en Facebook en la cual estos pudieran entretenerse. Casi me muero cuando escuché eso. ¿Una zona para adolescentes? *LOL.* Ningún adolescente quería que lo pusieran en una zona.

Era una situación complicada. Ser el empleado más joven de Facebook era mi mayor fortaleza, pero también mi mayor debilidad. No importaba cuánto un líder como Chris Cox valorara mi perspectiva y siguiera cada nota interna que publicaba y cada charla que daba, seguía siendo una constante batalla el solo hecho de ser tomado en serio.

Una cosa que llegué a esperar en Facebook fue que los "adultos" en la sala asumieran automáticamente que cualquier idea que les presentaba me había llegado en un impulso. "Excelente idea", decían. "Es genial que te sientas apasionado al respecto, pero necesitamos datos para respaldarlo". Como resultado, aprendí a incorporar una gran cantidad de datos en cada una de mis presentaciones.

Aunque todavía me comportaba un poco como un adolescente caprichoso, titulando mis publicaciones internas "TeenZone" para ser irónico (estoy bastante seguro de que a mis compañeros de trabajo nunca se les ocurrió que estaba usando esta expresión con sarcasmo), aprendí a escuchar. Hice un gran esfuerzo por escuchar lo que otras personas tenían que decir y pedirles retroalimentación (¡siempre es una buena manera de irritar a alguien que intenta hacerte caer!). Y aprendí a dejar bien claro que mi edad no era una debilidad sino una fortaleza.

Aprovechando el nuevo impulso que tenía, comencé a presionar a los vicepresidentes y ejecutivos para que le prestaran atención a la amenaza de Snapchat. En aquel momento, la cultura y la mentalidad de muchos era ser despectivos respecto a Snapchat. Pero yo sabía en mi interior que era una mala idea descartar a aquel gigante de las redes sociales.

Capítulo 14

Capacitación sobre diversidad

UNAS SEMANAS DESPUÉS DE que Mark Zuckerberg me diera luz verde para armar mi propio equipo de tres ingenieros y un diseñador, comencé a contratar ingenieros. Andrew, mi mentor, que se había convertido en un amigo (intercambiábamos mensajes de texto constantemente y salíamos a cenar al menos una vez a la semana), me presentó al que era considerado uno de los mejores de la empresa. Cuando aceptó convertirse en mi ingeniero principal, lo tomé como un voto de confianza en mi proyecto. También me sentía intimidado por el tipo, que era conocido por su código extremadamente eficiente que podía reutilizarse en múltiples productos.

Ahora se esperaba que actuara como un gerente de producto en lugar de como un programador, pero yo no tenía experiencia dirigiendo un equipo. Sabía cómo hacer que la gente se uniera a mis ideas, pero me resultaba difícil ayudar a otros a llevarlas a cabo. Principalmente, porque no tenía experiencia estableciendo cronogramas y expectativas adecuadas.

—Oye, Michael —decía mi ingeniero principal con un tono de preocupación en la voz—, ¿cómo van esas simulaciones?

La simulación es una parte fundamental del proceso de diseño interactivo que mi ingeniero debería haber tenido desde el principio. Es una ilustración de los elementos de la interfaz que existirán en las páginas clave de un juego o sitio web, un mapa que le sirve de guía a cada miembro del equipo. Como pensador visual, no tenía ningún problema en colaborar con mi diseñador para crear simulaciones para mi proyecto. Pero en cuanto elaborábamos algo, lo tiraba a la basura y comenzaba de nuevo. Lo que nadie sabía: me estaba demorando tanto en finalizar esas simulaciones que eran cruciales para el diseño del producto porque había empezado a perder la confianza en la idea.

¿Y si Zuckerberg tenía razón? ¿Y si no era lo suficientemente diferente de Instagram? Mientras más trabajaba en las simulaciones, más entendía la raíz del problema que estábamos tratando de resolver y más crecía la duda dentro de mí, ahogando mi inspiración.

Mi indecisión y mi inexperto estilo de gestión complicaban las cosas para todos. Sin embargo, los miembros de mi equipo podían irse a casa todas las noches y quitarse el estrés del día con cervezas o clases de baile de salsa o tiempo con sus hijos, mientras que yo vivía con mis dudas las veinticuatro horas del día, los siete días de la semana. Aquello me estaba convirtiendo en un desastre neurótico. A las seis de la tarde, mi equipo se marchaba y yo seguía trabajando hasta bien entrada la noche, con la única compañía del equipo de limpieza nocturno. Incluso después de que *ellos* se fueran, me encontraba sentado en la oscuridad, agitando la mano en el aire para activar los sensores de luz y comiendo barras de proteína para la cena. No tenía pasatiempos. No practicaba ningún deporte. El trabajo terminaba cuando estaba demasiado cansado para mantener los ojos abiertos y comenzaba en el momento en que los volvía a abrir. No solo estaba a cargo de este equipo y del producto que estábamos construyendo, sino que también dedicaba incontables horas a desarrollar mis

"Teen Talks" mensuales y el boletín de TeenZone, al que se suscribieron miles de ingenieros y líderes de productos de la empresa. Adicionalmente, ayudaba al equipo ejecutivo de Facebook a forjar estrategias acerca del problema que representaba Snapchat y participaba en reuniones en las que todo el mundo excepto yo era vicepresidente o director de la empresa. Y para colmo, estaba ayudando a Zuckerberg a aprender a usar Snapchat, utilizando la aplicación para enviarnos mensajes los fines de semana.

La pantalla de mi computadora era un desastre: llena de diseños de pantalla que planeaba usar en mis charlas, simulaciones del producto que estaba construyendo mi equipo y todo tipo de invitaciones sin responder a reuniones con líderes de productos de toda la empresa. También me pasaba horas tratando de predecir los próximos movimientos de Snapchat. Muchas de las predicciones que presenté en varias reuniones de estrategia de producto demostraron ser precisas y, como resultado, mi credibilidad dentro de la empresa aumentó.

Por miedo a sufrir de agotamiento, a veces trabajaba desde casa o en un café del campus, ignorando el timbre del teléfono. Sin embargo, no podía ignorar al equipo de Comunicaciones de Facebook.

—Entonces, ahora es el programa *Today*, ¿verdad?

El vicepresidente de comunicaciones me estaba hablando desde un monitor gigante en la pared de la sala de conferencias, donde miembros de su equipo me flanqueaban alrededor de una mesa. El director de tecnología de Facebook también estaba allí, pienso que para ofrecerme apoyo moral. Él me había apoyado muchísimo y siempre había tratado de entenderme. Me alegré de que se hubiera unido a la reunión. Me habían convocado para hablar sobre una invitación que había recibido para aparecer en el programa de televisión *Today*: invitación que todos en la sala, excepto yo, pensaban que debía rechazar.

La verdad es que había recibido unas cuantas consultas por parte de la prensa. Cuando publiqué en las redes sociales que había sido contratado por Facebook, una gran cantidad de reporteros sudamericanos habían pedido entrevistarme con respecto a ser el empleado más joven en uno de los gigantes de las redes sociales más conocidos. Dada la falta de diversidad en Silicon Valley, y en Facebook en particular (donde los latinos representaban menos del cuatro por ciento de la fuerza laboral), era algo importante para muchos sudamericanos que uno de los suyos hubiera escalado tan lejos y tan rápido.

Los periodistas que habían estado cubriendo mi historia desde que tenía doce años seguían enfocándose en la historia de trasfondo que acaparaba titulares: cómo había ayudado a mis padres a sobrellevar la Gran Recesión. Tenía la sensación de que, como mis padres ya no estaban presentes en la sala donde me entrevistaban, estos reporteros se sentían más cómodos sondeando más allá de la historia reconfortante que habían estado promocionando durante años. Cuando preguntaban: "¿Cómo fue que decidiste ayudar a tus padres?", yo los miraba firmemente y les decía:

—¿Por qué no lo iba a hacer?

Luego, dirigía la conversación hacia lo que *yo* quería decir: cómo yo era la prueba de que cualquier persona, de cualquier origen, podía codificar.

A menudo pensaba en una chica de quince años que había conocido en uno de mis viajes a Bolivia.

—Te he estado observando durante mucho tiempo —dijo la chica, que había viajado desde un pequeño pueblo a cuatro horas en autobús.

Me regaló una pulsera de cuentas tejidas que había hecho con una frase escrita en español: NI EN BROMA

Digas Que Es Imposible. Era una cita que me gustaba usar para el cierre de mis charlas en Latinoamérica. Ella la recordaba y significaba algo para ella.

Me parecía lo correcto continuar compartiendo mi historia con otros chicos y chicas cuyos sueños nunca se habían ajustado a un patrón. Pero el vicepresidente tenía algo de razón.

—Ahora trabajas en Facebook —dijo a través de la pantalla—. No puedes simplemente aparecer en la televisión y decir lo que quieras.

Podía sentir el sudor goteando por los lados de mis costillas, las cuales, como nota positiva, empezaban a dar a conocer su existencia: ¡estaba empezando a perder algo de peso!

—Michael —dijo el director de tecnología—, sé que tus motivos son genuinos, pero creo que él tiene razón. Quizá sería mejor que no aparecieras en ese programa.

Le dije al equipo de Comunicaciones que quería ser entrevistado en *Today* para ayudar a que Facebook pareciera más amigable a los ojos de los programadores jóvenes y diversos. Sin embargo, no parecían muy entusiasmados con la idea. Era un hecho conocido que incluso las oportunidades fuera de cámara para compartir historias acerca de trabajar en la empresa generalmente no eran viables. Yo pensaba que Facebook, como la mayoría de Silicon Valley, podría usar una historia como esta para animar a más latinos a buscar trabajo dentro de su industria.

Lo cierto es que el equipo de Comunicaciones probablemente no quería correr riesgos con un adolescente recién contratado y sin pelos en la lengua. Y esa mentalidad cautelosa tenía sus razones. De esa forma había trabajado Mark Zuckerberg desde sus días en Harvard y así era como seguía funcionando, rara vez permitiendo que nadie más que él y, en ocasiones, la directora de operaciones, Sheryl Sandberg, hablaran con la prensa. Incluso *ellos* lo hacían únicamente en circunstancias muy específicas. Gracias a Dios, yo sabía lo suficiente como para negarme a transmitir la solicitud del equipo de Univision de entrevistar a Zuckerberg. Marcelo, el productor, había presionado mucho por eso, advirtiéndome que, sin un nombre famoso que lo anclara, mi documental, que había estado produciéndose durante años, se reduciría a un video de quince minutos en Fusion, un canal menor de noticias de la cadena Univision. (Y eso fue exactamente lo que terminó sucediendo).

Aun tratando de evaluar si la oportunidad de aparecer en el programa *Today* se merecía librar una batalla contra las fuerzas intimidantes del equipo de Comunicaciones de Facebook, insistí:

—¿Qué tal si no digo nada acerca de lo que estamos haciendo ahora y solo hablo sobre cómo aprendí a programar y cómo llegué aquí y esas cosas?

"¿Y esas cosas?". Ufff, necesitaba organizarme.

—Entonces, ¿quieres promocionarte *a ti mismo*?

—¡*No*, no se trata de eso!

Las palabras salieron en un tono un poco más alto y chirriante de lo habitual. Mi voz todavía estaba cambiando y, cuando me estresaba, era particularmente difícil para mí calibrar mi tono de tenor.

Hice que mi voz saliera baja y firme:

—Quiero fomentar la programación. Para otros chicos.

¿*Otros* chicos? Bien hecho, Michael. Lo último que necesitaba era recordarles mi edad. Esto no iba como yo esperaba.

El director de tecnología se aclaró la garganta.

—Michael, ¿por qué no nos detenemos aquí? Podemos explorar oportunidades futuras más adelante.

Asintiendo, empujé la silla hacia atrás con el pulso acelerado, y caminé con *calma, calma, calma* hacia la puerta. Tenía que salir de allí antes de que empeorara las cosas.

Me detuve en el pasillo, tratando de no hiperventilar. Estaba harto y cansado de ser la persona más joven en todas las reuniones, el niño en la mesa de los adultos.

"Todavía tienes mucho que aprender", era el mensaje que estaba recibiendo. Sip. Eso estaba claro.

—Estoy pensando en contactar a Maxine —le dije a Andrew—. ¿Qué opinas?

Maxine Williams era la directora de diversidad global de Facebook. Andrew me había aconsejado durante meses sobre cómo comunicarme mejor con mis colegas treintañeros. "Intenta escuchar más de lo que hablas", me había sugerido y también: "¿Tal vez podrías ser más selectivo y menos como una ametralladora disparando ideas al azar por todos lados?".

Ahora me estaba remitiendo hacia arriba en la escalera de la sabiduría.

Como el resto de la gente en Facebook (hasta donde sabía), yo reverenciaba a Maxine Williams. La veía por el campus, casual pero elegante, sonriendo y saludando a todo el mundo. Desempeñaba el que era considerado uno de los papeles más importantes en la empresa y que ella había descrito como "expandir el embudo de personas que solicitan puestos en Facebook". Las estadísticas —había admitido públicamente— eran sombrías: pocos latinos y afroamericanos se molestaban siquiera en postularse para la empresa. Como resultado, la población de Facebook no se parecía en nada a la población de Estados Unidos: lo cual era un problema no solo en Facebook, por supuesto, sino en todo Silicon Valley. Maxine trató de hacerle frente a este problema, visitando preparatorias y comunidades de bajos ingresos, y alentando a los niños y niñas en esos grupos demográficos a que estudiaran carreras en Ciencias

Informáticas… y a que ignoraran a todos los que les dijeran que no era posible.

En lo concerniente a las relaciones personales de los empleados con Maxine, ella tenía una vibra de hada madrina, una forma de hacer que cada uno de nosotros sintiera que pertenecía. A menudo, pensaba en una historia que ella le había contado a mi grupo del campo de entrenamiento en un seminario obligatorio sobre diversidad. Su historia comenzaba con algo así:

—Soy del Caribe, pero nunca aprendí a nadar. ¿Saben por qué?

La sala de rostros mayoritariamente blancos la miró fijamente. Maxine asintió pacientemente. Esta parecía ser la reacción de la audiencia a la que estaba acostumbrada.

—¿Le tenías miedo al agua? —sugirió alguien.

Maxine negó con la cabeza. No era eso.

—¿Vivías lejos de la costa, así que nunca tuviste la oportunidad de aprender? —preguntó otro nuevo empleado.

—No, no. Vivía junto al océano —dijo Maxine.

Finalmente, una mujer afroamericana que estaba en la sala levantó la mano.

—¿Fue a causa de tu pelo?

—¡Exactamente! —rio Maxine—. ¡Eres la única que lo entiende!

Al resto, nos explicó que el agua salada suponía un reto para su tipo de pelo.

Vengo de un hogar donde términos como *racismo institucional*, *microagresión* y *espacio seguro* no se decían en ningún idioma; donde la mamá peruana de alguien tal vez dijera cosas como: "¡No te preocupes, Mariana, siempre puedes casarte con un hombre rico!"; y donde los niños todavía usaban la palabra *gay* como un insulto; por lo que la capacitación en diversidad fue una revelación.

Si bien sabía que Maxine era más perspicaz que la persona promedio en Facebook, o probablemente en cualquier lugar, me sorprendió que estuviera dispuesta a tomarse tanto tiempo con un novato de bajo nivel como yo. El trabajo de Maxine, hasta donde yo lo entendía, no era el de capacitar a los empleados. Ella tenía cosas más importantes con las que lidiar, como hacer que Facebook se convirtiera en una utopía inclusiva y diversa a nivel global. O algo parecido a eso.

Pero parecía emocionada de poder ayudar. Así que fui a verla. Mantuvimos nuestra reunión paseando por el patio del campus, como hacía la mayoría de la gente. (Porque, por supuesto, nadie tenía una oficina en Facebook). Le conté que no lograba conectar con mis colegas y que nadie parecía querer tomarme en serio. Maxine asentía pensativamente mientras yo hablaba, sus pendientes de oro se balanceaban casi hipnóticamente.

—Esto es realmente interesante, Michael. Creo que tu mayor problema radica en el hecho de que estás evitando la confrontación. Habla con tus compañeros de trabajo, siéntate con ellos. Comparte tus emociones para que puedan escuchar directamente de ti cómo te sientes. Es mucho más significativo escucharlo de la persona que está pasando por eso, que oírlo de un tercero, ¿no es cierto?

Cuando pasábamos junto a la grúa amarilla que era la mascota del Hackathon, Maxine me explicó cómo me beneficiaría aprender a hablar con mis compañeros de trabajo en lugar de elevar el problema a la cadena de mando. En primer lugar, sintió que necesitábamos aprender a comunicarnos entre nosotros. Pensé en esto y en cómo, cada vez que alguien me presionaba, mi primer impulso era rechazarlo. ¿Qué pasaría si, en cambio, *yo* me detuviera un instante y tratara de ver el problema desde su perspectiva? Me pasaba tanto tiempo sentado detrás de la pantalla de mi computadora que a veces me olvidaba de que no solo estaba rechazando ideas y productos todo el tiempo; sino también, a personas reales.

—Aun así —dijo Maxine—, puede que haya "algo" en lo que dices acerca de cómo te ve la gente. Estoy de acuerdo en que algunos de esos comentarios no son justos.

—¿En serio?

¡Por fin! ¡Alguien que lo entendía!

—Sí —dijo Maxine—. Ahora, déjame preguntarte algo…

—¡Pregúntame lo que sea!

—¿Qué crees que va a pasar dentro de unos años cuando empieces a desarrollar vello facial, tu voz se vuelva un poco más profunda y comiences a parecerte más a un adulto… y, tal vez, incluso te salgan un par de canas?

—Con suerte, el problema acabará —dije.

—Yo también espero que se acabe —dijo Maxine, riendo—. Y estoy segura de que será así. Pero piensa en esto: ¿qué pasaría si no pudieras salir de eso y supieras que siempre te percibirían de esa manera?

No estaba seguro de adónde iba con esto, pero estaba tratando de entenderla.

—Eso sería, este…, ¿horrible? —dije.

—En realidad, las mujeres experimentan lo que tú estás sufriendo de manera permanente —respondió Maxine—. Durante toda su vida. Los hombres afroamericanos también. Si hablan de forma enérgica, están siendo "demasiado agresivos". Si son tranquilos, "necesitan alzar la voz". Ningún tono funciona bien para ellos. Así que tienes suerte, Michael, de tener la oportunidad de convertirte en el futuro en un hombre de piel clara de treinta y tantos años.

—Nunca lo había visto de esa manera —fue todo lo que se me ocurrió decir.

—Con suerte, en el futuro, podrás hacer uso de tu comprensión de lo que atraviesan otras minorías y otros géneros para un buen fin.

Tuve que dejar de caminar por un minuto para recalibrar mis pensamientos.

Yo era uno de los afortunados. Las quejas con las que había acudido a Maxine, de repente, parecían triviales.

—Tenemos que arreglar eso —le dije a Maxine—. ¡No quiero esperar!

Maxine me sonrió. La había sorprendido.

—Me alegra que te sientas así y aprecio tu… entusiasmo. Pero la realidad es que la discriminación no va a desaparecer de la noche a la mañana. Primero, hay muchas más mentes que cambiar.

Terminamos nuestra charla afuera del edificio donde estaban nuestras oficinas.

—Si quieres… —dijo Maxine de repente—, tenemos un programa llamado Tech Prep. Enviamos embajadores a comunidades desatendidas para crear conciencia sobre la informática y conectar a los niños con cursos de programación gratuitos.

—¿En serio?

Sentí que me iluminaba.

—Desde luego. Hablas español, ¿verdad?

Asentí.

—Hecho —dijo Maxine—. Yo respondo por ti ante el equipo de Comunicaciones.

Me sentí instantáneamente desinflado. ¿Tech Prep tenía que ver con el equipo de Comunicaciones? Bueno, entonces no iba a suceder. Aunque finalmente había cedido y declinado participar en el programa *Today*, sentía que el equipo de Comunicaciones todavía desconfiaba de mí. Estaba casi seguro de que no querían que representara a Facebook ante nadie, en ningún lugar, nunca. Debía olvidarme de esa posibilidad. Maxine no era *tan* mágica. ¿O sí?

Capítulo 15

Tomando riesgos

LUEGO DE CINCO MESES de ajustes, finalmente admití la verdad ante mis gerentes: el concepto que les había vendido no era lo suficientemente sólido; era momento de hacer un cambio. Esta era a menudo la naturaleza del mundo tecnológico. La estrategia era seguir adelante y luego ir cambiando según fuera necesario. Lo había estado haciendo con mis propias aplicaciones toda mi vida, así que estaba acostumbrado a esto. Pero aun así, era atemorizante tener que cambiar de rumbo en algo en lo que Facebook había invertido tanto tiempo y dinero. Mi nuevo concepto seguía enfocándose en los adolescentes, pero no incluiría otros elementos complicados que había concebido originalmente. Y lo que era más importante, recuperaría el entorno minimalista del Facebook original en la época de Harvard de Zuckerberg. En sus inicios, Facebook había resonado entre los adultos jóvenes en gran parte porque destacaba los gustos y disgustos de los usuarios en la parte superior de sus perfiles. Con el tiempo, a medida que Facebook se transformó en un medio de comunicación, había perdido su atractivo para el público más joven. Mi aplicación los recuperaría al permitirles compartir sus cosas favoritas a través de su medio preferido: el video. Sería como el Facebook de 2004, excepto que todos los diferentes aspectos de la identidad del usuario estarían representados por videoclips: sus preferencias en cuanto a restaurantes, mascotas, canciones o lo que fuera.

Mis gerentes estaban increíblemente preocupados por mí. No hacía falta que me deletrearan que necesitaba presentarle a Zuckerberg una idea que le atrajera o arriesgarme a perder lo que quedaba de mi credibilidad.

Pero la reacción de Zuckerberg ante mi última propuesta nos sorprendió a todos.

—Esto es realmente genial y muy inteligente —dijo el fundador, sonriendo de oreja a oreja mientras estudiaba el prototipo, que era básicamente una fila de círculos que indicaban dónde se mostrarían los "videos destacados"—. Los círculos de video son perfectos. Excelente trabajo, Michael.

Todavía sonriendo, me dio una palmada en la espalda. Mi gerente y varios otros ejecutivos en la sala gritaron de emoción. Este no era el tipo de reacción que veíamos en nuestro jefe a menudo (o nunca, pensándolo bien).

—¿En serio? —dije aturdido.

—Estoy emocionado de ver adónde nos llevará esto —dijo Zuckerberg—. Busquemos una forma de implementarlo en todos nuestros productos.

Sin embargo, a medida que pasaban los meses, la mala hierba de la duda empezó a crecer. ¿Era mi concepto —al que había renombrado Lifestage— lo suficientemente sólido como para valerse por sí solo? Ya estaba teniendo conversaciones con otros líderes de producto para integrar algo de esto en las aplicaciones existentes de Facebook e Instagram: tal vez tendría más sentido como una función, no como un producto independiente. Una vez más, cuestionando mis instintos, hice que mis programadores deshicieran y rehicieran el trabajo cada pocos meses. No debe haber sido fácil para ellos recibir órdenes de un chico tan joven. Especialmente, de un chico sin un concepto de equilibrio entre la vida laboral y la vida personal. Simplemente, no podía ponerme en el lugar de un adulto con otras responsabilidades e intereses. Una tarde, me aparecí junto al escritorio de mi ingeniero principal con un nuevo ajuste de su trabajo. Sam era uno de los mejores ingenieros de Facebook; nadie podía escribir arquitectura de *back-end* como él. Se había pasado semanas planificando y diseñando la infraestructura que mantendría estables los videos en Lifestage.

—Hola, Michael, ¿qué tal? —dijo, levantando la vista de su trabajo.

Sonreí.

—Hey, quería saber si tienes un minuto. —Hice una pausa—. Me preocupa que algunas de las cosas en las que estamos trabajando no vayan a funcionar. Es posible que tengamos que hacer un ligero cambio. —Consiguió sonreír mientras yo me apresuraba a añadir—: No va a ser nada muy loco. ¡Lo prometo!

Aunque su frustración era visible, como el profesional que era, asintió y dijo:

—No hay problema. Yo me encargo.

Como el resto de mi equipo, Sam estaba molesto por mis cambios constantes, pero dejaba esos sentimientos a un lado porque creía que mis instintos eran especiales. En aquel momento, yo era una especie de "celebridad" de Facebook y, aunque no todos sabían en qué estaba trabajando, los casi diez mil empleados habían oído hablar de lo importante que era para la hoja de ruta de la empresa hacia el mercado adolescente. Sam sabía que mi proceso creativo no era lineal ni estructurado y consideraba que mis habilidades en el producto hacían que valiera la pena trabajar conmigo.

Lifestage no era el único proyecto en el que estaba trabajando. Finalmente, Facebook había decidido tomarse en serio la competencia con Snapchat; en particular, las Historias de Snapchat: colecciones de instantáneas que duraban veinticuatro horas. Así que ahora yo estaba ayudando a implementar nuestra propia versión de la funcionalidad de Historias para WhatsApp, Instagram, Facebook y Messenger. Desde que di mi primera "Teen Talk" en 2014, había hablado una y otra vez, sin reserva alguna, acerca de la amenaza que representaba Snapchat, y los ejecutivos finalmente habían comenzado a escucharme: me incluían en las reuniones y me ponían en copia en los memos sobre cualquier tema relacionado con Snapchat. Me llamaban para revisar diseños y reunirme con ingenieros y líderes ejecutivos con el propósito de elaborar estrategias sobre los objetivos generales de la empresa para el producto. Debido a que las Historias de Instagram aparecían en la parte superior del *feed* antiguo, no era necesario crear una nueva audiencia en una aplicación diferente. Como el guardián extraoficial en Facebook de todas las cosas que tenían que ver con el mercado adolescente, se me dio mucha libertad para expresar mis opiniones, y mis ideas se tomaron en serio. A veces me enfrentaba con otros gerentes de producto, como los que creían que la gente debería poder subir contenido a las Historias desde el álbum de la cámara, dándoles la oportunidad de editar sus fotos primero. Como gran defensor del "contenido en bruto" sin editar, estaba muy en contra de esa idea, pero, al final, fui denegado. Sin embargo, encontré una manera de incorporar al producto los amados videos destacados circulares de Zuckerberg.

A lo largo de ese año, mientras enfocaba más y más mi atención en la funcionalidad de las Historias, sabía que mi equipo de Lifestage se sentía frustrado por mi liderazgo distraído. Simplemente, no sabía cómo solucionar el problema. Lifestage pasó, del concepto original que tanto le había encantado a Zuckerberg, a un diseño sobrecargado con demasiadas categorías.

Evidentemente, todo el tiempo que estaba invirtiendo en las Historias, TeenZone y las charlas mensuales no ayudó con la dirección que estaba tomando mi proyecto independiente.

En el fondo, me preocupaba que esta aplicación estuviera destinada a fracasar. Los personajes imaginarios en mi cabeza me habían dicho que esta aplicación no era una buena idea; simplemente, no había querido creerles.

Caminaba rápido por el jardín de la terraza del campus, tragando aire mientras una voz burlona despotricaba dentro de mi cabeza: "¡Ni siquiera puedes crear una aplicación, solo eres un gran farsante, Zuckerberg te va a despedir, tus ingenieros te odian!". Me eché a llorar justo cuando un grupo de adolescentes guiados por alguien de Facebook apareció en la parte superior de las escaleras (por supuesto). Había ido a aquel lugar porque hacía tanto calor y tanto viento que casi siempre estaba vacío. Pero ahora había una docena de testigos de mi patetismo. Me escondí detrás de una planta de gran tamaño con las lágrimas corriéndome por el rostro y el corazón martilleando. Solo después de veinte minutos, mis latidos finalmente se calmaron y el nudo en mi estómago empezó a aflojarse. Entonces, me dirigí a casa para sumirme en mi vergüenza y autocompasión.

Realmente necesitaba aprender a controlar esa voz en mi cabeza. Últimamente, la oía cada vez más.

En Facebook, siempre nos animaban a aprovechar los recursos gratuitos de consejería de salud mental. Aparentemente, algo llamado *síndrome del impostor* era muy común entre los trabajadores de Facebook. Si no has oído hablar de él, el síndrome del impostor es la creencia persistente de que no mereces estar en el trabajo donde te encuentras sin importar cuánto hayas trabajado para obtener ese puesto. Es la sensación inquebrantable de no ser lo suficientemente bueno como para estar en el lugar que ocupas ahora, de que has tenido éxito gracias a un loco golpe de buena suerte y no debido a tu talento o tus logros. De hecho, crees que ninguno de esos logros es merecido. Piensas que eres un fraude patético y que falta muy poco tiempo para que llegue el momento en que tus colegas y amigos lo descubran y te manden a empacar.

Fue reconfortante saber que yo no era el único que se sentía como el mayor estafador del mundo, pero no quería buscar ayuda profesional. Cuando era pequeño, mis padres siempre habían hablado de la terapia como un lujo frívolo, una pérdida de tiempo y dinero. Las personas reales, con problemas reales, no les contaban sus problemas a desconocidos; se las arreglaban ellas solas o, mejor aún, como le gustaba decir a mi mamá: "A veces, hijito, hay que dejar que Diosito se encargue de las cosas". En resumen: "Deja que Jesús tome el volante". Además, ¿por qué razón tenía que estar deprimido? Tenía dinero. Tenía todo lo que siempre había querido. Incluso había salido de la casa de los *hackers* y vivía en un elegante apartamento de dos habitaciones en un barrio soleado de la ciudad. Vaya niño mimado.

La mañana siguiente a la reunión del informe de progreso, me desperté de un sueño épico con un sol cegador entrando a raudales por la ventana de mi habitación y mi nueva compañera de apartamento, Selena, tocando a mi puerta.

—¿Michael? ¿Ya te levantaste? Vamos a llegar tarde al trabajo.

Selena era la directora de proyectos tan bien arreglada que había conocido el primer día de mi pasantía (planeaba sus atuendos la noche anterior). Cómoda, moderna y profesional. Una verdadera adulta. Unos meses atrás, ella había publicado que una habitación en su casa de South Bay estaba disponible y me había apresurado a tomarla sin tener en cuenta que vivir con una mujer que me doblaba la edad podría añadir un extraño factor materno.

No había duda, vivir con Selena me estaba haciendo retroceder. Mientras ella seguía tocando a la puerta, me cubrí la cabeza con la almohada y me quejé como el chico de secundaria que mi mamá solía tener que sacudir para que se levantara de la cama después de quedarse despierto la mitad de la noche jugando Club Penguin.

—Bueno, me voy en diez minutos —dijo Selena a través de la puerta.

Podía oír el ruido de las uñas de su Yorkie en el suelo de madera mientras la seguía por la cocina.

Después de un rato, la televisión se quedó en silencio y la puerta principal se cerró de golpe. Tal vez hoy faltaría al trabajo. ¿Qué sentido tenía ir? ¿Cómo podría convencer a mi equipo de que creyera en mi visión si ni siquiera yo creía en ella? "Nadie te echará de menos, holgazán, inútil y gordo pedazo de mierda", dijo la voz odiadora. "Te podrías morir y nadie se daría cuenta de que te has ido".

Llamé diciendo que estaba enfermo.

Justo cuando me estaba volviendo a dormir —regresando adonde la voz, con suerte, no me encontraría—, mi teléfono empezó a sonar con una serie de mensajes de texto de mi hermana:

Llámame.
¿Dónde te has metido?
¿Me estás ignorando?

Solo habían pasado un par de días desde la última vez que había estado en contacto con Mariana, pero eso era mucho tiempo para nosotros. Cuando me mudé a California, nos habíamos vuelto más unidos e intercambiábamos mensajes en Snapchat a lo largo del día sobre cada pequeño pensamiento tonto que nos venía a la cabeza. En nuestro último intercambio, me había enviado una captura de pantalla de uno de esos videos donde la gente comete pifias monumentales. Normalmente, le habría contestado enseguida con un emoji de LOL, pero había silenciado el teléfono y me había desplomado en la cama tan pronto como había entrado por la puerta la noche anterior. Pensando que sería mejor contestar y no arriesgarme a que Mariana preocupara a mi mamá, me senté y escribí:

Todo bien. Te llamo después.

El teléfono sonó en mi mano. Suspiré y contesté.

—¿Por qué no contestas? —dijo con brusquedad Mariana.

—Lo siento. Estoy realmente ocupado con el trabajo.

—Suenas raro. ¿Estabas dormido? ¿Dónde estás?

Aclaré mi garganta.

—Saliendo por la puerta para ir a trabajar —mentí.

—Hmmm. —Podía imaginarme los ojos de Mariana entrecerrándose—. ¿Cómo te está yendo?

De repente, era extremadamente importante convencer a mi hermana de que todo estaba bien. Lo último que quería era que mi familia se preocupara por mí. Todo eso únicamente lograría que recibiera las habituales charlas de mi mamá sobre cómo no debería dar por sentada la confianza de Facebook en mí y cómo debía ponerme las pilas, agradecer todo lo que tenía, mantener las apariencias y proyectar una buena actitud.

—¡Las cosas van superbién! —dije—. En un par de semanas, voy a ir a Anaheim por cuatro días. Va a haber una convención gigante de *youtubers* llamada VidCon. Estoy emocionado de poder ir.

Hablé un buen rato sobre cómo me reuniría con todos los grandes creadores de videos y celebridades de YouTube en VidCon para recopilar sus comentarios acerca del rumbo que habían tomado Instagram y Facebook. También les iba a presentar los prototipos iniciales de las Historias.

—¿Quieres algún autógrafo? —le pregunté a Mariana: le encantaba YouTube.

—¿Cuándo dijiste que era eso?

—Este…, comienza una semana después del próximo jueves. —Miré el calendario de mi teléfono—. El veintitrés de julio. ¿Por qué?

—Michael, no puedes ir.

Me apreté las sienes con mi mano libre. Los dolores de cabeza por estrés habían vuelto. Solo quería regresar a la cama.

—¿Por qué?

—Es un secreto. Confía en mí: realmente no puedes hacer ese viaje —dijo Mariana.

Finalmente, logré que me contara que mi mamá había decidido que la familia debería hacerme una visita sorpresa ese mismo fin de semana. Ya habían comprado sus pasajes, los cuales no eran reembolsables y, probablemente, les habían costado todas sus ganancias de un mes.

Solté un quejido.

—No puedo cancelarlo. Todo está planeado. Voy como representante de Instagram. Lo siento, pero mami no debería haber hecho esto. Ya le he dicho que no planifique viajes sorpresa conmigo debido a mi horario intenso.

—¿Así que nos vas a hacer a un lado? ¿Vas a desperdiciar el dinero de mami?

No tenía la energía para esta conversación. Me sentía como un anciano, no como un joven de dieciocho años en el mejor momento de su vida.

—Voy a ver qué puedo hacer —le dije a mi hermana—. Tengo que correr al trabajo. ¡Chao!

Dios, mi habitación estaba iluminada. Desde que me había mudado a San Francisco, me había quejado de la falta de sol, diciendo que era la causa de mi mal humor. Estaba pagando un montón por esta habitación porque estaba en un lugar soleado poco común y ahora me urgía conseguir cortinas oscuras. Entrecerrando los ojos, me trasladé a la sala de estar, donde todo era color *beige* y pastel, pero todavía no me sentía cómodo. Tenía miedo, sobre todo, de sentarme en el sofá y estropear los cojines de Selena. Había demasiados cojines. Al igual que en casa de mis padres, excepto que mi mamá elegía colores brillantes y llamativos, y el sofá de mi casa era cómodo y acogedor, equipado con una otomana de cuero gastado lo suficientemente ancha para que Mariana y yo nos tendiéramos sobre ella mientras veíamos televisión. No lo quería admitir, pero, de repente, sentí nostalgia.

La mesa de centro de Selena era de vidrio y estaba llena de sus catálogos deportivos favoritos. Una vez había puesto mis pies en el borde de la mesa y ella me regañó como si fuera un niño travieso. ¡Ni siquiera tenía los zapatos puestos! Selena me había entrenado para quitármelos y dejarlos en la puerta principal antes de entrar al apartamento. No podía acostumbrarme a eso.

Hasta que me mudé a San Francisco, nunca había visto a nadie quitarse los zapatos dentro de una casa. En casa de mi familia, y en muchas otras, se considera sucio e irrespetuoso hacerlo. Casi como tirar comida al suelo. Es algo inconcebible. Incluso tenemos un término despectivo para las personas que se quitan los zapatos dentro de un lugar. Los llamamos *patas sucias*, como diciendo: "Eres un animal".

En parte por rebelión y en parte por comodidad, agarré mis tenis de la entrada y me los puse. Eso estaba mejor. Después de caminar de un lado al otro durante un rato, preocupándome de manera poco constructiva por haber faltado al trabajo, me senté en el suelo y encendí la televisión. Como de costumbre, apareció una grabación de Wendy Williams. Detestaba el programa al principio de haberme mudado aquí, pero había empezado a gustarme y ya estaba en mi tercer episodio cuando Andrew me envió un mensaje de texto:

—¡Oye! ¡Estoy aquí afuera!

Estaba en la entrada, sosteniendo su café de Starbucks. La mayoría de las personas en San Francisco eran más propensas a obtener su café en el lugar fatalmente hípster al final de la colina donde lo preparaban con granos fríos en ollas individuales de acero inoxidable sumergidas en polvo de hadas o algo así, pero no Andrew. No le importaba mucho el ambiente hípster de Silicon Valley. Él era mucho más práctico.

—Hey, hermano —fue todo lo que logré decir.

Detrás de Andrew, se encendió una farola. Miré mi reloj: ¡las cinco y cuarenta y cinco de la tarde! ¿Cómo había pasado eso?

Andrew frunció el ceño.

—¿Estás enfermo?

Parecía más fácil decir que sí, así que lo hice, inventando un dolor de estómago. Andrew probablemente no se lo creyó, pero no me dijo nada. Una de las principales razones por las cuales Andrew era uno de los empleados de Facebook que más rápido había ascendido —había pasado de ingeniero a gerente y de ahí a director de una división importante en menos de tres años— era que tenía el mismo talento para comprender la tecnología que para entender a las personas. Andrew siempre sabía qué decir: cuándo ofrecer comentarios constructivos y cuándo dirigir la conversación en una nueva dirección.

—Oye, ¿quieres ir al lugar de *sushi*? —dijo ahora.

Quince minutos después, estábamos apiñados en una mesa esquinera en un sitio anodino comiendo rollos California con queso crema.

—¿Te sientes mejor? —preguntó.

Asentí, apartando el plato.

—Bien —dijo Andrew, arrojando su servilleta y acomodándose contra el respaldo de la butaca—. ¿Ahora podemos hablar sobre lo que realmente te está pasando?

Sentí que mi cara se ponía roja.

—No pasa nada. Debo haber pescado algo por ahí, pero en serio, ya me siento bien.

La expresión en el rostro de Andrew decía: "¿De verdad? ¿Eso es todo?".

—De acuerdo, está bien —le dije—. Mark quiere que reconsidere Lifestage. Mis ingenieros están agotados por todos los cambios. Me siento como un fracasado.

Por alguna razón, Andrew estaba sonriendo. Se inclinó sobre la mesa y me dio un puñetazo en el hombro.

—¡Estoy muy orgulloso de ti!

Froté el lugar donde me había golpeado.

—¿Lo estás?

—Sí —dijo Andrew—. ¡Estás a mitad de camino! Reconocer tus errores es un gran paso. Muchos gerentes nunca admitirían que fallaron, ni siquiera ante ellos mismos.

Andrew continuó diciendo que debería estar *emocionado* de que mis debilidades se manifestaran ante mí. Dijo que muchas personas prometedoras comenzaban con fuerza en sus carreras, pero si estaban ciegas ante sus fallas, se estancaban, perdían la ventaja. Dijo que las mejores, las más inteligentes, las más capaces y prometedoras personas del mundo eran aquellas que tenían grandes defectos y lo sabían. Sobresalían solo porque reconocían esos defectos y trabajaban duro para superarlos, volviéndose más fuertes e inteligentes en el proceso.

—En pocas palabras… —Andrew se quedó mirando mi pelo sin lavar, mi camiseta manchada, toda mi lamentable apariencia—, todo está bien. Significa que llevas la delantera.

Logré emitir una risita incómoda.

—Pues no lo parece —le dije.

Pero en silencio, durante todo el camino en bus a casa, recé para que tuviera razón.

Y sí fui a VidCon después de todo. Nuestro equipo tenía pases de acceso total con un arreglo para reunirnos detrás del escenario con las estrellas de Vine, Musical.ly e Instagram. Probamos las funciones del modelo que habíamos desarrollado para las Historias y les hicimos encuestas para obtener sugerencias acerca de otros elementos que les gustaría tener. Lo tomé como una oportunidad para comprender más sobre su mundo y cómo veían su fama y sus legados. Posteriormente, algunas de esas estrellas visitaron la sede de Facebook/Instagram para conocer nuestro modelo de monetización. Me uní a ellos para hacer un recorrido por el campus. Caminando junto a la estrella de YouTube Cameron Dallas, a quien mi hermana había perseguido por todo Miami cuando era adolescente, pensé: "Maldición. Mi hermana nunca va a creer esto cuando se lo cuente".

Capítulo 16

Instinto visceral

MI PESO SE HABÍA desplomado de ciento noventa libras a ciento veintinueve. No estaba haciendo dieta exactamente, pero gracias a la inquietud que ocupaba todo el espacio dentro de mí, había dejado de comer dos platos de *fetuccini* Alfredo en el almuerzo y empezado a ingerir comidas más pequeñas durante el día. Después del estrés, el segundo factor más importante en mi pérdida de peso fue mi compañera de apartamento, quien era fanática de lo saludable. Gracias a Selena, estaba aprendiendo lo que significaba comer como una persona saludable. La mayoría de los días, luego de que ella me llevara al trabajo, desayunábamos juntos en el campus. Donde antes había llenado mi plato con croquetas de papa, huevos y tocino, ahora copiaba a Selena y me limitaba a claras de huevo, espinacas y una sola croqueta cada dos días.

Además de comer mucho menos, en secreto, era una rata de gimnasio. Era reservado al respecto porque sentía que yo no encajaba en un gimnasio y no quería que la gente me mirara. Todavía atormentado por mi fracaso infantil con las flexiones en barra, pensaba que mis compañeros de trabajo se burlarían de mí por intentar ser una persona atlética. Todas las noches, después del trabajo, me colaba por la puerta trasera y me dirigía directamente a un

StairMaster que estaba alejado de todos los demás, arrinconado en una esquina en la parte trasera del gimnasio. Escalaba sobre ese aparato hasta que apenas podía dar un paso más. Luego, tomaba el transporte de regreso a Mountain View y me bajaba varias paradas antes de mi apartamento para caminar más.

Una noche, me había escabullido por la puerta trasera del gimnasio y cuando estaba cruzando el campus para tomar el transporte, me encontré con un tipo supermacho al que no había visto desde mi pasantía. Nick olía a colonia de eucalipto y estaba mirando imágenes de mujeres en el teléfono, las pasaba una tras otra mientras caminaba hacia su auto.

—Hola, Nick —dije, poniéndome a caminar junto a él.

Levantó la vista y miró dos veces.

—¡Vaya, hombre, me pareció que eras tú! —Me dio una palmada en la espalda—. ¡Te ves diferente!

Me encogí de hombros.

—Pues sí.

Nick tenía cerca de treinta años, medía seis pies y cinco pulgadas, y estaba —como la mayoría de los trabajadores tecnológicos de Silicon Valley, que tienen dinero para pagar entrenadores y comer bien— irritantemente en forma. Me pregunté si estaba juzgando mi recién delgaducho cuerpo, si podía ver a través de mi holgada ropa deportiva los rollitos que todavía me quedaban de mi época de gordo.

Mientras caminábamos por el silencioso campus, me dijo que iba camino a una cita de Tinder. Sacó su teléfono del bolsillo y me mostró la foto de una mujer asiático-estadounidense de aspecto atlético que estaba parada en un acantilado ventoso, su largo pelo le golpeaba el rostro sonriente.

—Es guapa —fue todo lo que se me ocurrió decir.

En realidad, era guapa. Me preguntaba sobre qué iban a hablar. Traté de recordar la última vez que había hablado con alguien fuera del trabajo aparte de Selena o Andrew y no se me ocurrió nada.

—¿Estás en Tinder, Michael? —preguntó, metiéndose el teléfono en el bolsillo de la sudadera.

—Yo, eh, no últimamente —dije.

El noventa por ciento de las personas que conocía conseguían citas exclusivamente a través de aplicaciones, pero yo todavía no había descargado Tinder ni ninguna otra aplicación de citas. Me decía a mí mismo que lo haría tan pronto como me viera mejor. Cuando me deshiciera de mis rollitos, entonces, descargaría la aplicación, tendría una cita y besaría a una chica. Cuando besara realmente a una chica, mi sexualidad finalmente cobraría vida y todo tendría sentido y encajaría en su lugar y, finalmente, me sentiría completo. Pero no todavía. Primero tenía que perder esos rollitos.

Nick me miraba raro, pero habíamos llegado al estacionamiento y, afortunadamente, mi transporte se acercaba.

—Tengo que tomar ese —dije y me di vuelta—. ¡Pásalo bien esta noche!

—¡Espera un segundo! —dijo Nick—. ¿Te gusta hacer ejercicio?

—Oh, no, no hago ejercicio para nada —mentí—. Ni siquiera puedo hacer flexiones en barra.

No parecía haberme escuchado.

—Te voy a enviar por Messenger el número de Jack, mi entrenador —dijo, sacando su teléfono—. Llámalo. Has perdido mucho peso. Él te ayudará a desarrollar algo de músculo. —Nick me dio una palmada en la espalda y agregó—: Créeme, eso va a cambiar tu vida.

Al día siguiente, seguí a Jack, el entrenador, en un recorrido por la abarrotada y ruidosa sala de pesas del gimnasio. Nunca había tenido el valor de poner un pie allí antes. Media docena de delgados empleados de Face-book, en ropa deportiva moderna y de tela transpirable, se retorcían dentro de varias máquinas de aspecto incómodo. Una mujer con bíceps de marinero saltó a una barra alta y levantó sin esfuerzo la barbilla para golpear el metal una y otra vez.

—Bueno, dime qué objetivos tienes con respecto a tu forma física, Michael —dijo Jack.

Se parecía mucho a uno de los atletas que me habían hecho sentir como un debilucho en la escuela primaria, pero eso no era culpa suya, me dije.

—Oh, solo quiero conseguir citas con chicas —dije.

Eso era lo que quería, ¿verdad?

Jack se rio y se pasó una mano fornida por su corte rapado.

—Entiendo. ¿Algo más específico? ¿Quisieras enfocarte más en cardio o en fuerza?

Estaba tratando de no mirar demasiado a Bíceps de Pirata, que flotaba arriba y abajo en esa barra como si estuviera hecha de helio. Su físico era tan extraordinario como el mío era patético. Pensé en mí mismo, en Belén, agitado y con la cara roja, incapaz de levantar mi cuerpo de panda ni una pulgada para el examen de aptitud física. Quizá todo lo que necesitaba era acabar con ese niño de una vez por todas. Quizá todo lo que necesitaba era lograr una sola flexión en barra.

—Hay una cosa que me gustaría poder hacer… —empecé a decir.

—¡Dime! —dijo Jack y sus ojos brillaron de emoción.

Me mordí la lengua.

—No importa. Olvídalo.

¿A quién engañaba? Las flexiones en barra eran la kriptonita de mi autoestima y después de todas las "oportunidades de autocrecimiento" que me había creado en

Facebook, la autoestima no era algo de lo que pudiera permitirme perder más en aquel momento.

El rostro de Jack mostraba decepción, como si yo acabara de robarme la Navidad.

—¿Estás seguro, hermano?

—Solo quiero verme bien —dije—. Prosigamos con eso.

Cinco minutos más tarde, me senté frente a él en su pequeña oficina en la parte trasera del gimnasio mientras revisaba las finanzas conmigo.

Me quedé mirando la pantalla. A setenta dólares la sesión, eso sería, por supuesto, trescientos cincuenta dólares a la semana o la estremecedora cantidad de mil cuatrocientos dólares al mes. ¿Estaba siendo completamente irresponsable? Yo ganaba bien; ganaba mucho dinero de acuerdo con la mayoría de los estándares del mundo. Pero, de alguna manera, el dinero no llegaba muy lejos en Silicon Valley. ¿Qué tal si terminaba siguiendo los pasos financieros de mis padres y acababa perdiéndolo todo? ¿Qué tal si firmar un contrato con este tipo, Jack, era mi primer paso hacia la otra cara del sueño americano? Una imagen pasó por mi mente: yo, indigente y tendido en una acera de San Francisco. Me estremecí. Mierda, ¿era esa una especie de premonición?

Rápidamente, ignorando la extraña sensación en mi estómago, garabateé mi "firma" en el iPad y se la devolví a Jack. Me estaba portando como un tonto. Aparte del alquiler, apenas tenía gastos gracias al transporte y al plan de comidas. Esto no me afectaría. Y Jack era mayor que yo y tenía un certificado que decía que sabía lo que estaba haciendo, así que, en realidad, probablemente yo estaba siendo *inteligente*. Además, estaba empezando a preguntarme si mi intuición realmente sabía lo que era mejor. Seguir mis instintos por encima de los de los demás en Facebook me había ayudado en algunos proyectos y afectado en otros.

Con mis disculpas por la digresión, te cuento algo que no sabía entonces y que sé ahora, mientras escribo esto: hay una diferencia entre la intuición y el impulso. La intuición es la guía clara y supercalmada que aparece cuando eres capaz de bloquear el ruido en tu vida (para mí, el ruido lo constituyen a menudo las voces malévolas en mi cabeza, el parloteo o lloriqueo de mis voces de pánico o estrés). La intuición no grita órdenes. Espera a que se le pregunte: "¿Es esto lo correcto?". Y luego responde; por lo general, con una emoción. Es una *sensación* clara en todo el cuerpo que te indica cuando es "Sí" o "Espérate" o "No hagas eso" y no un *bully* gritando en tu cabeza: "¡Hazlo ya, cobarde!".

Mientras que la intuición es nuestra sabiduría subconsciente, el impulso es nuestra reacción instintiva. El impulso casi siempre está guiado por alguna forma de miedo. Fue mi miedo a no poder conseguir citas lo que me impulsó a inscribirme de inmediato para entrenar con Jack en lugar de tomarme un tiempo para considerar si tal vez no había un entrenador más adecuado para mí. Dos veces me había enfrentado al propio Zuckerberg porque mi instinto me decía que mi manera de hacer las cosas era mejor que la suya. Había pensado que eso era ser fuerte, pero, bueno, mi instinto había estado equivocado con respecto a mi concepto inicial.

No hace falta decir que las cosas no salieron muy bien. De todos modos, entrené con Jack durante los siguientes siete meses, siguiendo sus instrucciones de "acumular calorías" para desarrollar músculo. Sin una orientación sobre qué tipo de alimentos comer, empecé a ingerir comida chatarra llena de calorías y, muy pronto, a pesar de nuestros duros entrenamientos, recuperé treinta de las sesenta libras que había perdido en mis días de ejercitar en la Stair-Master (aunque también hubo algunas sólidas ganancias de masa muscular). No es que Jack o cualquier entrenador físico pudieran haber cambiado esta parte, pero luego de gastar diez mil dólares en entrenamientos privados, todavía me odiaba a mí mismo: todavía no podía mirarme al espejo, todavía tenía días en los que, sin importar cuánto progreso estuviera logrando con mi equipo en Lifestage o la frecuencia con la que me recordaba a mí mismo que *fracasar era crecer*, tenía que esconderme en el baño para llorar.

Entonces, Jack se mudó a otro lugar y Jasmine se hizo cargo de mi entrenamiento. Jasmine era una superatleta vietnamita con un corazón de oro y un cuerpo hecho de algo mucho más sólido. Mientras Jack parecía salido de un campamento militar, Jasmine tenía que ver con la felicidad, la emoción y la energía positiva. Inmediatamente, me sentí cómodo con ella y, en cuestión de días, le conté sobre la humillación que había sufrido cuando era niño durante el examen de aptitud física y lo mucho que significaría para mí ser capaz de hacer aunque sea una flexión en barra. A pesar de todo el músculo que había ganado, todavía no me había atrevido a intentarlo.

Jasmine lo entendió. No me apresuró. Trabajó conmigo durante meses y me ayudó a comer mejor, concentrándome en comidas pequeñas, pero frecuentes, que fueran altas en proteínas y bajas en grasas y llevó mi peso a un número saludable de ciento cuarenta y cinco libras antes de preguntarme si estaba listo para intentarlo. Lo estaba y fallé muchas, muchas veces, incluso con la barra de ayuda. Para entonces, ya no me sentía avergonzado sobre aquello. Todos en el gimnasio me conocían como el chico que quería hacer una flexión en barra y ni siquiera me importaba. Con el apoyo de Jasmine, el gimnasio ya no era un lugar donde me sentía juzgado y observado. Me di cuenta de que nadie allí estaba contento con su cuerpo: todos querían verse mejor, por eso estaban en el gimnasio. Así que seguimos volviendo a la barra día tras día, intentando, intentando e intentando hasta que, un día…

—Michael, ¡lo conseguiste! —gritó Jasmine.

Estaba dando saltos enormes, aplaudiendo como una madre cuyo hijo acaba de lograr su primer jonrón.

Mis brazos temblaban con tanta fuerza que pensé que acabarían cediendo por completo, pero logré un segundo golpecito en la barbilla antes de caer al suelo. Mientras miraba a mi alrededor, temblando de cansancio, esperaba que nadie me estuviera viendo.

Hacer una flexión en barra no resolvió todos mis problemas, pero fue un momento decisivo. Después de eso, empecé a caminar de manera diferente. Sentí que tenía más energía. Empecé a creer en mí mismo.

Y descargué Tinder.

Capítulo 17

Pequeños monstruos de código

EL CENTRO COMUNITARIO OLÍA a comida de cafetería y a sudor de niños. Era amplio y estaba vacío, excepto por mí, dos pasantes latinos de Facebook y las quince mamás latinas que habían venido —con sus cochecitos y niños inquietos a cuestas— a escuchar mi presentación de Tech Prep en español. Había estado dando las charlas durante varios meses, en parte gracias a Maxine, quien había convencido milagrosamente al equipo de Comunicaciones para que me dejara hacerlo. Me encantaba. Me encantaba hablar español con estas mamás decididas y atentas. Me encantaban los niños pequeños que no prestaban atención y no tenían ni idea de por qué estaban allí, pero entendían, por las expresiones serias de sus madres, que era algo importante. Porque se trataba de su futuro, como lo era todo.

Las mujeres se sentaban en sillas plegables, con los bolsos rebosantes de cosas a sus pies, y tomaban apuntes mientras yo hablaba sobre las clases gratuitas de programación informática y los recursos que estaban disponibles para sus familias. Los niños —todos menores de diez años, según mi estimado— se perseguían unos a otros en la parte de atrás del salón o jugaban con los teléfonos de sus madres o, si eran realmente pequeños, eran mecidos y rebotados en las rodillas. Cada cinco minutos, uno de los niños le preguntaba "¿Cuánto falta?" a alguna de las madres de familia, que enseguida lo callaba y lo mandaba a seguir jugando. Un par de niños hablaban inglés entre sí, pero tuve la sensación, como de costumbre, de que los pasantes y yo éramos los únicos adultos completamente bilingües en el salón.

La presentación de esa noche no iba muy bien. Estaba tratando de guiar a las madres a través del sitio web de Tech Prep, recordándoles que podíamos poner a sus hijos en contacto con cursos de programación gratuitos. Pero el cable que conectaba mi *laptop* a la pantalla de visualización que había traído conmigo estaba desgastado y, a pesar de los mejores esfuerzos de Raúl, el pasante, la proyección seguía interrumpiéndose. De todos modos, no es que las mujeres se hubieran beneficiado mucho. Incluso mientras tomaban apuntes diligentemente, pude ver, por sus ceños fruncidos y posturas encorvadas, que estaban confundidas y abrumadas con toda la información que les estaba lanzando. Más que eso, podía sentir que la esperanza con la que habían entrado se estaba convirtiendo en escepticismo. Sin embargo, al no poder pagar niñeras, habían llevado a sus hijos pequeños a aquel centro comunitario maloliente y apartado a las seis de la tarde un martes por la noche; probablemente habían venido directamente del trabajo, ansiosas por aprender qué era la informática. Más importante aún, querían saber si esta carrera profesional podía ser una opción tangible para niños como los suyos; probablemente, estudiantes excepcionalmente inteligentes y curiosos que estaban desatendidos por un sistema educativo amañado que resultaba en una subrepresentación masiva de niños latinos y afroamericanos en el campo de la tecnología. Había abundancia de datos anecdóticos: todo lo que tenía que hacer era caminar por Silicon Valley, donde podía ver que la mayoría de las personas que limpiaban las oficinas eran latinas y la mayor parte de los programadores eran blancos.

Mi trabajo era transmitirles a estas mujeres que sí, la informática estaba disponible para sus hijos, incluso si no podían pagar las clases o sus propias computadoras.

—Créanme —les dije—, las empresas de todo el país están buscando activamente más programadores de diversos orígenes.

Como habíamos practicado, aquí fue donde Raúl hizo clic para mostrar una foto de unos jóvenes profesionales latinos trabajando en costosas *laptops* dentro de una espaciosa oficina con paredes de vidrio. Continué con mi introducción prefabricada:

—Mi empresa, Facebook, es una de ellas. Estamos esforzándonos por aumentar considerablemente la diversidad de nuestra fuerza laboral. Así que estoy muy contento de estar aquí hablando con ustedes hoy. ¡Nunca es demasiado pronto para empezar a programar!

Las mujeres me miraron con el ceño fruncido. Sus hijos eran tan pequeños, estaban a años de ingresar a la fuerza laboral, y el mundo cambiaba muy rápido. Probablemente, se estaban preguntando por qué deberían depositar sus sueños en algún sitio de Internet. Lo cual ni siquiera era lo que había querido decir.

Seguí adelante con aquella presentación difícil de vender.

—No me refiero solo a oportunidades futuras en mi empresa o incluso en la industria tecnológica. ¡Es importante considerar que las opciones profesionales para los programadores son prácticamente ilimitadas! Al aprender a programar desde niños, sus hijos desarrollarán habilidades que los ayudarán a convertirse en casi cualquier cosa que quieran ser cuando crezcan. Los programadores pueden encontrar trabajo en sectores como los de la salud, los servicios sociales, la agricultura, la educación y la construcción…

Cuanto más intentaba convencerla, más recelosa se volvía mi audiencia. Algunas personas ahora escuchaban con una mirada de ojos entrecerrados que decía: "Suena demasiado bueno para ser verdad". Un miembro de la audiencia ya se estaba preparando para irse, metiendo el brazo de su pequeña en la diminuta manga de un abrigo acolchado rosa. Otra se inclinó para susurrar algo al oído de su amiga; la oyente rio entre dientes, torciendo los ojos de la misma manera que Mariana hacía cada vez que le hablaba de codificación. "Simplemente no es lo mío", decía siempre mi hermana. Detestaba tanto oír eso. ¿Cómo demonios ella podía saberlo sin ni siquiera intentarlo una vez?

En un intento por mantenerme optimista, le pedí a Raúl que hiciera clic en una lista de organizaciones sin fines de lucro.

—Todos estos —dije, señalando la pantalla de visualización— son grupos que pueden ayudar a sus hijos con información básica. Sus sitios web ofrecen tutoriales en línea *gratuitos* y grupos de mentores también *gratuitos* y todo tipo de…

Una mujer baja y de figura corpulenta, con una blusa de satén verde bosque estaba levantando la mano, una sonrisa amable pero firme se dibujaba en su rostro. Su pequeña niña, con un tutú rosado y coletas altas sujetas con bandas elásticas rosadas, giraba en círculos junto a su silla.

Le hice un gesto a la mamá.

—¿Sí? —dije, aliviado de que alguien estuviera lo suficientemente involucrada como para hacer una pregunta.

—¿Cuánto cuesta de verdad? —preguntó.

Suspiré. Al diablo con la presentación del sitio web. No iba a llegarles haciendo un montón de declaraciones fantásticas. Sin duda, todas las mujeres que estaban en aquella sala trabajaban más duro de lo que yo había trabajado en toda mi vida y era muy probable que, aun así, tuvieran dificultades. Probablemente habían sido víctimas de estafadores en el pasado, atraídas por "oportunidades gratuitas" que prometían caminos hacia el éxito y la riqueza, pero que, al final, solo terminaban siendo un gasto más para sus familias.

—La respuesta rápida es que los cursos y materiales de los que les estoy hablando hoy son cien por ciento gratis, sin costo, cero —dije—. Voy a hablar más acerca de eso en un rato, ¿de acuerdo?

La mujer asintió. Le hice una señal con un torpe pulgar hacia arriba y cerré mi *laptop*.

—Ahora, les quiero contar un poco acerca de mi historia y cómo llegué aquí —dije.

Mostrándose aliviadas, las mujeres dejaron sus bolígrafos y asintieron con entusiasmo.

—Crecí en Miami. Mi mamá y mi papá emigraron a Estados Unidos desde Perú y Bolivia antes de que yo naciera. Trabajaron duro y construyeron su propio negocio, un restaurante que vendía pollo. Mis padres vinieron a Estados Unidos porque querían que mi hermana y yo tuviéramos todo tipo de oportunidades en la vida, la mejor educación posible. Trabajaron duro, como lo hacen ustedes, y finalmente su restaurante se convirtió en un éxito. Durante un tiempo, cuando al negocio le iba muy bien, mi mamá y mi papá a veces hablaban de venderlo y regresar a Perú. Mi mamá bromeaba diciendo que todos los miembros de nuestra humilde familia podrían vivir como reyes en Perú. "¡Podría tener un Mercedes!", decía. "¡Podría tener un seguro médico perfecto! ¡Entonces podría blanquearme los dientes!".

Las mujeres se rieron de eso. Hasta los pasantes estaban prestando atención. Todo el mundo lo entendía. Ahora que había encontrado el enfoque correcto para mi presentación, comencé a relajarme. "Gracias a Dios por mi maestra de sexto grado y su obsesión por las presentaciones", pensé, como solía hacer en estas situaciones. Su clase había sido mi vacuna contra el miedo a hablar en público y había hecho posible que yo mirara hacia el frente y le transmitiera mi mensaje de "Cualquiera puede codificar" a miles de personas durante los últimos diez años. Y con suerte, si conseguía mantener la atención de aquellas mujeres un rato más, mis habilidades para hablar en público me permitirían convencerlas.

—Entonces…, nos quedamos en Miami —dije—. Aun cuando *no* podríamos vivir como reyes allí. Nos quedamos, incluso cuando mis padres perdieron su restaurante y luego nuestra casa. —Se escuchó una exclamación ahogada colectiva ante nuestra desgracia en el solidario salón—. Nos quedamos —continué—, porque mis padres querían que tuviéramos todas las posibilidades de éxito en la vida.

Las mujeres asentían con cada palabra que yo decía. Dos de ellas parecía que iban a llorar. Por una fracción de segundo, consideré añadir que la razón por la que habíamos podido quedarnos era porque, como el niño genio de las aplicaciones, había ganado suficiente dinero para mantener a mi familia durante varios años. Pero decidí no hacerlo. No estaba tratando de darle a nadie falsas esperanzas. Ese no era el punto de la charla.

—Mi mamá pensaba que yo debía ser médico o abogado —continué—. Me envió a una escuela católica privada porque pensó que ese era el único camino seguro hacia el éxito: una buena escuela preparatoria, buenas calificaciones, una buena universidad, un buen trabajo. Ella decía que les debía a ella y a mi papá trabajar en la escuela tan duro como ellos lo hacían en el trabajo, pero no lo hice. Era un mal estudiante. De hecho, ni siquiera obtuve mi diploma de la preparatoria.

Las dejé boquiabiertas. Una señora se cruzó de brazos y apretó los labios: la clásica postura de mamá decepcionada. La mujer de la blusa verde que había hecho la pregunta se cubría la boca con las manos, con los ojos muy abiertos, como si yo acabara de confesar un asesinato. Su hija dejó de girar por primera vez en toda la noche; de repente, estaba intrigada. ¿Por qué su madre, obsesionada con la educación, estaba escuchando una charla de alguien que ni siquiera había ido a la universidad? Probablemente, tenía treinta segundos antes de que mi audiencia se llevara rápidamente a sus hijos de aquel lugar, lo más lejos posible de alguien como yo.

—¡Todo está bien, lo prometo! —les aseguré, levantando las manos—. No fui buen estudiante porque empleé todo mi tiempo en crear aplicaciones. En mi escuela primaria, no enseñaban informática, por lo que aprendí por mi cuenta buscando en Google "cómo codificar". Todo lo que necesitaba saber, lo encontré en Internet. Estaba disponible ahí, gratis. Igual que para sus hijos. Solo que estamos aquí para guiarlos.

Las personas realmente estaban escuchando ahora, incluso si algunas de ellas todavía parecían un poco desconfiadas. Necesitaba regresar a la historia a mi mamá, una heroína con la que podían identificarse.

—Teníamos una computadora en nuestra casa cuando era pequeño. Se suponía que todos debíamos compartirla, pero mis padres nunca pudieron usarla para hacer su contabilidad porque no podían apartarme de ella. Mi mamá llegaba a casa cansada del restaurante y me veía sentado en el escritorio de la computadora en la sala de estar, aprendiendo y practicando, y gritaba: "¡Michael, deja de jugar! ¡Nunca llegarás a ningún lado en la vida si no dejas de jugar!". —Las risas llenaron la sala. Realmente, no se cansaban de que les contara sobre mi mamá. ¡Imagínense las mentes que podríamos cambiar si pudiera llevarla a este tipo de eventos!—. Pero poco a poco, mi mamá empezó a ver el potencial de lo que yo estaba haciendo. ¿Saben lo que de verdad la convenció? —No me pude resistir—. El primer cheque que recibí de Apple a los trece años. Era la parte que me correspondía del dinero que miles de personas habían pagado por descargar mi juego.

—¿De cuánto era el cheque? —preguntó alguien, seguido de más risas.

Pensé en la expresión de *shock* de mi mamá cuando le tendió el primer cheque de cinco mil dólares a mi papá, la seriedad con que él me preguntó: "¿Qué has hecho?"; y sonreí.

—Representaba mucho dinero para nosotros —respondí—. Suficiente para darle un vuelco al mundo de mi mamá. Siempre le habían enseñado que solo había un camino hacia el éxito: un camino de dolor y sufrimiento. "Sin dolor no hay ganancia", decía. Pero para mí, la programación no tenía absolutamente nada que ver con el dolor y el sufrimiento. Trabajé duro en eso porque me encantaba. Y si puedo estar parado aquí hoy hablando con todas ustedes es porque, finalmente, mi mamá entendió que no estaba simplemente jugando, sino construyendo una caja de herramientas que me ayudaría a tener éxito por el resto de mi vida. Quiero compartir esa caja de herramientas con sus hijos. Quiero que ellos tengan el sueño americano que *a ustedes* les prometieron.

Me detuve allí. Se me estaba haciendo un nudo en la garganta (a pesar de que no quería admitirlo conscientemente, ni siquiera a mí mismo), mirando sus rostros de nuevo esperanzados, y quería mantener una actitud positiva, aunque tenía sentimientos encontrados. Incluso con esa herramienta que les estaba ofreciendo con tanta promesa —tal vez demasiada—, no iba a ser fácil para sus hijos. Tenían la piel morena y eran pobres, lo que significaba que, de hecho, lo que había dicho mi mamá era en parte cierto. Incluso si cada uno de estos niños comenzaba a estudiar programación mañana, no les iba a ser fácil alcanzar el éxito. Seguiría habiendo dolor y sufrimiento para ellos. Especialmente los que eran *dreamers* —supuse que había al menos uno o dos en la sala—, cuyo derecho a vivir en el único país que conocían ya ni siquiera estaba garantizado. Al crecer con menos estabilidad, menos dinero, menos cobertura médica y, a menudo, menos seguridad, tendrían que trabajar diez veces más duro en todo lo que hicieran en la vida solo para ser considerados; ni se diga para tener éxito. Pero ¿qué otra cosa podía hacer si no compartir mi historia con estas madres, mostrarles la única herramienta que yo conocía que podría ayudarlas a abrirse camino a través de un sistema que estaba en su contra?

Más tarde, mientras los pasantes distribuían copias impresas con las mismas URL que las mujeres habían anotado con tanto cuidado en sus cuadernos, me paré cerca de la salida y miré furtivamente el torrente de mensajes que mi gerente en Facebook me había estado enviando durante toda mi charla. Tenía preguntas acerca de las diapositivas de la presentación que yo había comenzado a hacer para las Historias de Instagram y el Estado de WhatsApp, y estaba bastante emocionado al respecto. Me ocuparía de eso en un minuto. En aquel momento, quería estar disponible para cualquier última pregunta. La mayoría de las mujeres tenían prisa por llegar a casa y preparar la cena. Se abrigaron y pasaron corriendo a mi lado con grandes sonrisas y dándome las gracias, animando a sus hijos adormilados a mirar hacia arriba y decir adiós.

La mujer de la pregunta y su hija con tutú fueron las últimas en irse. La madre le tendió el brazo a su hija para que lo usara como barra mientras giraba y daba gráciles saltos de bailarina.

—¡Estamos emocionadas! —dijo la mamá, sosteniendo su copia impresa—. ¡Gracias por la información! Esta es Kylie. Le encanta la tecnología. A ella le va a gustar mucho esto.

—De verdad, no hay de qué —dije—. Kylie, ¿te gusta programar tanto como bailar?

—¡No! —gritó Kylie, en lo más alto de un salto.

—¡Kylie, sí te gusta! —dijo su mamá, sonrojándose un poco—. ¡Sí le gusta! ¡Ella siempre anda con la *tablet*! La estaría usando ahora mismo, pero tuvimos que dejársela a su hermano.

—La uso para dibujar —dijo Kylie—. Hice seis películas de mis animales.

—Sus animales de peluche —agregó su mamá.

—¡Seis películas! —dije impresionado.

Su mamá asintió.

—Creo que esto será fácil para ella. Me aseguraré de hacerla practicar. ¿Cuál es la mejor opción?

Me entregó su copia impresa y la escaneé rápidamente con la vista.

—¿Qué edad tiene ella?

—Tengo seis años —dijo Kylie.

—Okey, podrías estar lista para Code Monster con la ayuda de tu mamá —dije.

—¡Monstruo! —Kylie se rio—. ¡Mi papi dice que soy un monstruo!

—Pero solo está bromeando —dijo la madre, riendo un poco nerviosa—. Ella es un ángel.

—No lo soy —dijo Kylie—. Soy más como un monstruo.

—Bien por ti —dije, encantado con esa niña—. Kylie, si eres feroz como un monstruo, ¡serás genial programando!

—Okey —dijo Kylie, saltando sobre los dedos de los pies y mirando hacia la puerta—. Mami, tengo hambre.

Mientras Kylie tiraba de su brazo, la madre me miró con ojos enormes.

—¿De verdad piensas eso?

—Claro que sí —dije—. Si le gusta, aprenderá muy rápido. Si lo intenta varias veces y no consigue hacerlo, dele tiempo y vuelva a intentarlo en un año.

La mamá sacó su cuaderno y, rápidamente, escribió lo que acababa de decir.

Unos segundos después de que salieron, las seguí hasta afuera, donde Kylie estaba hablando por el teléfono de su mamá, transmitiendo un mensaje de esta en inglés.

La mamá se volvió hacia mí sonriendo.

Metí las manos en los bolsillos de la chaqueta, tratando de encontrar la manera correcta de decir lo que estaba pensando. Lo mejor que se me ocurrió fue:

—Si la codificación no es lo suyo, eso también está bien. La tiene a usted y, por eso…, no estoy preocupado por ella en absoluto.

Capítulo 18

Una visita familiar "sorpresa"

—¿SEGURO QUE NO QUIERES algo mientras esperas?

La mesera estaba junto a mi mesa en el restaurante chino Chef Chu's, un negocio familiar en South Bay en el que yo comía a menudo. Había escuchado que Mark Zuckerberg iba allí religiosamente, y lo elegí para cenar con mis padres y mi hermana con la esperanza de volver a estar de buenas con ellos.

—No te preocupes —dije, levantando la vista de un mensaje de texto de mi hermana que decía: "¡A seis minutos! Estarán aquí muy pronto". Me obligué a poner el teléfono en la mesa y sonreírle—. Gracias, de todos modos —añadí.

—Por supuesto —dijo la mesera.

Parecía más o menos de mi edad, con el pelo negro recogido en un moño puntiagudo en la parte superior de la cabeza. Estaba siendo especialmente amable conmigo; sobre todo, teniendo en cuenta que había estado acaparando una excelente mesa sin haber ordenado nada durante más de quince minutos.

Ahora miraba la maleta de estuche duro con ruedas junto a mi silla.

—Parece que viniste directamente del aeropuerto.

—Sí. —Sonreí de nuevo, alcanzando mi teléfono.

Había regresado de VidCon antes para pasar tiempo con mi familia, que había mantenido sus planes de la visita "sorpresa" y había estado haciendo un recorrido turístico por la ciudad durante tres días mientras yo permanecía en Los Ángeles. Mi mamá había estado documentando todos los lugares de interés de la ciudad que habían visto sin mí. Para que nadie supiera que su mal hijo no se había molestado en recibirlos durante su visita, subtitulaba cada foto como si yo estuviera allí, con algo como: "¡Segundo día en California, con Mariana, con Michael, felices juntos!". A mi mamá le importaba tanto lo que la gente pensaba que llegó a publicar una antigua foto donde estábamos Mariana y yo, posando contra un cielo azul irreconocible, fingiendo que era nueva.

—Déjame adivinar —dijo la mesera, inclinando la cabeza—. Trabajas en Microsoft. ¡No, en Google!

—Casi —le dije—. Facebook.

—Ajá —dijo—. Algunos de mis amigos trabajan allí. Lástima que yo no esté allí.

Me reí nerviosamente y volví a mirar mi teléfono. La mesera se alejó. Si mi mamá hubiera estado ahí, probablemente me habría presionado para que flirteara con ella.

Luego de pasar mi vida siendo invisible para el noventa y nueve por ciento del sexo opuesto, no tenía idea de cómo flirtear, ni siquiera con las chicas con las que hacía *match* en Tinder. Hasta ahora había salido en cuatro citas de Tinder: dos para comer *brunch* y dos para almorzar. Todas las veces, habíamos conversado durante horas, pero, en un momento dado, me había dado cuenta de que estaba aburrido, de que no había chispa, y cada uno se había ido por su lado. Estaba comenzando a pensar que tal vez no estaba hecho para el romance. Quizá había nacido para ser un lobo solitario. No quería que las relaciones me distrajeran de mi trabajo. Eso explicaba por qué siempre había odiado tanto que las amigas de Mariana intentaran flirtear conmigo.

Mi espiral mental fue interrumpida por el sonido de la voz de mi mamá desde el otro lado del restaurante, parloteando en español mientras la anfitriona guiaba a mi familia hasta la mesa.

Me puse en pie de un salto y los abracé a todos a la vez. Traían impermeables, y el pelo de mi mamá y mi hermana estaba perfectamente arreglado a pesar de que, más temprano, habían caminado por el puente Golden Gate. Mi mamá me apretó el brazo con fuerza, pellizcándome con sus largas uñas.

—Oh, Dios mío, Michael —dijo efusivamente, jalando y pinchando mis tríceps—. ¡Vaya, en serio tienes músculos!

—Sí. —Aparté sus dedos, avergonzado, pero también orgulloso—. No estoy ni cerca de donde quiero estar.

—¡Estás *flaco*! —chilló mi hermana.

—Te ves bien, Cocolocho. ¡Te ves genial, hijo! —dijo mi papá con voz resonante, sacudiendo la cabeza con incredulidad mientras me pasaba el brazo por los hombros—. ¿Cómo lo lograste?

Mientras nos sentábamos alrededor de la mesa, empecé a contarles sobre mis entrenamientos, cómo, finalmente, había llegado al punto en el que odiaba tanto mi cuerpo que, una vez, entré al gimnasio y luego seguí regresando todos los días. Estaba llegando a la parte de hacer mi primera flexión cuando mi hermana me interrumpió:

—¡Si tuviera una membresía gratuita en un gimnasio y comida de bufet gratis, también bajaría de peso!

—Sabes, Mariana, si te esforzaras más, tú también podrías perder peso —agregó mi mamá con un chasquido de lengua y sacudiendo la cabeza.

—No —dije—. No se trata de esfuerzo, mami; se trata de tener acceso a los recursos. Lo veo de primera mano en Facebook: las personas que ganan los salarios más altos —programadores, gerentes, directores, vicepresidentes— son en su mayoría fuertes y saludables. Las personas que se encargan de la limpieza, los cocineros y conductores de autobuses, por otro lado, no parecen estar tan en forma.

—¿Qué tal tu viaje de trabajo, Michael? —interrumpió mi papá.

—¡Esperamos que te haya ido bien! —dijo mi mamá.

Mensaje entre líneas: "Espero que haya valido la pena abandonar a tu familia y dejar que se las arregle por sí misma después de que vinimos hasta aquí para verte. Supongo que realmente no te importamos".

Fingí tomar su comentario al pie de la letra.

—¡Me fue realmente bien! ¡VidCon es una locura! Es la convención de juegos más grande del mundo. Compañías productoras del mundo entero envían representantes y una gran cantidad de personas jóvenes llegan vestidas como sus personajes favoritos de YouTube. Conocí a mucha gente. Fue muy buena idea ir.

Mientras hablaba, mi teléfono no dejaba de sonar con una ráfaga de mensajes del ingeniero principal de Lifestage, que, aparentemente, todavía estaba en la oficina, trabajando en una lista de cambios que le había enviado desde el aeropuerto esa mañana.

—Este…, discúlpenme un segundo —le dije a mi familia.

Mientras me desplazaba por la cadena de mensajes, la mesera regresó a la mesa y comenzó a repasar el menú.

Cuando la mesera se fue mientras nos decidíamos, mi mamá susurró:

—Michael, no deberías haber elegido este lugar. Gastamos todo nuestro dinero en esos boletos supercaros de Alcatraz. No nos alcanza para esto.

—Mamá, no te preocupes, yo los invito. Ningún pollo será tan bueno como el tuyo, pero te prometo que esta es la comida china más deliciosa que jamás habrás probado. ¡Pide lo que quieras!

En ese momento, apareció la mesera con un plato de bolitas de cangrejo con queso.

—Esto es cortesía de la casa —dijo—. ¡Vuelvo enseguida para tomar su pedido!

En el instante en que la mesera se dio la vuelta, mi mamá empezó.

—Michael, ¿te parece bonita? ¿Estás saliendo con alguien, Michael?

Admití que estaba en Tinder y luego intenté cambiar de tema. Ni pensarlo.

—¿Qué hay de esa chica, Amy? —preguntó mi mamá.

Amy, una mujer chino-estadounidense, era mi nueva compañera de apartamento. Era solo dos años mayor que yo y trabajaba en LinkedIn. Hacía unas semanas, me había dado cuenta de que odiaba compartir apartamento con Selena casi tanto como odiaba vivir en San Francisco. Selena necesitaba vivir con un adulto de verdad y yo, con alguien en una etapa de vida similar. Así que me mudé con Amy, que andaba buscando algo similar, a un apartamento superlujoso en un rascacielos de los suburbios cerca de Facebook.

—Amy no es mi novia —le dije a mi mamá—. Y tú lo sabes.

—¡Mami les dijo a todos sus amigos en Miami que Amy es tu novia! —dejó escapar mi hermana.

—¿Qué? —exclamé—. ¿Por qué hiciste eso?

—Michael, escúchame… ¿Por qué te amargas tanto? No pasa nada. La gente tenía curiosidad, así que les dije que estabas saliendo con ella, pero si no te gusta, puedo decirles que estaba equivocada.

En estado de *shock*, miré a mi hermana. Quería saber si alguien más en la mesa pensaba que los comentarios de mami eran una locura.

No hay forma de detener a mi mamá cuando se pone así y terminamos dedicando el resto de la cena a mirar fotos de las chicas con las que había hecho *match* en Tinder.

—Michael, ¡no le has enviado un mensaje a ninguna de estas chicas! —dijo Mariana, frunciendo el ceño con mi teléfono en la mano.

Era cierto. No le había enviado un mensaje a ninguna de las chicas con las que había hecho *match* últimamente. Deslizaba el dedo hacia la derecha en las que tenían biografías interesantes. (No me interesaban tanto sus fotos como el tipo de trabajo que hacían y si sonaban inteligentes). Por ahora, no tenía ganas de ir más allá de eso.

—Michael, tienes que enviarles un mensaje si quieres que hablen contigo —dijo Mariana, señalando mi teclado.

—No lo tengo que hacer ahora mismo.

Con la cara roja, guardé mi teléfono.

Cuando metí a mi familia en un automóvil y prometí reunirme con ellos en la sede de Facebook por la mañana, ya mi cabeza estaba latiendo. En el asiento trasero de mi Uber, abrí la ventanilla y tomé una bocanada de aire frío, presionando los lados de mi cabeza para evitar que explotara. La música de procesión coreana que tenía puesta mi conductor octogenario no ayudó. Cualquier otra noche, le habría preguntado sobre aquella música, sobre su historia, su vida y, probablemente, también sobre lo que había cenado. Pero no esa noche. No en ese momento.

Mi teléfono vibró en el bolsillo y, por primera vez esa noche, lo ignoré. "Ahora no. Ahora no". No importaba quién fuera, mi familia o mi trabajo, no quería hablar con nadie. Probablemente, no tenía una buena solución para mis ingenieros de Lifestage, independientemente del problema sobre el que me estuvieran enviando mensajes. Zuckerberg me había respondido el mensaje con el documento de estrategia para las Historias que le había enviado unos días atrás, pero pensé que era mejor ni siquiera abrir su respuesta en ese momento. Y no me quedaba otra gota de energía para mi familia, que se había pasado toda la noche tratando de analizarme. Al menos, se habían divertido. A pesar de todas las protestas de mi mamá, terminó admitiendo que el pollo era, de hecho, delicioso: nada fácil para una mujer que había servido su propio pollo durante años. Mi papá estaba contento de haber podido recorrer San Francisco. Y Mariana, definitivamente, había disfrutado dándome su opinión acerca de mi inexistente vida amorosa. Entonces, sí, en general, la noche no había ido tan mal como esperaba. Aun cuando había tenido que tomarme en broma toda la conversación acerca de por qué no tenía novia.

Capítulo 19

La aleccionadora Lifestage

En el verano de 2016, un año después de la visita de mi familia, mi equipo y yo, finalmente, le estábamos dando los últimos toques a Lifestage. Todavía no estaba del todo bien. Habíamos creado y desechado innumerables versiones, pero, cada vez que pensábamos que estábamos cerca, o bien Zuckerberg ofrecía sugerencias sobre algún elemento de diseño, o bien un grupo de análisis destrozaba lo que les mostrábamos, o me despertaba a las dos de la mañana sudando frío, dándome cuenta de que había diseñado en exceso el producto y que, en realidad, nadie lo usaría o entendería.

No pierdas el tiempo golpeando la pared
con la esperanza de transformarla en una puerta.
—Coco Chanel

No era fanático de las imágenes con frases inspiradoras, me parecen superirritantes, pero esa me impactó cuando apareció en mi *feed*; lo cual, probablemente, sucedió gracias a todas las veces que fui amable y le di "me gusta" a las publicaciones de memes de mi mamá. Realmente, se sentía como si estuviéramos confundiendo la pared con una puerta. ¿Una puerta adónde? Para mi equipo, conducía a un producto terminado y a su próxima oportunidad, según había comenzado a darme cuenta. Para mí, había mucho más en juego. Lifestage era mi bebé. Todos los días, varios gerentes de producto presentaban ideas que llevaban a Facebook más lejos y, una vez, le había mostrado a Zuck una captura de pantalla de cómo se veía Facebook en 2004 y le había dicho:

—Quiero construir eso de nuevo, pero con la tecnología que tenemos ahora.

Quería crear algo que celebrara los orígenes de la marca y al mismo tiempo atrajera a una nueva generación. En todo caso, ese era mi plan original.

La paciencia de Zuckerberg (al igual que mi autoestima) se estaba agotando y todos estábamos desesperados por lanzar el producto. Los ejecutivos de Facebook opinaban que era importante sincronizar el lanzamiento con el comienzo del año escolar. Para mí, el tictac del reloj estaba haciendo el conteo regresivo hasta mi cumpleaños número veinte, que sería en un mes. Estaba convencido de que el atractivo de Lifestage dependía de que había sido construida por un adolescente para adolescentes. Si la lanzaba a los veinte, la percepción sería incorrecta: le daría a la aplicación la imagen de un chico universitario que sigue yendo a fiestas escolares. Tuvimos muchas discusiones sobre cómo mantendríamos a los adultos fuera de la aplicación y quién tendría acceso, en última instancia, al contenido publicado. Mientras mi equipo trabajaba en esas cuestiones, mi prioridad pasaba de "¿Cómo puedo lograr que Lifestage resulte lo mejor posible?" a "¿Cómo puedo conseguir que sea lo suficientemente buena para lanzarla antes del comienzo del año escolar, mientras todavía tengo diecinueve años?".

Una noche de julio, un mes antes de mi cumpleaños, me senté con los agotados miembros de mi equipo en una pequeña sala de paredes desnudas y miramos a través de un vidrio unidireccional mientras un grupo de análisis de siete adolescentes interactuaba con mi aplicación que todavía tenía errores. Estaba pensando en cómo el vidrio era innecesario, ya que nosotros, los simples trabajadores del otro lado, estábamos de todos modos completamente fuera de su burbuja de percepción. Yo sabía que no éramos reales para ellos. Y como todos eran desconocidos, ni siquiera eran reales el uno para el otro. Cuando eres adolescente, las personas más importantes son aquellas que afectan tu vida de forma directa y significativa.

De todos modos, había convocado al grupo de análisis porque estaba experimentando un fallo de imaginación. En Facebook, había dejado de depender únicamente de mi capacidad para evocar los personajes de prueba imaginarios que siempre había usado para guiar el proceso creativo de mis aplicaciones. Así que, aunque sabía que era básicamente imposible obtener comentarios honestos de un grupo de adolescentes a quienes se les estaba pagando por sus reacciones en un entorno antinatural, tenía una pequeña pizca de esperanza de que, tal vez, uno de estos chicos abriera la boca y ofreciera una gema de sabiduría que ataría todos los cabos sueltos. Mientras se comían la montaña de bocadillos que les habíamos proporcionado y exploraban teléfonos y iPads cargados con Lifestage, contuve la respiración, escudriñándolos del mismo modo que un científico estudia los animales de laboratorio. Una chica pelirroja con enormes lentes negros entrecerró los ojos para mirar su pantalla y arrugó la nariz.

—¿Eso es un montón de caca? —le preguntó al investigador.

Este se rio.

—¡Correcto! ¿Y qué te parece?

—¿Un poco tonto? —dijo un chico pelirrojo que llevaba una gorra de Chance the Rapper con el característico número tres—. Es un poco inmaduro —dijo el chico más joven del grupo, un tipo regordete con aparatos de ortodoncia que me recordaba a mí mismo en mis días del Club Penguin.

Cerré los ojos. Cambiar los íconos ahora significaría retrasar el lanzamiento hasta después de que comenzara el año escolar.

Me puse de pie.

—Ya es suficiente —dije—. No necesito escuchar más. Vamos a seguir adelante con el lanzamiento. No más cambios.

Dos semanas después, cuando faltaban siete días para mi cumpleaños, estaba en un Uber con tres bolsas de *sushi* para llevar de Fuki Sushi, en Palo Alto, el lugar más elegante de Silicon Valley: un último intento desesperado por mantener a la gente de mi equipo conmigo hasta el amargo final. Me tomé una selfi con mi torre de *sushi* y se las envié, escribiendo: "¡Voy en camino!". Luego me desplomé en el asiento. Todavía quedaban varios problemas por solucionar y los chicos estaban irritados, hambrientos y casi no hablaban.

Cuando entré corriendo a la oficina con mi ofrenda a las once de la noche, uno de los miembros de mi equipo se había ido a casa y mi ingeniero principal se estaba poniendo la chaqueta.

—Lo siento, Michael, no puedo más. Ya no puedo ver bien.

Tomó una caja de tempura de mis brazos y se fue. Los dos ingenieros que quedaban agarraron su comida sin decir una palabra y continuaron programando mientras yo caminaba frenéticamente de un lado a otro, buscando formas de ayudar a que llegáramos más rápido a la meta.

—

A las dos de la madrugada, quedábamos solo un ingeniero y yo. Él no dejaba de cabecear, balanceando la cabeza sobre el teclado.

—¡Oye, hermano!

Le di un ligero golpe en el hombro y se despertó bruscamente, tirando el *mouse* al suelo.

—*Mieeeerda* —gruñó, limpiándose la baba de la comisura de su boca.

—Mira —le dije, estirándome para recoger el *mouse*—. Vete. Yo puedo terminarlo. ¿Me puedes solo recordar cómo enviar la versión final a Apple a través de las herramientas internas de Facebook?

Hacía tanto tiempo que no programaba por mi cuenta que había olvidado cómo funcionaba el proceso interno de Facebook. Mi ingeniero me dio un repaso rápido y se dirigió hacia la puerta sin decir una palabra más. Maldita sea. Realmente, era un terrible gerente de producto. Pero ahora no era el momento de pensar en ello. Eran las dos y media de la madrugada. Era la única persona que quedaba en la sede, la única persona que quedaba para poner la aplicación en manos de Apple a tiempo. Los chicos habían acabado con el *sushi* antes de que alcanzara a comer algo. Ahora tenía tanta hambre que no podía pensar con claridad. ¿Cuál había dicho mi ingeniero que era el penúltimo paso crucial antes de enviar la aplicación? Lo había olvidado por completo. Después de buscar tontamente en la página interna de soporte de ingeniería de Facebook durante veinte minutos, me di cuenta de algo: "¡Ajá, la oficina de Facebook en Londres está empezando su día de trabajo!".

Abrí Messenger y les escribí a todos los ingenieros que pude encontrar en el directorio de la oficina de Londres:

¿Hay alguien ahí?
Estoy intentando enviar mi aplicación y no tengo ni
    idea de lo que estoy haciendo.
¡Necesito que alguien me guíe!

A las cuatro y treinta y cinco de la mañana, con el apoyo vía chat de un desconocido ingeniero londinense de otro equipo, finalmente, estaba listo para presionar el botón de enviar. Con un cansancio al punto del delirio, toqué el botón y me recosté en mi silla, esperando la confirmación automática de Apple. Pero algo no andaba bien. Lifestage todavía estaba en mi bandeja de salida. Escribí a Londres:

¡No se envió!
??????????!

Después de una eternidad, respondió:

Ten paciencia. Los servidores pueden haberse caído.
Vuelve a intentarlo en un rato.

Necesitaba arrojar algo. Necesitaba gritar. Necesitaba correr al baño y golpear una puerta de metal solo para sentir algo peor que la total frustración desesperada que me estaba embargando en ese momento. Pero eso habría requerido una energía que ya no tenía.

OK, gracias, hermano.

Mis párpados se cerraban, así que me pellizqué el brazo para mantenerme despierto.
—¡No te atrevas! —me grité a mí mismo.
Pero mis ojos, simplemente, no podían mantenerse…

—

Me desperté sobresaltado. ¡Había pasado una hora! ¡El sol estaba saliendo! Solo quedaban dos horas y media hasta la hora límite. Hice girar mi silla tres veces y luego comencé a seguir todos los pasos de nuevo. A las siete y media, cuando solo me quedaban treinta minutos, volví a presionar el botón de enviar. Mientras esperaba la confirmación, la gente empezó a entrar en la oficina llena de energía, con batidos, café con leche, *muffins* de avena y yogures, como cualquier otra mañana.

Cuando pareció que el envío se había completado, caminé torpemente, al estilo de un zombi de la serie *Walking Dead*, hacia una sala de reuniones y me arrastré hasta un asiento estrecho.

—Cinco segundos nada más —murmuré, cerrando los ojos.

Afuera de la sala de reuniones, el día transcurrió como de costumbre. Pasaron las horas mientras yo permanecía acurrucado en el estrecho asiento, ya no como un muerto viviente, sino muerto a secas.

—Oye, Michael, despierta. —Mi gerente me estaba sacudiendo—. ¿Estás bien?

—La envié, la envié —masculle en el hueco de mi brazo y luego levanté la cabeza—. ¿Todo salió bien? ¿Se rompió algo?

Mi gerente me miraba con expresión alarmada.

—¿Enviaste la aplicación? Dudo que algo se haya roto. Probablemente todo salió bien. Deberías ir a casa y dormir.

—¿Qué hora es? —dije frotándome los ojos.

—La una y media.

¡La reunión de relaciones públicas de Lifestage! Me puse de pie y corrí por los pasillos, esquivando a mis compañeros de trabajo que iban con la cabeza metida en sus teléfonos. Tomé la computadora de mi escritorio y corrí de regreso por el pasillo, alisándome el pelo y metiéndome la camisa por dentro en el camino. Frené de golpe fuera de la sala donde el equipo de Comunicaciones me había estado esperando durante diez minutos.

—Hola, Michael —dijo el director de *marketing*. Estaban verificando las cosas para asegurarse de que, en términos de cobertura de prensa, todo estuviera bien pensado y encaminado según lo que se había planificado. Para que Lifestage tuviera éxito, necesitábamos promoverla al máximo y, por primera vez, el equipo de Comunicaciones parecía feliz de permitirme conversar con los medios.

El director de *marketing* estaba sonriendo, lo que solo podía significar que se estaba riendo de mí por dentro. ¿Era obvio que me había quedado despierto toda la noche y dormido todo el día en un asiento diminuto y no me había duchado desde… desde… ¿*Cuándo* había sido la última vez que me había duchado? Traté de lucir normal y tranquilo. Realmente, necesitaba que todo saliera bien.

—¿Estás bien, Michael? Pareces un poco cansado —dijo el director de *marketing*.

—¡Sí, estoy muy bien! —Estaba tratando de hablar sin mostrar los dientes, en caso de que mis aparatos de ortodoncia estuvieran sucios—. Es solo que llevo aquí desde, este…, ¿qué día fue ayer?

Una sombra de *marketing* recién contratada —una gerente de *marketing* de nivel inicial— sacó su teléfono.

—¿Deberíamos reprogramar la reunión?

—Sí —dijo el director de *marketing*—. Esto no es urgente. Una vez que se apruebe la aplicación, nos tomará una semana probarla y luego de eso podremos lanzarla.

—¡No! —dije.

Sonó más como un ladrido, pues mi garganta estaba muy seca. Alguien me pasó una botella de agua y todos los ojos en la habitación me observaron bebérmela de un solo trago. Luego, puse la botella a un lado y cambié a piloto automático, el truco que había aprendido en mis viajes de la preparatoria a Perú y Bolivia. Siempre me había funcionado bien cuando tenía que hablar en estado de *jet lag* ante cientos de personas, recién bajado de un avión. El Michael en piloto automático no dejó que la falta de sueño o unos aparatos pegajosos se interpusieran en su camino. Sonrió y se paró firme con los hombros hacia atrás. El Michael en piloto automático le explicó al director de *marketing* y a toda la sala por qué era esencial desplegar el comunicado de prensa de Lifestage incluso antes de que Apple aprobara la aplicación. Porque era cien por ciento seguro que fuera absolutamente aprobada y porque, una vez que lo fuera, quedaría apenas un solo día para que yo pudiera hablar con los reporteros como un chico de diecinueve años.

Cuando el Michael en piloto automático terminó de explicar todo esto, le agradeció al equipo de Comunicaciones por acomodarse a estas fechas (a pesar de que no habían dado ninguna indicación de que lo harían) y salió de la sala.

Quince minutos más tarde, salí tambaleándome del servicio de transporte justo frente a mi apartamento, subí a mi hermosa habitación de techos altos con una vista de los suburbios de Redwood City, en Silicon Valley, y del restaurante de hamburguesas In-N-Out al otro lado de la calle, en Veterans Boulevard, y me desplomé en la cama completamente vestido, con una sensación de alivio recorriendo mi cuerpo. Lo había logrado. Había terminado y enviado la aplicación.

Capítulo 20

Casualidad fortuita

SEIS MESES DESPUÉS, CAMINO al trabajo en el servicio de transporte, iba tumbado en mi cómodo asiento, escuchando a la cantante cubana Celia Cruz en mis grandes auriculares con orejeras, los que usaba cuando quería alejarme del mundo. Estaba preparando un memo para Zuckerberg.

Una vez más, él había tenido la razón; sus instintos eran más agudos que los míos. El experimento Lifestage, ahora, siete meses después de su lanzamiento original, no se había convertido en el próximo Facebook. Con el lanzamiento de la aplicación experimental, el equipo de Comunicaciones y yo habíamos acordado seguir una estrategia de "esperar a ver qué pasa", permitiéndole encontrar el éxito (o no) de manera orgánica para que pudiéramos recopilar los datos más útiles de su lanzamiento y uso. Así que hicimos solo un puñado de entrevistas para el lanzamiento, que no fueron suficientes para contrarrestar algunos de los artículos negativos. El de *Business Insider* todavía estaba grabado en mi mente: "Después de probar la aplicación, me quedé confundido sobre por qué alguien querría usarla. Otras redes sociales (particularmente Snapchat) ya hacen lo mismo que Lifestage y mucho más".

Viéndolo desde el lado positivo, todos sabíamos que las posibilidades de que Lifestage fuera el próximo Facebook eran escasas. Así es como funciona el mundo de la tecnología: tienes que correr riesgos.

Juntos, habíamos decidido retirar el producto en un período de seis meses. Mientras tanto, mi gerente lo había dejado claro: debíamos tomar lo que habíamos aprendido de Lifestage y aplicarlo a otros proyectos y productos dentro de la empresa. Tenía que aceptar la idea de que, de vez en cuando, tendría fracasos. No todos los proyectos en los que trabajara cambiarían el mundo, pero eso no me impidió sentirme como un fracasado. Afortunadamente, Historias acabó teniendo un éxito incluso más allá de mis propias expectativas. En ocho meses, nuestro lanzamiento de las Historias de Instagram superó el número de usuarios de Snapchat y, en 2018, ya tenía más del doble de usuarios que esa aplicación. Hoy en día, más de medio billón de personas usan las Historias de Instagram todos los días.

Historias de IG se lanzó antes de que Snapchat comenzara a cotizar en la Bolsa de Valores, pero cuando lo hizo, en marzo de 2017, había perdido el cincuenta y seis por ciento de su valor. Se informó ampliamente en los medios tecnológicos que eso había sido un resultado directo de las Historias. Muchos usuarios de Facebook se sintieron bastante orgullosos con eso. Pero yo pensé que deberíamos estar agradecidos por lo que Snapchat nos había enseñado: que no éramos la fuente de toda la creatividad e innovación ni teníamos que serlo. En lugar de dejar que el orgullo me nublara la vista, me recordé a mí mismo respetar a Snapchat por lo que habían construido y las lecciones que nos habían dado. La lección que aprendí de todo esto fue que nunca está de más entrar en un nuevo proyecto con la expectativa de que otros, probablemente, sepan algo que tú desconoces y con el objetivo de averiguar exactamente lo que es.

—

Ahora continuaba trabajando en el Estado de WhatsApp y las Historias de Instagram, y también había comenzado a ayudar con la interfaz de usuario de navegación de la aplicación principal de Facebook. Me abroché el cinturón e hice el trabajo desde las diez de la mañana hasta las seis de la tarde todos los días. Luego, volvía a casa cada noche para trabajar en mis propias aplicaciones, que todavía estaba creando paralelamente. Para ese entonces, había creado treinta y cuatro aplicaciones y lanzado treinta y una; muchas de ellas, similares a 4 Snaps. Una se llamaba Show & Tell, un juego en línea de mímica en formato de video, basado en turnos. Otra de ellas, Gameshow, funcionaba como Instagram, excepto que sus usuarios publicaban fotos para insinuar una palabra específica.

En cualquier caso, sentía nostalgia por Miami, por eso estaba escuchando a Celia Cruz ese día en el transporte del trabajo. Su música siempre me recordaba a mi hogar y estaba completamente sumido en "Ríe y llora" cuando Kevin, el desarrollador sénior que me había apoyado desde mis días como pasante y que a veces practicaba su mandarín conmigo, subió al autobús. Kevin siempre hacía un esfuerzo por hablar conmigo cada vez que nos cruzábamos, lo que generalmente yo apreciaba. Era agradable hablar de vez en cuando con alguien que no estaba en mi equipo y era muy divertido aprender lentamente un tercer idioma en mi tiempo libre. Pero en aquel momento, no me sentía receptivo en absoluto, así que me hundí más en mi asiento y tiré de la capucha de mi sudadera para cubrirme los ojos, deseando que pasara de largo junto a mí y mi nube de energía tóxica.

Era mucho que pedir.

—¡Hey, Michael! —Kevin se sentó en el asiento del pasillo y sutilmente me dio los cinco—. ¿Qué hay, niño prodigio?

Aparté uno de los auriculares y lo miré, confundido. ¿Se estaba burlando de mí? ¿Acaso todos en la empresa habían estado siguiendo el fracaso épico de Lifestage?

—Ja, ja —dije nerviosamente.

Kevin parecía confundido.

—¿Ocurre algo?

Sacudí la cabeza, acercando el auricular a mi oreja.

—Solo estoy pensando.

Kevin asintió, pero mantuvo el contacto visual: como si hubiera captado la indirecta, pero hubiera decidido ignorarla.

—Estoy muy contento de verte. ¡Quería felicitarte desde hace rato!

—¿Por…?

—Hiciste un gran trabajo preparando las "Teen Talks". La gente ha estado preguntando cuándo es la próxima charla. También escuché que ahora hay como quinientas personas trabajando contigo en la interacción con el mercado adolescente. Cuando empezaste, ¿cuántas personas había? ¿Tres? ¡Eso es increíble!

Cuando el autobús pasó el gigantesco letrero azul con el pulgar hacia arriba en la entrada del campus y giró hacia Hacker Way, Kevin se puso en pie de un salto, mucho más ansioso que yo por dejar el herméticamente cerrado autobús y comenzar el día. Balanceando su bolso de gimnasio sobre el hombro, agregó:

—En serio, Michael. Tu perspectiva ha sido *muy* valiosa aquí. Nos has ayudado a comprender lo que *todos* quieren. Ahora escucho a muchos gerentes de producto usar tu terminología: *sesgo nostálgico, conglomerado de aplicaciones, sistemas versus espacios*. Has redefinido los flujos de trabajo en Facebook. Espero que lo sepas.

Mientras caminaba por la lluviosa Main Street, más allá de la valla publicitaria digital a escala del Times Square que actualmente mostraba el mensaje ¡FELIZ MARTES DE TACO!, algo se abrió en mi mente. Lifestage no había logrado causar sensación y mi estilo de comunicación todavía molestaba a mucha gente, pero nadie podía decir que no había alterado la hoja de ruta de la empresa. ¿Había acabado mi trabajo allí? Quizá lo que necesitaba no era un proyecto diferente, sino un lugar diferente donde pudiera desafiar un poco más mi perspectiva y donde se necesitara mi visión veinteañera del mundo. Pero ¿dónde?

Mi reloj vibraba con un recordatorio de una reunión a las diez en punto. Me escabullí hacia un área de descanso decorada con paredes como las de una cabaña de troncos y muñecos cabezones, me dejé caer en una silla mariposa de color naranja y empecé a revisar mis mensajes antiguos, buscando el orden del día. "Nada, nada, nada, mierda, nada". Estaba a punto de rendirme y entrar a ciegas a la reunión cuando otro mensaje no leído, de algunas semanas atrás, llamó mi atención.

De: Jacob

Michael, tengo un equipo que trabaja en realidad virtual en Google. Podríamos usar tu perspectiva.

¿Te interesa unirte a nosotros? Si es así, ¡contáctanos!

Me quedé mirando la burbuja de texto azul. "Podríamos usar tu perspectiva". Hummm.

Había visto a Jacob solo una vez, un año atrás, cuando lo estaban entrevistando para un puesto de director en Facebook. El director de contratación, aparentemente, había querido la opinión del adolescente simbólico sobre Jacob y me pidió que tuviera una reunión rápida con él. Realmente, nos caímos bien y acabamos conversando durante tanto tiempo que llegó media hora tarde a su siguiente entrevista. Me reprendieron por haberlo acaparado, pero creo que le ofrecieron el trabajo. Sin embargo, aparentemente, se había decidido por Google.

Ni siquiera había visto el mensaje de Jacob hasta ese momento, lo cual era extraño, porque yo siempre estaba en Messenger. ¿Lo había pasado por alto a propósito? Incluso en mis peores momentos en Facebook, nunca había considerado seriamente dejar la empresa. Por lo menos, no de manera voluntaria. Facebook era *todo* lo que yo conocía.

"Podríamos usar tu perspectiva". Era tan raro haberme topado con aquel mensaje solo unos minutos después de que Kevin hablara sobre mi "valiosa" perspectiva. Demasiado raro como para ignorarlo, ¿verdad? Algunas personas dirían que parecía una señal, pero, incluso si lo intentara, yo no podría ser menos supersticioso.

Nadie es más supersticioso que mi mamá. Cada fin de año cuando yo era pequeño, teníamos que vestirnos de amarillo; correr alrededor de la cuadra con una maleta vacía; y, a las once y cincuenta y nueve, engullir doce uvas seguidas lo más rápido posible. Mi mamá decía que no hacer todas estas cosas resultaría en un Año Nuevo desastroso. Hacía lo que ella me decía, pero nunca me lo creí. No heredé ni una pizca de la naturaleza supersticiosa de mi mamá.

Pero por otra parte, soy fan de la serendipia. No hay nada mejor que descubrir exactamente lo que necesitas —tal vez incluso algo mejor— en el momento adecuado de la vida. Algunas personas piensan que la serendipia es lo mismo que la suerte o la coincidencia, pero es mejor porque, en realidad, puedes atraerla hacia ti de manera proactiva. Si conoces a tantas personas nuevas, escuchas tantas ideas y exploras tantas oportunidades nuevas como sea posible en la vida, la serendipia te encontrará.

Mientras corría a mi reunión, le escribí rápidamente a Jacob: "¿Todavía estás interesado en hablar sobre ese puesto?".

—

Las cosas pasaron rápido. Tres días después, sentado afuera del Starbucks que estaba cerca de Facebook, me ajustaba los auriculares para recibir la llamada de un reclutador de Google. Esta era una entrevista de "filtro". Si la llamada de cuarenta y cinco minutos salía bien, habría siete entrevistas más una semana después: *todas en el mismo día*. Si fracasaba en la llamada de filtro, asumí, estaría fuera de la carrera. "Lástima que seas pésimo en el teléfono", dijo la voz malévola en mi cabeza, justo cuando la llamada iluminó mi pantalla.

La reclutadora se lanzó de lleno y me preguntó sobre productos y problemas hipotéticos, y cómo mejoraría los indicadores de ciertas aplicaciones. Respondí con tanta autoridad como pude y subrayé cómo mi experiencia en la creación de aplicaciones se traduciría en beneficios para Google. Le conté acerca del papel que había desempeñado en la estrategia de interacción con el mercado adolescente en Facebook; describí cómo, a los doce años, había llevado mis aplicaciones hasta la cima de las listas de la App Store; y ofrecí algunas ideas originales (según *yo*) para mejorar la presencia de Google en las redes sociales.

Estaba seguro de que estaba demostrando que la voz malévola estaba equivocada, que estaba arrasando en la entrevista, hasta que la reclutadora me agradeció abruptamente y dijo que estaría en contacto. Colgué, un poco aturdido, y recogí mis cosas. La llamada no podía haber sido de cuarenta y cinco minutos: ¡se sintió tan corta! Tenía mucho más que decir.

A pesar de la despedida rápida de la reclutadora, no pude evitar hacerme ilusiones sobre el cambio a Google. ¿Cómo no iba a hacerlo? Google era la razón por la que había llegado a donde estaba. Si quería el trabajo, necesitaba ser proactivo, salir de los canales habituales, seguir plantando semillas.

Mientras esperaba recibir noticias de la reclutadora, contacté a Jacob y le pregunté si me podía poner en contacto con tres miembros del equipo de Realidad Virtual de Google. Durante la siguiente semana, invité a almorzar a dos de esos contactos y luego —aunque todavía no había escuchado ninguna noticia—, seguí adelante y programé almuerzos con *sus* contactos.

A continuación, necesitaba demostrar por qué sería un recurso valioso para el equipo de Realidad Virtual con el que estaba solicitando trabajar. Sabía muy poco acerca de la realidad virtual (simulaciones 3D generadas por computadora en las que las personas "ingresan" e interactúan con el uso de equipos especiales) o la realidad aumentada (tecnología que superpone imágenes generadas por computadora en la visión del mundo real del usuario), por lo que lo más valioso que yo podía ofrecer por ahora era mi perspectiva única sobre lo que estas tecnologías podrían significar para mi generación.

Hasta que no llegara (me dije a mí mismo que no sería "a menos que") al siguiente nivel de entrevistas en Google, no podría compartir esa perspectiva en persona. Pero podía hacerlo por escrito. Abrí Facebook y comencé a escribir algunas predicciones sobre cómo la generación Z usaría la realidad aumentada y la realidad virtual en el futuro. La nota era breve y al grano, contradiciendo una afirmación común de que estas tecnologías emergentes podrían ser antídotos para la adicción de la humanidad a los teléfonos inteligentes. A diferencia de muchos de mis colegas mayores en el sector de la tecnología, yo no creía que la realidad virtual nos haría correr de un lado al otro reviviendo nuestro "yo infantil" al permitirnos jugar con palos virtuales en una naturaleza virtual. Yo llamaba a esta noción *sesgo nostálgico* y les advertí a los diseñadores que, al construir mundos de realidad virtual que fueran repeticiones del mundo pretecnológico, estarían ignorando precisamente a la generación para la que los estaban construyendo —la mía—, que jamás había jugado con palos en primera instancia. Obvio, jugábamos con teléfonos. ¿Por qué querríamos deshacernos de ellos en la realidad virtual? Y no creía que las gafas de realidad aumentada inspiraran a mi generación a deshacerse de sus teléfonos inteligentes. Dije que la generación Z era la primera que nunca había vivido sin teléfonos inteligentes y no queríamos hacerlo nunca. Por el contrario, los sujetos típicos de esta generación, probablemente, adoptarían la realidad virtual y la realidad aumentada como excusas para rodearse de cien pantallas diminutas, todas a la vez. Queríamos más Internet y menos mundo real.

Cuando dije todo lo que se me ocurrió, les envié el artículo a todos los contactos de Google que había conocido a través de las reuniones de *networking*. Ahora podía dormir por la noche, sabiendo que había hecho todo lo posible desde donde estaba para conseguir el trabajo.

El artículo obtuvo una respuesta inmediata de las personas del equipo de Realidad Virtual de Google, que parecían encontrarlo interesante, aunque alarmante. Esto era algo positivo. Aunque ya no era un adolescente, todavía era por lo menos ocho años más joven que la persona más joven de ese equipo y, con suerte, acababa de presentar un buen argumento de por qué eso podría ser una ventaja. Me sentía optimista.

Y entonces llegó: un correo de otro reclutador de Google. Con el corazón apretado, hice clic… Un momento. ¿Qué? Era una carta de rechazo. Decía que "actualmente no había un puesto" para mí en la empresa. Que yo "encajaba bien en la cultura", pero ellos "querían ver más en términos de información estratégica y de producto". Quizá más adelante, bla, bla, gracias, adiós.

No, no, no. ¡No podía ser!

Suponiendo que no quedaba nada que perder, envié de inmediato una respuesta cortésmente mordaz:

Es bastante interesante. No esperaba que una llamada telefónica de treinta minutos fuera suficiente para Google, especialmente teniendo en cuenta el puesto y el equipo en consideración.

Bueno, espero que volvamos a charlar pronto.

¡Gracias de nuevo!

Michael

Pasaron unos días. Perdí la esperanza. Eso había sido todo, al menos por el momento. Entonces, cuando estaba abordando un vuelo a Bogotá, Colombia (aprovechando algunos días de vacaciones pagadas para dar una conferencia y superar mi decepción), un mensaje de la reclutadora de Google apareció en mi pantalla. Lo sentía mucho. No se había dado cuenta de que mi entrevista había sido más breve que los cuarenta y cinco minutos asignados. Le gustaría corregir este error en el protocolo. ¿Deseaba yo programar una nueva llamada?

Antes de que me hubiera abrochado el cinturón de seguridad, habíamos programado una nueva llamada de filtro. No queriendo esperar, tomé la primera cita disponible, que era el último día de mi viaje. Tendría el tiempo justo para hacer la entrevista desde la habitación del hotel antes de mi vuelo.

Capítulo 21

Ambición rubia

A LA MAÑANA SIGUIENTE de mi regreso de Colombia, me estaba preparando para trabajar. Estaba abriendo mi bolso para encontrar mi camisa favorita cuando me di cuenta de algo: había olvidado la entrevista reprogramada de Google.

"Idiota", dijo la voz malévola. "Esa era tu última oportunidad". Sin embargo, no podía ser eso. Nadie me había llamado. Tomé mi teléfono para comprobar si el entrevistador había llamado. Parecía que no lo había hecho. ¿Habíamos quedado en que yo llamaría? No podía recordarlo. Mierda. Me puse la camisa y salí corriendo por la puerta. Enviaría una disculpa. ¿Qué iba a decir? Todavía estaba devanándome la cabeza buscando las palabras adecuadas una hora más tarde cuando la reclutadora me envió a *mí* una disculpa. ¡El entrevistador se había olvidado de llamar! Presioné responder y escribí: "No se preocupen, ¡yo también me olvidé de la llamada!".

Con el pulgar sobre el ícono de enviar, observé fijamente lo que había escrito y fruncí el ceño. La mayoría de las personas exitosas que había conocido en Silicon Valley hablaban menos que yo, guardándose sus cartas bajo la manga. Empecé de nuevo: "Déjame saber qué podemos hacer al respecto. Gracias".

—

Adam Levine se había teñido el pelo de color rubio, casi blanco. Estaba viendo *The Voice* bajo demanda, tratando de no revisar el teléfono en busca de una respuesta de la reclutadora.

—Es muy raro —le dije a Amy, mi compañera de apartamento.

—¿Qué es raro? —respondió ella.

—El pelo de Adam. Es un estilo demasiado joven para él —dije—. ¿No tiene como cuarenta años?

Amy levantó la vista de su *laptop* y miró la pantalla del televisor, donde Levine estaba de rodillas, rogándole a un joven cantante de *country* pop que se uniera a su equipo.

—No se le ve mal —dijo Amy—. Pero a ti se te vería mejor.

Llegó el sábado y todavía no había una respuesta. Fui a CVS y elegí dos cajas de tinte para el pelo con un enfurruñado modelo de pelo rubio platinado en la caja. Sabía lo que tramaba, era consciente de que estaba actuando de manera impulsiva solo para distraerme del nerviosismo incómodo con respecto al trabajo. Pero eso no me detuvo. Antes de que pudiera cambiar de opinión, corrí de regreso a mi apartamento, me encerré en el baño y me puse a trabajar. Si me equivocaba, ¿cuán malo podría ser? Me vería joven y tonto. ¿Y qué? ¡Eso era algo bueno! Mejor hacerlo cuando era joven que cuando tuviera cuarenta y tantos como Adam Levine.

Me unté el pelo con la primera caja y miré el espejo a la expectativa. Lentamente al principio, luego más rápido, mi pelo, bajo la pasta blanca, se decoloró a un marrón más claro y luego a un amarillo anaranjado. ¡Estaba funcionando!

Siguiente parada: ¡platino! Pero no hubo una siguiente parada. No se puso más claro. Abrí la segunda caja, unté un poco más de tinte y esperé. Lo mismo: mi pelo no se volvió más claro, solo más y más naranja. Entrando en pánico, salté a la ducha. Amy había dejado media botella de champú morado que afirmaba hacer reflejos "atrevidos, no ordinarios". Lo vertí sobre mi cabeza y enjuagué y repetí hasta vaciar la botella.

Cuando me sequé con la toalla y me miré al espejo, no me parecía para nada al tipo de la caja. En su lugar, un payaso loco con cabeza de neón me devolvió la mirada.

Necesitaba ayuda profesional.

YO: [*Entrando en una peluquería, con un gorro de esquí tejido*] Hola, tengo una cita.

RECEPCIONISTA DEL SALÓN: ¿Eres el chico que se pintó el pelo de color naranja?

YO: Me temo que sí.

RECEPCIONISTA DEL SALÓN: Me di cuenta por el gorro. Sígueme. [*Me lleva a una silla*] Esta es Bethany, tu estilista. Ella se encargará de ti.

BETHANY: Hola, Michael. ¿Puedes quitarte el gorro?

YO: [*Congelado por el terror*] No puedo.

BETHANY: No pasa nada, cariño, lo he visto todo. [*Me quita el gorro y deja escapar una exclamación*]

YO: [*Abalanzándome a responder una llamada entrante de Google mientras me cubro la cabeza con la mano a la defensiva*] ¿Hola?

RECLUTADORA DE GOOGLE: ¿Michael Sayman?

BETHANY: Guau. Okey. Guau. Esto va a tomar un buen rato.

YO: [*Gritando por encima del ruido de las secadoras de pelo*] Está hablando con él…, con él…, ¡conmigo!

RECLUTADORA DE GOOGLE: Hola, Michael. ¿Te estoy
    llamando en un mal momento?
YO: [*Encorvado en la silla para evitar la mirada impaciente
    de Bethany en el espejo*] ¡Es un momento perfecto!
RECLUTADORA DE GOOGLE: Hice algunas llamadas y
    podemos saltarnos la entrevista por teléfono
    y pasar directamente a hacerla en persona. Si
    todavía estás interesado, claro.

Mi pelo era blanco. No rubio. Ni siquiera platino. Blanco
como la nieve. Parecía una persona completamente diferente. Me *sentía* como una persona completamente diferente o, posiblemente, como un elfo alto. No era un estilo
que hubiera elegido intencionalmente dos días antes de
una entrevista corporativa que iba a durar un día entero.
Pero pensé que, definitivamente, era un estilo apropiado
para las nuevas selfis de Tinder que me estaba tomando en
el balcón de mi habitación al atardecer.

Había pasado más o menos un mes desde la última vez
que había usado Tinder. Ahora, minutos después de publicar las nuevas fotos, había hecho *match* con media docena
de perfiles. "Interesante", pensé. "Eso es más de lo habitual.
Oh, mira, esta incluso me envió un guiño". Todas eran
bonitas. Una era incluso parte peruana y tenía un brillante pelo oscuro y una sonrisa radiante. ¿Qué chico no querría salir con ella? Aparentemente, yo. Izquierda, izquierda,
izquierda, izquierda, izquierda, izquierda… Las ignoré a
todas sin siquiera detenerme a leer sus perfiles.

Mientras tanto, mi hermana estaba bombardeando mi
Snapchat.

Michael, ¿¿¿qué hiciste???
¡Te pareces a Adam Levine!

¿Cuándo hiciste eso?
¿¿¿¿¿¿¿Por qué???????
¡Todos mis amigos me están preguntando si eres gay
    y yo te estoy defendiendo!
Porque no lo eres…
¿Verdad?

Había olvidado que, en Miami, teñirse el pelo no era considerado moderno como en California, sino algo gay. Le respondí:

¡Sí, claro!
Solo estoy bromeando.
Definitivamente, no.

A la mañana siguiente me desperté con un pensamiento extraño: "¿Y si lo soy?". Lo hice a un lado y fui a trabajar.

Unos días después, luego de cenar con Amy comida para llevar, fui a mi habitación, me arrojé sobre la cama destendida y volví a abrir Tinder. Solo por curiosidad, entré a la configuración y activé "Buscando: hombres". Dejé "Buscando: mujeres" activado igualmente, porque, por supuesto, lo hacía. Solo quería ver cómo se veían los perfiles de otros chicos. Para comparar. Siempre era bueno estudiar la competencia, ¿verdad? Y solo porque estos eran chicos que buscaban hacer *match* con otros chicos, no significaba que no estuvieran mirando a las chicas también, como lo estaba haciendo yo. ¿Verdad?

La "competencia" en realidad se veía bien.

"Déjame deslizar el dedo hacia la derecha en algunos de ellos", pensé. "Nada más por fastidiar un poco". Deslicé a la derecha en los que se veían como a mí me hubiera gustado verme, la competencia principal. No consideré la posibilidad de que pudiera sentirme atraído por esos chicos. Solo estaba celoso de ellos, como en la preparatoria, cuando veía a un chico inusualmente atractivo y pensaba: "Si tan solo me viera como él, mi vida sería mucho mejor". Por alguna razón, mirarlos me estaba provocando una sensación extraña que nunca había tenido en la preparatoria y tampoco al mirar los perfiles de chicas bonitas. Y, sin embargo, cuando se trataba de mirar los perfiles de chicos, estaba mucho menos interesado en sus biografías que en las de las chicas.

Además, a diferencia de las mujeres, los hombres que deslicé hacia la derecha respondieron casi instantáneamente. Animado por los comentarios positivos, seguí deslizando el dedo y, en unas pocas horas, había hecho *match* con cientos de chicos. Era muy estimulante. Adictivo. No hablé con ninguno de ellos, por supuesto. Eso habría sido engañoso, ya que solo quería *salir* con chicas.

Durante los siguientes días, continué haciendo *match* con más y más chicos y, con el tiempo, empecé a hablar con algunos de ellos. Luego, llegó un momento en el que me di cuenta de que, en realidad, estaba flirteando. Y era divertido. "Oye, me encanta también tu pelo. ¿Como va tu día?". Pero cada vez que un chico sugería vernos, yo entraba en pánico y dejaba de hablarle. "No se supone que debería estar haciendo esto", me decía. Y después: "¿Me puedes decir de nuevo por qué no?". Y entonces: "¿Me afectaría mucho salir con uno de ellos?". Y luego: "¿Estás loco, Michael?". Mi mente pasaba rápidamente a todas esas viejas conversaciones familiares alrededor de la mesa: mi mamá hablando efusivamente de sus futuros nietos o contando cómo su padre hubiera preferido morirse antes que tener un hijo gay…

Yo no podía ser gay.

De todos modos, comencé a sentir un gran pánico ante la posibilidad de que pudiera serlo. Aquel fantasma se cernía sobre mí como una amenaza. "Cálmate", me decía a mí mismo. "No es nada del otro mundo si lo eres. No es una enfermedad mortal". Pero ser gay, me parecía, sería un enorme inconveniente. ¿Cómo podría tener una familia?

Por otro lado, había un chico, Brad, 24, que me había estado enviando mensajes y quería conocerme. Se veía bastante guapo en sus fotos. No podía dejar de entrar a su perfil para mirarlo. ¿Me debía a mí mismo investigar un poco este asunto de ser gay?

Por "investigar", me refería a empezar por buscarlo en Google, por supuesto. Google nunca me había fallado. Así que ahora buscaba en Google: "¿Pueden las personas homosexuales adoptar legalmente?" y "¿Qué estados permiten el matrimonio gay?" y "¿Qué hace una donante de óvulos?". Estas no son cosas sobre las que te hablan en la escuela católica, por lo que fue una grata sorpresa descubrir que, aparentemente, había habido avances desde que mi mamá había obtenido su información.

Capítulo 22

El día de las siete entrevistas

CUANDO LLEGÓ EL DÍA de mi importante entrevista en Google, hice una breve aparición en Facebook y luego viajé en un Uber diez millas hacia el sur hasta el Googleplex, en Mountain View, ya que me había tomado el día libre para mis entrevistas.

Maldita sea, estaba nervioso. Pero al menos, gracias a las múltiples salidas para tomar café con algunos miembros del equipo de Realidad Virtual de Google, no tenía el estrés adicional de sentirme como si estuviera aterrizando en un país extranjero. Cuatro o cinco de esas reuniones habían sido en Google, así que ya estaba familiarizado con el colorido campus retrofuturista y sabía exactamente adónde ir cuando salí de mi Uber a las puertas de la ciudad de Google.

Después de registrarme con seguridad y obtener mi pase de visitante sujetado con un clip, me abrí camino a través de un mar de bicicletas y autobuses de Google para llegar a una luminosa sala de espera de tamaño industrial decorada con murales de robots y naves espaciales que habían sido pintados al estilo de un libro infantil ilustrado. Tomando asiento en un sillón de color rosado intenso, repasé el consejo de Andrew de que el recurso más valioso es la autopercepción. "Nadie es perfecto", me había dicho esa mañana por teléfono. "Nadie es genial en todo; todos somos estúpidos para un montón de cosas y eso está bien. Solo tienes que admitir lo que sabes y lo que no".

Enseguida, un tipo de treinta y tantos años con una camisa de leñador a cuadros y pantalones chinos planchados me guio por un laberinto de pasillos y me explicó lo que me esperaba:

—La forma en que esto funciona es que vas a pasar por siete entrevistas con varios grupos de empleados de Google, no necesariamente personas con las que vas a trabajar. Nos gusta tener una amplia variedad de comentarios. Todos nuestros empleados participan en las entrevistas.

Lo seguí, asintiendo y sonriendo, hasta una minicocina decorada con llamativas reproducciones de arte.

—Toma esta botella de agua —dijo mi anfitrión—. Te espera un largo proceso, la vas a necesitar.

El tipo me llevó a una pequeña sala de reuniones con una pantalla de televisión gigante que mostraba el logotipo de Google Hangouts y dijo:

—Van a aparecer en el chat en un momento.

Entonces nos quedamos solo yo y una cámara en mi cara, esperando. ¿Ya me estaban observando? Fingí mirar por la ventana pensativo. El televisor cobró vida y estaba frente a un chico asiático estadounidense sentado en otra sala. Lo repentino de su aparición me hizo reír, lo cual fue vergonzoso. Especialmente, porque quedó claro de inmediato que este tipo no estaba de humor para perder el tiempo. Fue directo al tema, hablándome de su trabajo como ingeniero para Gmail y YouTube, que son empresas de Google, por supuesto. Luego me preguntó qué era lo más importante que había aprendido en Facebook, y confié en el consejo de Andrew y dije la verdad:

—Aprendí que fui un mal gerente —le dije.

El ingeniero arqueó las cejas. Parecía sorprendido, pero no de forma desagradable.

—Ah, ¿sí? ¿Por qué crees que eso sucedió?

—Probablemente era demasiado joven —dije.

Sus ojos se posaron en mi currículum, probablemente buscando mis credenciales universitarias. Estaba a punto de corregir el rumbo y explicar que, aunque obviamente todavía era joven, había madurado y ahora tenía más experiencia, pero las palabras de Andrew, "Admite lo que sabes y lo que no", resonaron en mi cabeza. Tomé un rumbo diferente.

—En realidad, hubo muchas razones —dije.

Y durante los siguientes quince minutos las describí. Sabía que esto no era parte del reglamento de una entrevista. Lo más probable es que no fuera aconsejable pasar una entrevista entera hablando de las debilidades de uno. Pero al final, pareció funcionar a mi favor. El ingeniero compartió que él también había fallado como gerente y que estaba exponencialmente más feliz ahora que había encontrado el puesto adecuado en Google. Luego se desconectó, la pantalla se volvió negra y alguien estaba tocando la puerta detrás de mí.

Pasé la siguiente media hora caminando por el campus con un entusiasta gerente de producto con cuatro años de experiencia, discutiendo nuestros respectivos enfoques para manejar varios problemas de diseño e ingeniería que los equipos a menudo enfrentan.

—¿Cuál ha sido tu mayor desafío en cuestiones de producto en Facebook? —me preguntó el gerente de producto.

"Oh, no", pensé, "tengo la historia perfecta para esta pregunta, pero significará pasarme otra entrevista entera hablando de mis fracasos". Después de un momento de vacilación, le dije que Facebook era una empresa vieja que intentaba actuar joven, así que había lanzado "Teen Talks" para abordar cómo pensábamos y cómo nos acercábamos al mercado adolescente a un nivel más profundo.

—Hummm —dijo el animado gerente de producto cuando terminamos con nuestra media hora—. Eso fue muy valiente de tu parte.

Nunca lo había pensado de esa manera, pero tal vez cuestionar a Facebook por no estar al corriente había sido algo audaz.

Después de la entrevista a pie, comí tacos con un diseñador que quería saber acerca de mi historia antes de Facebook. En este punto, ya había superado mi nerviosismo y terminé recitando un monólogo de veinte minutos sobre cómo nunca había sido el mejor estudiante, así que aprendí a concentrar todas mis energías en los aspectos únicos en los que yo *era* el mejor. Dije que había un millón de estudiantes en el país compitiendo para sobresalir en las mismas cosas —desde las pruebas presidenciales de aptitud física hasta los exámenes SAT— y que hacía mucho tiempo que yo había decidido destacarme en mis propios proyectos.

Entre tragos de mi quinta botella de agua, en una sala de conferencias con sillas de color púrpura brillante, un hombre de unos cincuenta años —una especie de Bernie Sanders con un pelo blanco salvaje— me hizo una pregunta bastante extraña:

—¿Cuál será la solución para el problema de la realidad virtual dentro de veinte años?

—¿Qué problema es ese? —pregunté, inclinándome hacia adelante en mi silla.

—Obviamente —dijo el hombre—, el problema va a ser el mundo en sí mismo. ¿Cómo lo diseñarías mejor?

Me recosté en mi asiento, tomé otro sorbo de agua y recordé el artículo de Facebook que había publicado un par de semanas antes acerca de lo que yo llamaba sesgo nostálgico. Ahora estaba listo y en marcha.

—Es posible que algunas personas no estén de acuerdo conmigo —dije—, pero creo que el problema con la interfaz del mundo virtual de 2040 será que los diseñadores de mediana edad que la imaginaron ahora crearon una versión simplificada y diluida de la realidad. Quizá con el tiempo sea tan buena como el mundo real, pero, por ahora, el mundo real es infinitamente mejor. Estos diseñadores sentían nostalgia por el mundo en el que crecieron, donde no existían todos nuestros dispositivos. Pero no puedes retroceder el reloj. ¿Qué quiere la generación del iPhone, que creció conectándose con otras personas pasando de una pantalla a otra, del mundo virtual, donde pueden mirar a su alrededor, trescientos sesenta grados?

Bernie se inclinó hacia adelante en su silla.

—En lugar de un patio trasero para jugar, quieren trescientos sesenta grados de pantallas de iPhone con videos que se reproducen por todas partes. —Ahora movía las manos, emocionado—. ¡Más pantallas, más pestañas, más datos pequeños, más comunicación asincrónica!

—Santa madre de Dios —dijo Bernie, cayéndose para atrás en su silla—. Nunca he escuchado una respuesta como esa. Eso suena como… un infierno.

Me dejó unos minutos después, caminando con los hombros encorvados. Por su lenguaje corporal, pensé que, seguramente, había arruinado esa entrevista. Había logrado llegar hasta la quinta entrevista solo para sumir a mi entrevistador en una depresión existencial. Todo había terminado; seguramente, hasta ahí había llegado. Esperé a que alguien viniera y me escoltara fuera de allí, pero eso no sucedió.

En lugar de eso, una ingeniera tomó el asiento de Bernie y empezó a hablar acerca de algoritmos de compresión de video (de los que yo no sabía nada). En cuestión de minutos, comencé a vacilar. Estaba tratando de seguirle el ritmo, usando un lenguaje prestado de ingeniero que realmente no entendía, pero la frente de la ingeniera de video se estaba arrugando, tratando de seguir mi lógica irracional. Maldición. Había estado tan cerca. Y ahora me estaban desenmascarando como un fraude. Mi falta de una educación real en ciencias informáticas había regresado para atormentarme. Pero entonces… "Admite lo que sabes y lo que no sabes", me susurró al oído el fantasma de Andrew.

Me aclaré la garganta y le dije a la ingeniera de video:

—Si te parece bien, me gustaría investigar un poco y contactarte con algunas ideas mejores.

Aparentemente, estaba bien.

Lo siguiente que supe fue que estaba sentado junto a una gerente de *marketing* vestida de azul a la sombra de un árbol en un banco de color amarillo brillante, en medio de mi… *¡séptima entrevista de Google!*

¿De qué se trataba la entrevista? Estaba bastante delirante en este punto. ¿Era posible que estuviera soñando? Recuerdo vagamente haber ofrecido, con la voz ronca, algunas ideas poco entusiastas sobre cómo resolvería una disputa entre miembros de un equipo con éticas laborales divergentes. O podría haber sido acerca de teoría de juegos, realmente no sé.

Si bien no tenía una oferta de trabajo al final del día, sentí que había hecho todo lo posible por dar lo mejor de mí. Estaba agotado, aturdido y hambriento, pero estaba seguro de haber sido fiel a mí mismo, y me sentía orgulloso de eso.

Capítulo 23

La oferta de una vez en la vida

POCO DESPUÉS DEL DÍA de las Siete Entrevistas en Google, la reclutadora me llamó para extender una oferta informal de empleo. Durante mucho tiempo, había temido que Facebook me hubiera contratado solo porque era joven y la gente pensaba que eso era una buena historia o, está bien, tal vez les gustaba mi aplicación, pero no estaba realmente calificado para el trabajo. El voto de confianza de Google me permitió creer que tal vez *valía* algo. Había subido y subido, me había agotado, sentía que iba a caer y, justo antes de hacerlo, me arriesgué y di ese último gran salto al siguiente cohete. Cuando abrí los ojos, me di cuenta de que había aterrizado en una nueva cima, más alto de lo que nunca había estado antes. Si hubiera estado jugando un videojuego, habría alcanzado un nivel completamente nuevo.

Tomó varios meses de intercambiar llamadas para averiguar exactamente qué estaría haciendo en la empresa y cuánto me pagarían por ello. Mientras tanto, todavía tenía que ir todos los días a Facebook y hacer mi mejor esfuerzo. También seguí publicando notas diarias en la página de Facebook de la empresa. Todavía estaba obsesionado con cómo deberíamos hacer más para interactuar con el mercado adolescente.

Un día, después de haber publicado una nota sobre cuánto podían aprender las funciones de video en Facebook del creador de bucles de video en YouTube, mi celular se iluminó sobre la mesa. Era la reclutadora de Google.

Estaba llamando acerca de mi salario. Aquí había otra situación complicada en la que me había metido. Cuando la reclutadora me presentó por primera vez la oferta informal de Google, me había pedido que la contactara acerca del salario que yo deseaba. Andrew me había advertido que no lo hiciera, que permitiera que ellos me ofrecieran a *mí* una cifra y luego negociara una mayor. De esa manera, no me arriesgaría a subestimarme, pidiendo mucho menos de lo que ellos hubieran estado dispuestos a pagarme. Intenté seguir este consejo, pero la reclutadora me llamó y me presionó por la respuesta en un momento en el que estaba particularmente distraído: montado en una bicicleta a toda velocidad por el abarrotado campus de Facebook para llegar a una cita. Así que cedí, dejando escapar una cifra que era un minúsculo aumento de mi salario en Facebook.

Casi de inmediato, tuve la terrible sensación de que sí, me había subestimado tremendamente. (¿Cuándo aprendería a no ignorar los consejos de Andrew?).

—¿Recibiste los detalles salariales que te envié por correo electrónico el otro día? —me preguntaba ahora la reclutadora—. ¿Está todo bien?

Respondí con una autoridad que nunca antes había escuchado de mí mismo:

—Lo he reconsiderado —dije.

Varios segundos de silencio. Un crujido de papeles. Más silencio.

—Pero seguí el proceso con las cifras que tú me diste —dijo ella finalmente, claramente alterada.

—Lo sé —dije, pensando: "No te disculpes, no te disculpes, no te disculpes"—. Es solo que he hecho algunas diligencias y ahora creo que la oferta es demasiado baja.

¿Diligencia? ¿De dónde había sacado esa palabra? ¿Quién era este tipo que hablaba a través de mí? Me agradaba.

—Ya veo —dijo—. Está bien, bueno, si pudieras… Quiero que te emocione la idea de unirte a Google. Realmente te queremos aquí. Entonces, ¿cuál es la cifra que te entusiasmaría?

—Te lo haré saber —dije. El Michael campeón estaba a punto de colgar cuando el que complacía a la gente intervino y chilló—: ¡Muchísimas gracias! ¡Hablamos pronto! ¡Adiós!

En fin, igualmente era un buen comienzo.

La llamada me había atrasado para mi entrenamiento con Jasmine. Siempre llegaba tarde, a pesar de que mi hora con ella era la mejor parte de mi día. Nos habíamos hecho buenos amigos desde que ella me guiara a mi triunfo en las flexiones en barra y, actualmente, pasábamos tanto tiempo charlando como haciendo ejercicio.

—¿Cuál es tu excusa hoy, Mikey? —preguntó mientras yo corría, jadeando, para unirme a ella en el campo de fútbol.

El método de tortura más reciente de Jasmine era hacerme empujar de un lado a otro del campo una pesada máquina parecida a un trineo de empuje llamada Prowler. Agarré una y comencé a arrastrarla.

—Como siempre, lo siento —dije mientras varios tipos musculosos lanzaban gruñidos y nos rebasaban empujando sus *prowlers* a toda velocidad—. Recibí una llamada de la reclutadora de Google.

Jasmine frunció el ceño, mirando al equipo de *machos* y sus músculos abultados abrirse paso por el campo.

—De verdad que te voy a extrañar —dijo.

—Aún no es algo seguro. Todavía estamos discutiendo el salario.

—¿Todavía crees que te subestimaste? —dijo Jasmine y acto seguido—: ¡No, no te detengas! ¡Tú puedes!

—Definitivamente —resoplé.

—Hummm —dijo Jasmine, trotando en cámara lenta a mi lado mientras yo empujaba y avanzaba como un escarabajo estercolero anciano—. Oye, me pregunto qué pasaría si pidieras una gran cantidad de dinero. —Ahora estaba saltando de arriba abajo: Jasmine siempre estaba en movimiento—. Ja, ¿qué pasaría si les pidieras, digamos…, el doble de lo que ganas, solo para ver qué pasa?

Me detuve en seco, todavía agarrando el trineo de empuje, con la cabeza baja, el sudor goteando desde mi nariz a los dedos de los pies, y pensé en eso. Giré la cabeza para mirar arriba hacia Jazmín.

—¿Sabes qué? ¡Tienes razón! Espera, no, ¿por qué detenerme ahí? ¿Qué pasa si pido *más* del doble de mi salario actual?

Yo era una de las pocas personas en la industria que tenía tanto juventud como años de experiencia en la creación de aplicaciones. Después de todo, había creado treinta y cuatro de ellas durante los últimos ocho años. A algunas les había ido bien y otras habían fracasado desde el inicio. Pero lo que importaba era que nunca había dejado de crear y no me detendría hasta encontrar el oro; en realidad, ni siquiera entonces. Nunca dejaría de crear. Se lo dejaba claro a cualquiera que me hablara durante más de cinco minutos. Pero, sobre todo, conocía el valor de ser el joven adulto al que acudir en Silicon Valley.

—¡Voy a pedir medio millón! —solté.

Jasmine dejó de saltar.

—Oh, Mikey, estaba bromeando un poco. ¡No sé si eso de verdad funcionaría! ¿Quizá deberías pedir un ligero aumento?

Siempre había tenido problemas para captar las bromas sarcásticas. Me enderecé.

—No, lo voy a hacer.

El rostro de Jasmine se iluminó.

—Bueno, ¡okey entonces!

Dos minutos más tarde, habíamos abandonado el trineo en medio del campo y yo caminaba hacia mi bolso de gimnasia. Lo abrí y busqué el teléfono.

—Eh, Michael, tal vez deberías tomarte un minuto, planificar lo que vas a…

Agité mis manos para que Jasmine me dejara solo, ya con el teléfono en la oreja. La llamada estaba en proceso.

—¡Michael! —dijo la reclutadora—. ¡Esto fue antes de lo que esperaba! ¿Has pensado en una cifra?

Respiré hondo y dije:

—Lo he pensado mucho y creo que un salario justo sería… —Y procedí a pedirle a Google que me pagara lo que ascendía a dos millones de dólares durante un período de consolidación de cuatro años.

La reclutadora dejó escapar un pequeño grito ahogado y luego se quedó en silencio. Me mordí el labio, esperando.

—Tendré que contestarte luego con respecto a eso —dijo.

Mirando hacia atrás, mientras escribo esto ahora, una parte de mí todavía no puede creer que tuviera el valor de negociar tan duro como lo hice ese día. Pero la otra parte de mí lo cree sin problema alguno. Puede que no me hubiera dado cuenta en ese momento, pero había adquirido una habilidad muy valiosa al ser seguido por equipos de noticias durante mi infancia: la clave para proyectar seguridad cuando no la tienes es deshacerte de tus pensamientos negativos. Simplemente, descártalos. *Ahora* eres tú quien está en el asiento del conductor en modo de negociación. Todo es cuestión de parecer positivo, enfocado en tus fortalezas y logros. No importa cuán estresado o preocupado estés, solo recuerda que puedes deshacerte de ese estrés y preocupación y retomarlos después de tu entrevista o negociación.

Hoy, le digo a todo el que me pida consejo: no dudes en negociar todo lo que puedas conseguir. Tu mayor oportunidad de exigir un buen salario es apenas te contraten. A veces, un empleador hará vagas promesas acerca de darte más con el tiempo, pero no cuentes con eso. Ten bien claro lo que vales *hoy* y lucha por conseguirlo.

Durante las siguientes dos semanas, esperé, preparándome para que la reclutadora me llamara con una lista de razones por las que Google no podía justificar la suma loca que les había arrojado. Supuse que, en el mejor de los casos, recibiría una contraoferta con una cantidad ligeramente superior a la propuesta original. En el peor de los casos: los había ofendido y retirarían la oferta.

Y tal vez eso no sería tan malo, me dije. Este trabajo seguía siendo divertido…, a veces. Por ejemplo, podía charlar en Snapchat con Mark Zuckerberg. ¿Cuánta gente podía decir que hacía eso? Los *snaps* de Zuckerberg siempre me hacían reír y disfrutaba explicándole cómo habría usado el producto un adolescente típico en comparación con la manera en que lo había usado él. Había peores cosas que darle lecciones de Snapchat a uno de los hombres más poderosos del mundo y enviarle comentarios sobre la estrategia de producto de la multimillonaria empresa.

Muerto de miedo al cambio, me aferraba a cualquier motivo para quedarme en Facebook, el único trabajo que había conocido. Incluso estaba comenzando a preguntarme si inconscientemente había intentado sabotear la oportunidad de Google pidiendo un salario increíblemente alto. Lo cual sería una putada. ¿No había cierta conveniencia en quedarme dentro de mi zona de confort?

Cuando la reclutadora de Google me llamó días después, estaba noventa y siete por ciento decidido a rechazar la contraoferta y quedarme en Facebook.

—Michael —dijo ella por teléfono—, tengo muy buenas noticias. Tengo aprobación para darte *casi* exactamente lo que querías.

Luego empezó a recitar una asombrosa serie de cifras.

Hizo una pausa, esperando que yo respondiera. Pero esta vez mi silencio no fue una estrategia; estaba demasiado en *shock* como para emitir un sonido. Cuando finalmente encontré mi voz, dije algo de lo más increíble:

—Gracias. ¿Puedo pensarlo un poco?

—¿Cuánto tiempo es *un poco*? —dijo la reclutadora con un tono áspero que nunca le había escuchado usar antes.

Era comprensible. Después de dos meses de vaivén, la mujer había dado la cara por mí, consiguiéndome más del doble del salario que originalmente había pedido. Me preguntaba cómo se lo había justificado a sus superiores. ¿De verdad yo valía tanto? Nunca lo hubiera soñado. Estaba basándome en lo que la gente me decía que valía, pero era difícil entender que fuera tanto. Debería haber estado orgulloso de mí mismo por lograr que me ofrecieran esa cifra. Y, sin embargo, estaba dudando.

—Eh, ¿tres días? —dije.

—Está bien, hablamos pronto —contestó.

Pasé esos tres días buscando razones para correr en dirección contraria a la oferta de mi vida.

¿Y si fuera solo un truco cósmico gigante? ¿Qué tal si no estaba realmente calificado y todos a mi alrededor solo me decían que lo estaba? ¡Si tan solo no hubiera presionado por millones! Podría haber vivido bien y *dormido bien* con menos de la mitad de lo que habían determinado que era mi valor de mercado para ellos.

Google, claramente, tenía grandes expectativas. Me estaban ofreciendo millones de dólares para hacer un trabajo para el que sentían que estaba calificado, pero todavía tenía problemas para racionalizarlo. ¿Qué tal si mis opiniones poco convencionales sobre el futuro de la realidad virtual, que tanto los habían entusiasmado, resultaran estar equivocadas? ¿Qué tal si no estaba calificado en absoluto para ese trabajo?

Mientras mantenía estas conversaciones conmigo mismo, la reclutadora llamó de nuevo. Solo habían pasado dos días y necesitaba más tiempo para pensar. Dejé que la llamada fuera al buzón de voz. Volvió a llamar. Yo contesté.

—Michael, hice algunas llamadas más y pude conseguirte un bono adicional de setenta mil dólares por firmar.

¿La estaba escuchando bien? ¿En serio me estaba ofreciendo *más* dinero?

—Solo hay una cosa…

Despejé mi garganta.

—¿De qué se trata?

—Lamento mucho esto, pero el equipo de Realidad Virtual ya no tiene plazas para contratar a un nuevo empleado. Así que tendremos que encontrar una posición diferente para ti. Estoy segura de que no será ningún problema.

Capítulo 24
_____

Besé a un chico

HABÍA DECIDIDO DARLE UNA oportunidad a Brad, 24, de Tinder.

¿Cómo se vestían los chicos para sus citas con otros chicos? Por una vez, no era el tipo de pregunta que podía hacerle a Andrew, así que me decidí por mi atuendo favorito para las citas con chicas: una camiseta blanca de manga larga, pantalones oscuros de color vino y una chaqueta de cuero negra. Brad había elegido un restaurante en la zona de North Beach de San Francisco. "Por favor, que no sea más alto o más bajo que yo", rogué mientras caminaba desde el tren. Pensaba que, si era más bajo que yo, él sería la "mujer"; y, si era más alto, yo sería la "mujer". No había crecido conociendo a ninguna pareja gay ni a ninguna persona abiertamente gay, así que esta era mi suposición ignorante de cómo funcionaba todo.

El restaurante resultó ser un lugar italiano de la vieja escuela, con manteles a cuadros rojos y espejos con manchas doradas, madera oscura y barandillas de bronce. Vi a Brad de inmediato, encorvado sobre su teléfono en una mesa junto a la ventana. Me quedé helado. En los pocos segundos antes de que levantara la vista, tuve el impulso súbito de dar la vuelta y salir por la puerta. Demasiado tarde. Brad me había visto. Estaba sonriendo. Se veía lo suficientemente bien. Forcé una sonrisa y me senté frente a él. Intercambiamos una pequeña conversación con los temas típicos para llenar el silencio inicial, igual que en las citas heterosexuales: cuánto tiempo habíamos viajado para llegar hasta ese lugar, cuán felices estábamos de que finalmente hiciera sol, qué parecía estar bueno en el menú, etc. Los ojos avellana de Brad realmente tenían un algo especial; destellaban cada vez que sonreía de una manera coqueta. Traté de concentrarme en sus ojos avellana, no en cómo todo lo demás sobre esta persona era diferente de lo que había esperado. Todavía no podía decir cuán alto era, pero no se parecía a sus fotos de Tinder: no era tan guapo. En la semana que habíamos estado intercambiando mensajes en Tinder, me había imaginado a alguien más fascinante, un poco misterioso. Pero Brad era más serio que emocionante en persona.

Mientras hablábamos, dediqué toda mi energía mental a analizar cada gesto y cada palabra suyos. ¿Por qué puso el tenedor sobre la mesa e inclinó la cabeza de aquella manera cuando le dije que no había ido a la universidad? ¿Se compadecía de mí o algo así? Cuando dijo que "disfrutaba" de su trabajo en *marketing*, ¿eso significaba que lo encontraba divertido y estimulante o que lo odiaba, pero no quería quejarse? No parecía tener prisa por dejar su huella en el mundo. Esto me deprimió un poco. Esperaba que hubiera algo de impulso dentro de ese chico, pero lo dudaba. Todavía no había conocido a alguien de mi edad que no pensara en ir a trabajar como una forma de comportarse como un adulto responsable.

Pedí una *pizza* margarita y una copa de vino tinto, deseando que nuestro camarero de bigotes grises no me pidiera una identificación para comprobar mi edad, cosa que no hizo. No había conseguido todavía un documento falso de identificación y rara vez bebía, así que sentí los efectos del alcohol con bastante rapidez. Cuando llegué a mi segunda bebida, había dejado de girar la cabeza como un búho para ver quién podría estarnos mirando (nadie lo hacía, obviamente: esto era San Francisco). Sentí que bajaba la guardia, una mano sobre la otra, como si bajara un puente levadizo sobre un foso: el vino me había puesto demasiado atolondrado y perezoso para aguantarme mucho más tiempo. Le estaba contando a Brad una historia sobre mi familia cuando me cortó a mitad de la oración:

—Tienes una sonrisa muy linda. Me encanta que tengas aparatos.

Cerré la boca con fuerza, sintiendo un rubor trepar por mi cuello. Nunca un chico me había halagado por mi sonrisa o cualquier aspecto de mi apariencia. Era desorientador; me sentí como si estuviera en una de esas viejas películas de Disney Channel donde un niño se despierta en el cuerpo de una niña y llega a experimentar la vida a través de sus ojos. Estaba muy seguro de que "Tienes una sonrisa muy linda" era algo que los chicos decían para adular a las chicas, incluso cuando yo mismo nunca había dicho algo tan insinuante. Qué interesante que los chicos gais usaran las mismas líneas cursis que los heterosexuales, pensé.

—Este…, tú igual —dije, finalmente, tomando un gran sorbo de vino.

La verdad era que ni siquiera había notado su sonrisa, porque cada vez que sonreía, me enfocaba en sus ojos color avellana. Sin embargo, no estaba dispuesto a halagarlo por *eso*. Sería demasiado sincero y no estaba preparado para la sinceridad.

Brad sacudió la cabeza con una humildad posiblemente falsa. Obviamente, estaba acostumbrado a este ir y venir y parecía disfrutarlo, aunque de una manera un poco impaciente. Acercó su silla a la mía y se inclinó hasta que su rostro estuvo a pulgadas del mío y pude oler el ajo en su aliento.

—Obviamente haces ejercicio —dijo.

—¡Ja, un poco! —Alejé mi silla de la suya.

—Disculpa. —Brad se enderezó en su silla—. Espero no estar haciéndote sentir incómodo.

—¡Oh, no, en absoluto! —dije.

Lo estaba haciendo, por supuesto, pero no por sus movimientos transparentes. Brad no me desencantaba exactamente, incluso aunque no era lo que esperaba. Pero no estaba preparado para que esto fuera más rápido. Todo era tan nuevo y extraño. Pensé por un instante en decirle que esta era mi primera cita con un chico, pero luego pensé: "No, todavía no estoy listo para ser sincero". Sin embargo, tal vez podría esforzarme un poco para ver si había algo más en este... ¿asunto?

Así que pedí una tercera copa de vino y traté de encontrar los puntos en común entre nosotros. ¡A los dos nos habían gustado nuestros sándwiches de carne de cerdo deshebrada! ¡A los dos nos había gustado el vino! Nunca me había esforzado tanto por encontrar puntos en común en una cita. Con las mujeres con las que había salido, había sido todo lo contrario: cada vez que la chica parecía emocionada por algo que teníamos en común, yo me sentía indiferente, sin deseos de continuar con la conversación.

Después de la cena, fuimos a un cine para ver *Despicable Me 3* (*Mi villano favorito 3*), la única película que se proyectaba en el momento adecuado y que no tenía subtítulos ni mujeres con corsés en el póster. Al final, resultó que Brad era un poco más alto que yo, pero de forma contraria a mi ignorante miedo de que me convertiría en la "mujer", no me molestó en absoluto. En el cine, me aseguré de comprar palomitas de maíz como táctica para evitar que me agarrara la mano, pero Brad lo hizo un par de veces de todos modos. Se sentía raro tomar la mano de otro chico. Estaba jugando a algo que todavía no entendía. Cuando empezó a trazar las líneas de mi palma, me aparté. Demasiado íntimo. No estaba listo.

Más tarde, cuando habíamos salido del cine y caminábamos por un muelle en Fisherman's Wharf, escuchando a los leones marinos aullar, Brad me tomó del brazo y me jaló hacia un rincón oscuro cerca de la barandilla.

—¿Quieres ver algo? —dijo y se vio un destello de su sonrisa en la oscuridad.

Mi pulso se aceleró. "Por favor no", pensé. "Por favor, que no lo saque".

—Párate aquí, a mi lado —dijo Brad, girándome para que quedara de frente hacia el agua y luego se viró él mismo en esa dirección, de modo que nuestros hombros se tocaban—. Ahora cierra los ojos y estira los brazos hacia arriba.

Lo hice, sintiendo el roce de nuestros brazos mientras él hacía lo mismo.

—Ahora bájalos —dijo Brad.

Cuando bajamos las manos a nuestros costados, mi palma derecha cayó sobre su palma izquierda. Ahora estábamos tomados de la mano. Fue una especie de truco escurridizo, pero, si tengo que ser honesto, aunque se sintió extremadamente cursi, fue bastante dulce. Miramos hacia la agitada bahía gris que mecía los barcos en el puerto. Hice que mi cuello girara otra vez como el de un búho para ver si alguien nos estaba mirando, pero el muelle estaba vacío, gracias a Dios.

Nunca había entendido antes a qué se referían las personas cuando decían que sentían mariposas en el estómago. Pensaba que era solo una expresión, como: "Está lloviendo a cántaros". No sabía que esto era algo que realmente podías sentir, como si decenas de criaturas revolotearan dentro de ti. No estaba seguro de si era algo bueno o malo, pero estaba sucediendo. Imaginé que eso significaba que, además de asustado, estaba emocionado. En las citas con chicas, supongo que únicamente había estado asustado.

Brad me llevó a un banco frente al agua. Las mariposas ahora se estaban poniendo fastidiosas. Se inclinó y me besó muy suavemente. "Oh", me escuché pensar mientras el beso continuaba. No había sido ¡*Guau*!, sino solo un *Oh*. Como si hubiera hecho una pregunta y hubiera obtenido una respuesta que tenía sentido. Mi mente no se asombró —por lo menos, mientras estaba sucediendo—, pero me sentí raro. Mientras Brad se alejaba, me di cuenta de que las mariposas se habían quedado en silencio, suspendidas en el aire, esperando a que yo decidiera cómo me sentía.

Me sentía agotado y también listo para regresar a casa. Necesitaba estar solo para procesar lo que acababa de suceder.

—Debo irme —le dije a Brad.

Parecía decepcionado, pero se encogió de hombros ligeramente.

—Bueno.

En silencio, caminamos de regreso por el muelle y Brad no intentó tomar mi mano de nuevo. Me sentí un poco mal por todas las señales contradictorias que había estado enviando, pero no quería empeorar las cosas disculpándome. Mi agotamiento inicial se estaba transformando en un pánico silencioso. ¿Qué había hecho? Me había engañado a mí mismo, eso era lo que había hecho. Me había dicho a mí mismo que la cita sería platónica, con fines de investigación, pero ahora me daba cuenta de que, en realidad, nunca había deseado que fuera así. ¿Quizá desde el principio había querido algo muy diferente?

Un poco incómodos, nos paramos bajo una farola a esperar mi Uber.

—Gracias, fue divertido —murmuré, repentinamente tímido de nuevo, sin poder mirar a Brad a los ojos.

—Sí, disfruté conocerte —respondió.

Ahí estaba de nuevo: *disfrutar*. Mi Uber había llegado, gracias a Dios. Se acercó a la acera para abrirme la puerta y entré. Me volví para despedirme mientras me alejaba, pero Brad ya estaba caminando en la otra dirección, con las manos metidas tan profundamente en los bolsillos de sus *jeans* ajustados que sus brazos estaban rectos como los postes de una cerca y sus hombros levantados hasta las orejas.

Me pasé el viaje de regreso a Redwood City teniendo un diálogo interno conmigo mismo. Afortunadamente, la voz malévola se mantuvo al margen. Al hablar con amigos en Facebook sobre cómo lidiaban con los desafíos y las decepciones, estaba comenzando a aprender cómo eludir el diálogo interno negativo al que me había entregado la mayor parte de mi vida. ¿El mejor consejo que me dieron para desviar una espiral negativa? ¡Hazte preguntas a ti mismo! Así es como sonaba eso en mi cabeza ahora:

"Esto no puede volver a suceder".

"No, claro que no".

"¿Pero por qué no?".

"Espera, ¿de verdad quieres tener una segunda cita con Brad?".

"Brad es agradable. Sus ojos son bonitos. Le gusta el *marketing*. Disfrutó de nuestra cita. Fue paciente. No presionó".

"Pero no, no creo que quiera volver a verlo".

"¿Quizá un chico diferente, entonces?".

Saqué mi teléfono, pulsé la aplicación Tinder y me sentí despreciable. Pulsé entonces Facebook Messenger. Inmediatamente, un nuevo mensaje de mi mamá en nuestro chat grupal familiar de cuatro miembros hizo *ping* en mi pantalla: "¿Qué hay de nuevo, hijitos?".

La pregunta estaba dirigida tanto a mi hermana como a mí, pero ¿había sentido ella que yo tenía algo importante que decirle? ¿Me estaba invitando a abrirme? ¿No se suponía que las mamás tenían un sexto sentido para estos asuntos del paso a la adultez?

Envié un mensaje de texto al chat grupal, donde estaban incluidos mi mamá, mi papá y mi hermana: "¡Hola, mami! No mucho, acabo de tener una cita con un chico. Me fue bastante bien".

Esto no iba a ser un drama. En el fondo, mi familia no tenía problemas con las personas gais, independientemente de lo que hubieran estado diciendo todos estos años.

No hubo respuesta de mi mamá durante varios minutos. Luego: "Okey, hijito, ten cuidado".

Entonces se desconectó, dejándome sentado allí con el corazón abierto.

¿Eh?

A la mañana siguiente, intenté contactar a Mariana. Ella no había respondido al mensaje del chat grupal y me moría por hablar con alguien sobre mi cita, pero me pareció que era mejor tomarlo con calma:

Yo: ¿Conseguiste todas las clases que querías para el próximo año?

Mariana: Sí, pero todas en diferentes días y horarios…

Yo: Muy en broma, salí con un tipo anoche. [*Emoji riendo histéricamente*]

Mariana: …y con diferentes profe…

espera, ¿qué?

¿fue como una cita?

¿con un chico?

entonces eres gay

?

mis amigos tenían razón

ja, ja, ja y yo defendiéndote

Yo: No creo que sea gay. [*Emoji riendo histéricamente*]

No sé, me gustan mucho las chicas.

Pero decidí probarlo. [*Emoji riendo histéricamente*]

O sea, ni siquiera puedo imaginar casarme con un chico.

Pero fue divertido probarlo. [*Emoji riendo histéricamente*]

No sé, todo es extraño ahora ja, ja, ja, ja.

MARIANA: ¿besaste al chico?

cómo acabaste saliendo con él

Yo: Supongo que hicimos *supermatch* o algo así. No sé cómo funciona eso, pero me apareció y yo pensé, OK, probemos. [*Emoji riendo histéricamente*]

Solo tenía chicas en la aplicación.

De verdad me gustan las chicas.

MARIANA: ¿estás seguro de que quieres hacer eso?

Yo: ¿Por qué no?

Es bueno intentar de todo. [*Emoji riendo histéricamente*]

MARIANA: Esto va a sonar mal, pero no quiero que la gente te haga daño si se enteran de que eres gay.

Yo: En cualquier caso, ¡ya casi termino de construir la primera prueba de mi nuevo juego!

MARIANA: Es solo que no quiero que la gente te vaya a ofender, así que creo que debes tener cuidado.

Yo: No voy a publicarlo en Facebook, querida.

No fue nada del otro mundo.

MARIANA: OK.

Y eso fue lo último que supe de mi hermana en toda una semana, durante la cual estuve cargando nuestro intercambio como un ladrillo. "¿Estás seguro de que quieres hacer eso?". Sus palabras resonaban una y otra vez en mi mente hasta que comencé a preguntarme lo mismo. Daría marcha atrás, decidí. Volvería a intentarlo con mujeres. Todavía había esperanza para mí. No había ido demasiado lejos.

Ignorando los múltiples mensajes de Brad pidiéndome que saliéramos de nuevo, entré en Tinder y, con el corazón afligido, cambié mi configuración de nuevo a "Buscando: mujeres".

Capítulo 25

Veintiún años

DOS MESES DESPUÉS, TODAS las personas que mi hermana había conocido en su vida, toda la gente que *esas* personas conocían y un grupo más que *aquella* gente acababa de conocer en el vestíbulo del hotel estaban en mi fiesta de cumpleaños. Celebraba mis veintiún años y estaba parado en el centro de la sala de estar, sosteniendo un cubo de hielo que goteaba y vertiendo champán en las copas extendidas de gente totalmente desconocida. Tenía puesta mi sonrisa de televisión y les daba la bienvenida a todos con entusiasmo. Mi vecino de cuando tenía diez años se apareció con unos amigos, pero no me reconoció hasta que le dije:

—¡Pedro, soy yo, Michael!

Intentamos ponernos al día, pero la música estaba demasiado alta para conversar, y Pedro y su amigo salieron al patio. Lo mismo sucedió con algunos chicos que conocía de la preparatoria. No importaba. Lo importante era que había firmado el contrato con Google: lo había logrado. Y por el momento, al menos, no estaba disfrutándolo solo.

Estábamos en el Fontainebleau, el resort más popular de Miami. Las celebraciones estaban en marcha y ya eran extremadamente excesivas. La habitación costaba ocho mil dólares la noche.

Técnicamente, se suponía que debía trabajar para Facebook hasta el primero de septiembre, pero me dejaron terminar mi tiempo con ellos desde Miami, donde estaba "trabajando de forma remota" y agotando todos mis días de vacaciones guardados. Fueron muy complacientes con todo. Quizá *demasiado* complacientes, desde la perspectiva de mi ego. Cuando entregué mi carta de renuncia, mi gerente no saltó físicamente de alegría, pero creo que sus palabras fueron:

—¡Okey, genial! ¡Sí, tiene sentido!

Ambos sabíamos que mi corazón no había estado puesto en mi trabajo en Facebook desde el día en que comencé a buscar oportunidades en Google.

Hubo un momento incómodo cuando mi hermana y sus amigas me recogieron en el apartamento que estaba alquilando. Halagué las uñas de una de sus amigas, Samantha.

—Tus uñas combinan exactamente con esas flores —dije, señalando las aves del paraíso que bordeaban el camino de entrada—. Ponte así, quiero tomar una foto.

Pero Samantha jaló su mano hacia atrás.

—¡Ja, ja! Eso es tan gay.

Fuimos en el carro en silencio. Me sentí lastimado y al mismo tiempo estúpido por ser tan sensible. Samantha, como toda la gente joven que conocía en Miami, nunca había sido políticamente correcta. Así era como hablaban; no era personal. Pero la palabra *gay* ahora flotaba en el aire entre nuestros amigos y yo. Con anterioridad, Mariana me había advertido que no hablara con nuestros amigos sobre "cosas gais". Me había dicho que ella y mi mamá lo habían discutido y pensaban que era mejor que la gente de Miami, simplemente, no supiera que estaba explorando mis opciones de sexualidad. "Ya sabes cómo hablan los latinos", había dicho. "Le dices a una persona aquí y al día siguiente está por todo Perú. Y, ya sabes, será un gran lío".

Había aceptado guardar mis exploraciones para mí mismo y no tenía intenciones de entrar en ese tema ahora, pero el comentario a la ligera de Samantha me hizo darme cuenta de que realmente necesitaba hablar con mi hermana.

Pero volvamos a la fiesta. Alguien encendió una pantalla plana gigante. Estaba teniendo lugar la pelea de Mayweather y todos querían verla.

—¿Podemos comprarla, Michael?

—¡Por supuesto!

Le conté a otro desconocido más la historia de cómo el personal de Mayweather había destruido esta misma habitación la noche antes de nuestra llegada. La pelea fue intensa y sangrienta y llenó la fiesta con una extraña energía cargada que no pude decidir si me gustaba o no.

El ascensor seguía dejando a más gente nueva, demasiada gente, en la *suite*, y yo bebía más y más para evitar el ataque de pánico que había estado intentando sobrevenir desde hacía ya un rato. Luego de tomar suficiente alcohol, corrí al dormitorio principal, me encerré y comencé a llorar. Los cumpleaños siempre me han llenado de ansiedad y el alcohol solo lo estaba empeorando.

—¿Michael? ¡Abre la puerta!

Dejé entrar a Mariana y volví a la cama para seguir sollozando. Se paró a mi lado y, suavemente, apoyó la mano en mi hombro tembloroso.

—¿Qué quieres que haga, Michael?

No podía responderle, porque estaba llorando demasiado y no tenía una respuesta de todos modos.

—Está bien, no sé qué te pasa en este momento, pero solo voy a asegurarme de que la *suite* no se derrumbe, ¿de acuerdo?

Asentí con la cabeza, secándome la cara, y seguí sollozando un poco más, pero ahora con menos intensidad. Mi corazón se estaba calmando. El desastre emocional inducido por el alcohol en el que me había convertido parecía estar pasando.

Mientras Mariana intentaba salir, una de sus amigas pasó a su lado y cerró la puerta de golpe. Ahora éramos nosotros tres. Su amiga lloraba aún más fuerte que yo. Mariana realmente debería convertirse en una planificadora de bodas o en algo que requiera calma total frente a las crisis emocionales de otras personas. Tenía la mano en el hombro de su amiga.

—Oh, no —dijo con calma—. ¿Qué pasó?

La amiga acababa de encontrar a su novio besándose con otra chica. Entonces, el novio entró corriendo a buscarla y empezaron a gritarse el uno al otro. Mariana desapareció y me di cuenta de que había dejado de llorar. Estaba viendo a esta pareja pelear como si fuera la final de *Jersey Shore*. La chica lanzó un control remoto a la cabeza de su novio, pero, por supuesto, estaba demasiado borracha y falló.

—¡Quiero que se vaya! —gritó la chica. Miré alrededor de la habitación, que ahora se había llenado de espectadores, para ver a quién le estaba hablando—. Michael, lo digo en serio, ¡sácalo de aquí!

Oh, me estaba hablando a mí.

Seguí al novio fuera del dormitorio principal, pero entonces olvidé lo que se suponía que debía hacer cuando la puerta del ascensor se abrió y un niño flaco y larguirucho con rastas rosadas entró en mi fiesta con una caja de licor de malta. Parecía un buen momento para echar a *todo el mundo*, así que comencé el proceso.

A las seis de la mañana, finalmente, quedábamos solo Mariana, algunas de sus amigas y yo. Pedimos un montón de cosas a la habitación —*nuggets* de pollo, papas fritas y *pizzas*, y cualquier otra cosa que gritara "comida para adolescentes" en el menú— y nos sentamos en la sala de estar, comiendo en silencio, con vasos de plástico rojo y botellas vacías alrededor de nuestros pies.

—Oye, ¿qué es eso? —Mariana señaló una pizca de polvo blanco sobre la mesa de vidrio.

Todos dejamos nuestros platos y dimos vueltas alrededor, mirándolo.

—No es algo bueno —dijo Victoria, la amiga de Mariana.

—¡No lo toques, que nadie lo toque! —dije.

Durante los siguientes diez minutos, especulamos sobre qué tipo de sustancia dañina para el cerebro estábamos viendo y si podría ser o no lo suficientemente valiosa para que su dueño regresara. Afortunadamente, a nadie le pasó por la cabeza probarla. Estaba buscando en Google "¿Cuál es la consistencia de la cocaína?" cuando mi hermana se inclinó sobre la sustancia como si fuera un pastel de cumpleaños y sopló el polvo blanco por toda la habitación.

Hubo un período de silencio estupefacto mientras los cuatro asimilábamos lo que había hecho: la pizca de polvo blanco desapareció esparcida en la alfombra, la pantalla de una lámpara, las cortinas y la brillante hoja de una planta de plátano.

—Mariana —dije finalmente—, ¿por qué hiciste eso?

Mi hermana, simplemente, agitó su largo pelo negro y, a su manera, muy a lo Mariana, muy de dieciocho años, se encogió de hombros. Fue el mejor momento de toda la noche.

A la noche siguiente, lo repetimos todo, excepto el llanto mío. El hotel tenía una estadía mínima de tres noches, por lo que, ante la insistencia de Mariana y sus amigas, hicimos una segunda fiesta, igual de estridente. Estaba demasiado exhausto y abrumado por el *déjà vu* como para notar mis emociones. Sentí que ya estaba en el futuro y que el tipo con dientes incrustados de diamantes que estaba orinando en el árbol de plátano en el pasillo de mi habitación de hotel ya estaba en el pasado, junto con esas chicas de la despedida de soltera con tiaras de cartón que derramaban sus bebidas rosas por todo el sofá blanco del que yo era responsable. No les dije nada a los desagradables colados. Extrañamente, casi estaba agradecido con ellos. Me mostraron que nada de esa mierda era la respuesta a mi soledad, y nunca lo sería.

Era la mañana siguiente, sesenta minutos después de la hora de salida de la habitación. Mariana y sus amigas ya se habían ido. Estaba firmando una factura de hotel de veintiséis mil dólares en la recepción cuando mi mamá apareció a mi lado con un sombrero de sol y una bata de playa de cachemira. Ella y mi papá estaban usando las piscinas (el Fontainebleau tiene once y yo no había visto ninguna) con mi reservación.

—¡No te vaaaaayas! ¡Ven a pasar el rato conmigo y con papi! —rogó mi mamá, abrazándome a ella—. ¡Tienen música y desayuno! ¡Dijeron que era de cortesía para los que estaban en las *suites* presidenciales!

Al principio, me había preocupado por lo que pensarían mis padres de esta ostentosa celebración. Supuse que había dos opciones: o bien mi mamá y mi papá se sentirían incómodos y molestos, pensando que les estaba restregando el dinero en la cara, o bien estarían encantados, tomando mi derroche como una confirmación de que yo estaba lo suficientemente forrado en dinero como para mantenerlos de ahora en adelante.

Definitivamente, era lo segundo. Decidí no ser un cínico al respecto. Mis padres siempre se han sentido cómodos abrazando la buena vida, incluso si está más allá de sus posibilidades.

Lo que realmente quería hacer era irme a mi apartamento y dormir los diez días que quedaban antes de que tuviera que comenzar a trabajar en Google. Me preocupaba que, si pasaba demasiado tiempo con mis padres, empezarían a hablar sobre el dinero que querían para el pago inicial de una casa mejor o para una renovación desesperadamente necesaria de su casa o para ayudar a mi hermana con los gastos de libros de la universidad, y yo me sentiría acorralado pero demasiado cansado para discutir, y me iría de ahí con veinte mil dólares menos en el bolsillo. Pero mi mamá me estaba mirando con sus ojos de cachorrito. La seguí a las cabañas y me puse el traje de baño para unirme a ella y a mi papá en la bañera de hidromasaje de la que habían tomado posesión completa.

—¡Hijo! ¿Qué tal la fiesta? —gritó mi papá por encima de los turbulentos chorros que había puesto al máximo.

En el agua burbujeante, sostenía un *bloody mary* en una mano y un tallo de apio mordido en la otra. Me sumergí en el agua y me senté frente a él y mi mamá, y les conté casi todo; excepto lo de mi ataque de pánico y el polvo blanco en la mesa, pero sí lo del tipo orinando en la planta. Mis padres estaban pendientes de cada palabra, apreciando mis historias, como siempre lo hacen. A medida que pasaba el tiempo, dejé de preocuparme de que quisieran hablar de cosas más serias. Realmente, no debería haberme preocupado por eso en primer lugar. ¿Por qué siempre era tan duro con ellos solo por querer ser felices?

—¡Oye, Michael! —dijo mi mamá.

—¿Sí, mami?

—¡Deja de pensar tanto!

Me salpicó y yo la salpiqué de vuelta. Me di cuenta de que esto era todo lo que yo realmente había querido durante el fin de semana. Solo quería reírme.

Capítulo 26

El *noogler*

—ADELANTE —DIJO NUESTRA LÍDER de manera alentadora—, ¡vamos a mostrar el espíritu de Google!

Junto con un par de docenas de otros empleados nuevos reunidos en una sala pintada de colores brillantes, me senté en una mesa baja al estilo de las que se usan en las aulas de kínder con las rodillas llegándome a las orejas, recortando formas de papel de construcción con unas tijeras diminutas. Era nuestro primer día de orientación y todos llevábamos etiquetas de identificación que decían: HOLA, MI NOMBRE ES... Me estaba divirtiendo mucho recortando estrellas y cometas, pero las demás personas en mi mesa —todas aparentaban tener el doble de mi edad y estaban vestidas con blazers, faldas y camisas de estilo corporativo— no parecían compartir mi entusiasmo.

—Uf —murmuró la mujer sentada a mi izquierda.

Se había quitado los zapatos de tacón para que le cupieran las piernas debajo de la mesa, pero todavía se veía contraída e incómoda en su traje pantalón de lana gris.

Técnicamente, no todos éramos *nooglers*, como llamaban a los empleados de Google durante su primera semana en la empresa. Google era una de las varias empresas propiedad de Alphabet, nuestra compañía matriz. En 2015, Google estaba llevando a cabo tantos proyectos —vehículos autónomos, investigación de longevidad, innovación urbana, entre otras cosas— que los fundadores, Sergey Brin y Larry Page, decidieron escindir cada división que no tuviera que ver con Internet en una empresa por sí misma. Crearon Alphabet para contenerlas a todas, incluyendo Google, la más grande. ¡No podía creer que ahora trabajara en Google! Todo lo que había aprendido —cómo escribir código, programar, diseñar— lo había aprendido por mi cuenta a través de Google. Era como si Dorothy hubiera llegado a Oz y el Mago le hubiera ofrecido un trabajo. Había estado siguiendo el camino de ladrillos amarillos hasta aquel momento durante la mitad de mi vida. Y la mejor parte era que de nuevo podría decir: "Simplemente, búscalo en Google". El equipo de Comunicaciones de Facebook desaprobaba el uso de "googlear" cuando hablábamos con la prensa. Preferían que se utilizara "buscar en la web".

Cuando la líder de la orientación estuvo satisfecha y consideró que sus nuevos reclutas se habían expresado lo suficiente con las tijeras, aplaudió y dijo con un tono de maestra que yo esperaba que solo fuera parte del acto:

—¡Ahora es momento para una actividad de pensamiento crítico y de trabajo en grupo!

"Oh, oh", pensé, dejando las tijeras a un lado. Trabajo en grupo: no es mi fortaleza.

—Cada mesa —continuó la maestra— va a conceptualizar un juego y construirlo con los materiales que hemos preparado para ustedes. Creen sus propias reglas, escríbanlas y luego las compartiremos. ¡El equipo que cree la experiencia de usuario más clara y efectiva será el ganador!

Al otro lado de la mesa, un tipo barbudo con cara de papá comenzó a remangarse con cuidado las mangas a cuadros. Como todos en la mesa excepto yo, llevaba un anillo de bodas.

—¡Empecemos, equipo! —nos dijo—. ¿Ideas?

Le había dicho a Andrew que haría todo lo posible por ser un buen miembro de equipo en Google y no había mejor momento que el presente para comenzar. Tomé una pila de vasos desechables Dixie.

—¿Un juego de lanzar? —sugerí.

—Seguro —dijo otro miembro del equipo—, ¿por qué no?

Se nos ocurrió un juego en el que la gente se turnaba para lanzar una bola de papel en un vaso. Si lo lograban, podían hacerle a otro jugador una pregunta sobre sí mismos. Si fallaban, debían compartir algo. Nos pareció que era sencillo. Nadie más pensó igual. Cuando llegó el momento de "lanzar" nuestra creación, los otros equipos no podían leer las instrucciones que habíamos garabateado con crayones y, en general, parecían confundidos por el juego de *Paper Toss*, como lo habíamos llamado. Mientras nuestra competencia enumeraba sus quejas, me divirtió notar algunos movimientos de cabeza y resoplidos por parte de mis compañeros de mesa, quienes parecían estarse tomando nuestra pérdida de manera muy personal.

—¡Pfff! —dijo la mujer contraída de traje gris—. Mi hijo de cuatro años podría haber seguido esas instrucciones.

Iba a aprender algo de aquel día, incluso aunque solo fuera el recordatorio de la líder de orientación:

—Si no les gusta probar su producto, lo más probable es que a sus clientes tampoco les guste.

El Nuevo Michael estaba enfocado en el crecimiento y, si eso significaba estar abierto a las lecciones del jardín de infancia para adultos, estaba dispuesto a hacerlo. Estaría abierto a todo, incluso a ponerme el gorro de color arcoíris con una pequeña hélice en la parte superior que la líder de orientación le dio a cada *noogler* al final de la sesión. Se suponía que debíamos usar los gorros durante nuestra primera semana. A diferencia de algunos de mis compatriotas de mesa más altivos, usé el mío con orgullo cuando nos llevaron afuera para una foto de grupo frente a la estatua de Noogler, un androide verde gigante con su propio gorro. Cuando algunos empleados más sénior de Google pasaron zumbando en bicicletas arcoíris, gritando "¡Bienvenidos!", les devolví el saludo, radiante.

A las cuatro de la tarde, nuestra líder volvió a aplaudir y con la voz de maestra de escuela primaria anunció:

—¡En cualquier momento, todos sus gerentes estarán aquí para recogerlos, llevarlos a sus edificios y presentarles a los miembros de sus equipos!

Después de que la posición en Realidad Virtual no se diera, la reclutadora y yo decidimos que yo encajaría bien con el equipo del Asistente de Google. Este era el asistente de inteligencia artificial que Google había lanzado un año atrás, en mayo de 2016. Al igual que a Siri, podías pedirle que hiciera cosas por ti —buscar letras de canciones, verificar información de vuelos, llamar a tu mamá, etc.— y a veces sí, a veces no, obtenías lo que habías pedido. El objetivo era seguir mejorándolo hasta que se convirtiera en el método de referencia de la humanidad para buscar en Internet, escribir correos electrónicos y realizar todos los demás trabajos del día a día que mantienen nuestras vidas.

Mi nueva gerente —la llamaré Violet— era una de las principales directoras de producto para el Asistente de Google. Nunca había quedado con ella en persona, pero ahora asumí que era la mujer de piel morena clara y pelo largo oscuro que caminaba enérgicamente hacia mí con la mano extendida.

—¡Michael, es un gusto verte! ¡Ven conmigo!

Después de un apretón de manos rápido, siguió caminando. Traté de mantener el ritmo sin echar a correr. Ahora que me habían separado de los otros *nooglers*, me sentía como un idiota con el gorro de hélice, como el nuevo miembro de la fraternidad con calzoncillos en la cabeza. Me moría por quitármelo, pero no quería parecer anti-patriótico o algo así. Estaba empezando a tener una idea del tamaño de Google. Aproximadamente la mitad de los setenta y cinco mil empleados de Alphabet en todo el mundo trabajaban en el Googleplex. El lugar hacía que el campus de catorce mil personas de Facebook en Menlo Park pareciera un pueblo pintoresco.

—Estoy tan contenta de que estés aquí —dijo Violet, que estaba en algún punto cerca de los treinta—. Realmente necesitamos una perspectiva *millennial*.

—En realidad... —comencé, pero me detuve.

El viejo Michael casi se había puesto a explicar que, aunque había nacido al final de la generación *millennial*, me relacionaba mucho más con la generación Z, chicos nacidos a partir de 1997. Pero ahora yo era el nuevo Michael. Era consciente de que el hábito del antiguo yo de contra-atacar cada pequeña cosa no había sido muy efectivo en Facebook. El nuevo yo estaba aprendiendo de sus errores.

—¡Yo también estoy muy contento de estar aquí! —terminé.

Mientras hablábamos, me emocionaba estar mirando el rostro de una latina. Ese día vi a muchas personas que supuse que eran latinas, pero no estaba seguro de si estaban trabajando a tiempo completo o por contrato, o incluso si eran en realidad latinas, ya que tenemos una amplia gama de tonos de piel. Una cosa que sí noté sobre ella desde el principio: parecía dura y feroz. Todos los que pasaban la saludaban con la cabeza y una ligera sonrisa. Imponía respeto instantáneamente y sabía que ella esperaba que demostrara mi valor muy, muy rápido.

El equipo del Asistente estaba alojado en tres edificios de ladrillo que se conectaban a través de dos puentes interiores. Violet me llevó adentro, señalando las ventajas del

espacio abierto: el vestíbulo con mesas de billar y futbo-
lines; una hilera de salas de masajes privadas para calmar
los hombros estresados; "cápsulas de siesta" que parecían
gigantescos Pac-Man blancos con los pies y las piernas de
las personas asomando por la boca; una minicocina completamente equipada, que no parecía pequeña en absoluto,
sino más bien el set brillantemente iluminado de un programa de cocina; y, lo mejor de todo, a solo diez pies de mi
nuevo escritorio en el segundo piso, un tobogán plateado
en espiral que conducía al vestíbulo y al cuarto de juegos.

—¡Para fomentar un sentido juvenil de aventura! —dijo
Violet.

—¡Me encanta! —dije.

—Muy bien. *Alguien* debería usarlo —dijo, mirando su
reloj inteligente—. Son casi las cinco, así que la mayor parte de tu equipo se ha ido, pero veamos quién sigue aquí,
¿de acuerdo?

—¡Genial! —dije.

Como de costumbre cuando estaba nervioso, parecía
que solo podía hablar en enunciados afirmativos. Miré alrededor del piso del tamaño de un estadio de fútbol, las filas
y filas de escritorios ahora vacíos, las minicocinas, los sillones de masaje, las plantas, los minibares y los sofás.

—De nuevo, ¿cuántas personas trabajan en el Asistente?
—le pregunté a Violet.

—Más de mil personas —respondió ella, como si esta
no fuera una cifra completamente ridícula.

"¿Qué diablos hacen todas esas personas?", quise gritar,
pero en lugar de eso dije:

—¡Increíble!

Y seguí a Violet, estrechando manos y olvidándome de
inmediato de los nombres de todo el mundo. Cada vez que
alguien me preguntaba "¿En qué vas a trabajar?", yo decía
algo así como: "¡Todavía estoy afinando detalles!" o "¡Te

lo haré saber!". Necesitaba averiguar eso. Violet me estaba dando algo de tiempo para proponer mi propio enfoque de trabajo. Estaban depositando una gran cantidad de confianza en mí.

En mi cuarto día de trabajo, comenzaba a lamentar esa confianza. Había estado trabajando y reelaborando el enfoque de mi proyecto para presentárselo a Violet, y me dolía la cabeza a causa de todo el esfuerzo y las dudas.

En realidad, estaba aterrado y sintiéndome como un niño. El tobogán al lado de mi escritorio (lo usaba cada vez que tenía la oportunidad) y las cajas de piezas de Lego en cada área de descanso (me estaba resistiendo) no ayudaban. Tampoco los rompecabezas y juguetes esparcidos por la oficina ni la gigantesca piscina de bolas que había en uno de los edificios. Esta mezcla de mantener el niño interior y al mismo tiempo comportarse como un adulto responsable resultaba muy confusa.

A pesar de sentirme asustado e inseguro, me resistía a ir a ese lugar oscuro en el que me odiaba a mí mismo. Me mantendría abierto. Yo era el nuevo Michael.

Después de unos días más de hablar con mis colegas y tomar notas, descubrí lo que quería hacer. Pensé que sería genial enseñarle al Asistente a leer entre líneas el habla de su usuario. Dado que la mayoría de las personas no estaban acostumbradas a darle órdenes a un asistente de la vida real, pensé que podrían sentirse más cómodas usando el Asistente de Google si este pudiera captar pistas o incluso averiguar lo que necesitaba el usuario incluso antes que él mismo. Por ejemplo, el Asistente era bueno para ejecutar comandos como: "Recuérdame que me corte el pelo mañana a las dos de la tarde". Pero así es como alguien le habla a una computadora, no a una persona. Si estuvieras hablando con tu asistente de carne y hueso, es posible que te quejes de lo mal que se ve tu pelo y él entendería que realmente estás pidiendo ayuda. En resumen, quería enseñarle al Asistente que, si un usuario decía "¿Cómo decoloro mi propio pelo?", debía responder: "¿Quizá debería pedir una cita en el salón?".

Violet me dio luz verde y armé un equipo, que consistió en contactar a algunos ingenieros, preguntarles en qué proyectos estaban trabajando y si querían ayudarnos a mejorar el Asistente. (Era una apuesta segura suponer que cualquier ingeniero que trabajara en Google iba a ser bueno). Nuestro equipo era solo uno de los doscientos dedicados al Asistente. Aparentemente, el estilo de Google consistía en tener muchos equipos trabajando de forma independiente, con los proyectos más sólidos llegando a la cima.

Casi de inmediato, descubrí que no tenía idea de cómo moverme dentro de este sistema. No sabía qué preguntas realizar ni con quién tenía que hablar para hacer algo. No sabía cómo comunicarme mejor con las personas, buscarlas internamente, configurar invitaciones en el calendario o reservar salas de reuniones. Las herramientas internas de Google me eran ajenas. Estaba acostumbrado a las que usaba Facebook. No sabía a qué reuniones se suponía que debía ir ni en qué calendarios programar mis propias reuniones. Con mis fracasos anteriores en retrospectiva, podría haber estado capacitado para asumir un proyecto con un equipo, pero nada me había preparado para el desafío de negociar y ser parte de una red de doscientos equipos.

Este era un trabajo para una persona que había tenido en la preparatoria una carpeta grande de tres anillos con pestañas organizadoras, no para alguien que metía las hojas directamente en su mochila y se olvidaba de ellas. Acababa de empezar y ya tenía miedo de ser un desastre en este trabajo.

Capítulo 27

Sentimiento navideño

ERA EL DOMINGO DESPUÉS de Acción de Gracias y tres cuartos de mi carrito de la compra de Target estaba lleno de mierda navideña. Puse en el carro un letrero de madera que decía PAPÁ NOEL SE DETIENE AQUÍ y miré mi botín: dos cajas de guirnaldas de luces parpadeantes, un tarro de galletas con la forma de un muñeco de nieve, toallas de mano con la frase FELIZ NAVIDAD, un muñeco de nieve de peluche, una bola de nieve para el árbol de Navidad y un paquete de velas, edición especial navideña, de manzana y canela para que el apartamento tuviera un olor hogareño. Normalmente, ver todas esas cosas me habría hecho inmensamente feliz. Pero, por alguna razón, no eliminaron la sensación de tristeza que había tenido durante todo el fin de semana.

Pensé que era simplemente agotamiento después de una semana de trabajar todo el día en Google y luego quedarme despierto la noche entera para realizar mejoras en mi nueva aplicación, Lies, que estaba atrayendo la atención de los medios, pero no reteniendo a los usuarios. El estrés laboral solía ser algo que podía aliviar bastante bien con un poco de descanso y relajación, y había recibido mucho de eso aquel fin de semana. En lugar de pasarme las festividades con mi familia como siempre lo hacía, me había quedado en California para un "Friendsgiving" con tres de mis compañeros de trabajo, y luego me había pasado el resto del fin de semana jugando videojuegos y viendo televisión. Ahora estaba haciendo una de mis cosas favoritas: comprar horribles adornos navideños.

Entonces, ¿cuál era el problema? No me arrepentía de haberme saltado el Día de Acción de Gracias (y el inevitable drama familiar que lo acompañaba). Pero tal vez, después de todo, sí extrañaba a mi familia.

Había estado pensando mucho en aquella tarde al día siguiente de mi cumpleaños que había pasado con mis padres en la piscina del Fontainebleau. Había sido el momento más feliz que habíamos pasado juntos en años. Quería que volviera a ser así. Tal vez podía llevar a mi familia a Disney World, nuestro lugar feliz, para Navidad. O tal vez… Tomé la bola de nieve y la sacudí. Obvio, ¡por supuesto! ¡Navidad en Nueva York! Una Navidad de clima frío, con patinaje sobre hielo y árboles de verdad y, tal vez, para coronar la fantasía de todas las fantasías, incluso algo de nieve. Eso era lo que necesitábamos. Especialmente mi mamá.

A mi mamá le fascinaba la Navidad. Lo había heredado de ella. Era su festividad favorita o, al menos, lo había sido antes de la recesión, cuando al restaurante le iba bien y ella podía colmarnos con regalos, y todos recibíamos pijamas que hacían juego. Todavía hablaba de la Navidad de 2004, cuando mi papá acababa de comprar con la tarjeta de crédito un Ford Excursion nuevo de color rojo oscuro y lo condujimos desde Florida hasta la ciudad de Nueva York. Mariana y yo teníamos siete y ocho años, respectivamente. No recordaba mucho sobre el viaje, pero sentía que sí a causa de todas las veces que había escuchado a mis padres hablar de ello. Hasta el día de hoy, todavía recordaban el hotel en el que nos alojamos, el Marriott Marquis en Times Square.

—¿Recuerdas el restaurante circular y cómo los taxis amarillos que se veían abajo parecían insectos? —decía mi mamá.

Mi papá solía responder:

—Algún día, volveremos.

Pero no lo había escuchado decir eso en años.

Era perfecto. Llevaría a mi familia a Nueva York. Saqué el teléfono para llamarlos por FaceTime con la invitación.

Un mes después, allí estábamos, juntos de nuevo, en el vestíbulo del Marriott Marquis. Había cronometrado nuestros vuelos para que llegáramos al JFK al mismo tiempo y poder viajar juntos a la ciudad, metidos en un taxi amarillo con nuestros nuevos abrigos acolchados.

—¡Mira ese árbol! —Mi mamá miraba hacia arriba a lo que parecía ser una secuoya gigante plantada en el vestíbulo, recargada con adornos enormes.

—Michael, ¿puedes pedirle a alguien que nos tome una foto a todos juntos?

Mi mamá estaba mirando a su alrededor, sosteniendo su teléfono. En Miami, siempre le pedía en español a algún desconocido que nos tomara una foto en restaurantes o museos o en cualquier lugar lo suficientemente agradable para publicar en Facebook. Pero era mucho más tímida en lugares donde la expectativa era hablar inglés si estabas en público.

—O simplemente podríamos hacernos una selfi —dije, haciendo que se acercaran y sosteniendo la cámara sobre nuestras cabezas. Mi papá era demasiado alto para caber en el marco, pero, rápidamente, saqué una con su cabeza cortada y, antes de que mi mamá pudiera empezar a organizar una sesión de fotos, dije—: ¡Vamos a registrarnos!

—¿Solo una habitación? —dijo la recepcionista del hotel, pasando la mirada de mi papá a mi mamá, a mí y a Mariana.

Asentí. Siempre habíamos compartido habitación cuando viajábamos. ¿Acaso Mariana y yo éramos demasiado mayores para eso ahora desde una perspectiva no latina? Si lo éramos o no, no me importaba. Este ya iba a ser un viaje caro y las posibilidades de que las cosas no funcionaran en Google crecían día a día, al igual que el plan que estaba tramando para empezar a trabajar por mi cuenta como desarrollador de juegos en solitario. Había estado hablando con un par de inversores al respecto, pero no se lo iba a decir a mis padres. Sabía que se preocuparían demasiado.

Me encantaba mi trabajo, pero no siempre se alineaba con mi estilo de hacer las cosas. Yo solía tener un pensamiento divergente: o le estaba dando todo a Google o le estaba dando todo a mis propias aplicaciones. Había momentos en que los dos mundos se cruzaban, pero casi siempre me sentía como un aficionado a la jardinería que esperaba ansioso el momento de irse del trabajo para poder meter las manos en la tierra.

—Solo una habitación —dije.

La recepcionista asintió.

—En este momento, lo tenemos en una habitación con vista hacia el norte, pero tiene la opción de mejorar cambiando a una habitación con vista hacia Times Square.

Giró la pantalla hacia mí y señaló la imagen de una habitación glamorosa con una vista imponente de rascacielos relucientes, vallas publicitarias y miles de automóviles que subían por Broadway. Esa habitación era casi setecientos dólares más cara.

Miré a mis padres, que estaban contemplando esa misma vista desde el vestíbulo. Mi madre estaba señalando todos los puntos de referencia que recordaba de nuestro viaje de

2004 con una emoción vertiginosa. Era tan bueno ver su espíritu navideño de regreso.

—Sí, voy a pagar por esa habitación —dije.

Mariana dejó escapar un grito ahogado.

—¡Papi! —gritó al otro lado del vestíbulo—. ¿Sabes lo que acaba de hacer Michael?

—Mariana, ¡cállate! —susurré, recogiendo las llaves de nuestra habitación y dirigiéndome hacia el gigantesco ascensor circular en el centro del vestíbulo.

—¿Qué acaba de hacer? —dijo mi papá.

—Michael, diles. —Los ojos de Mariana brillaban con el secreto.

Me encogí de hombros como si no fuera nada, que lo era, comparado con lo que había gastado en el Fontainebleau.

—Conseguí una vista de Times Square.

—¡No, no! —gritó mi papá, agarrándose el pecho.

Estábamos en el ascensor ahora, subiendo velozmente al piso treinta y tres.

—Michael, no tenías que hacerlo —dijo mi mamá, dándome una palmada en el brazo.

Pero entonces, abrimos la puerta de nuestra habitación, y todos gritamos al mismo tiempo y entramos corriendo. La vista era aún mejor desde aquí arriba. Afuera estaba empezando a oscurecer y el cielo estaba rosado como un algodón de azúcar. Las vallas publicitarias ahora eran todas futuristas: un par de ellas parecían holografías con efectos 3D.

Mi mamá estaba haciendo sonidos como pequeños murmullos, como si estuviera rezando.

—¡Ah, *me encanta*! ¡Estamos en Times Square! —dijo Mariana. Sacó su teléfono y abrió Snapchat, luego se tomó un montón de selfis para publicarlas—. ¿Te imaginas si nevara? ¿Una blanca Navidad? Oh, Dios mío.

Sacó su teléfono para revisar el tiempo de nuevo. Cuando habíamos viajado allí en la Navidad de 2004, lo único que había faltado era la nieve. No había visto nieve desde que tenía tres años.

Mi papá se sentó en la cama, mirándolo todo con lágrimas en los ojos.

—¿Todo bien, papi?

Me senté a su lado, mirando hacia afuera.

—Pensé que iba a morir sin poder volver a hacer esto —dijo, secándose los ojos. Luego sonrió y me dio una palmada en la espalda—. Gracias, Cocolocho.

Me sentí orgulloso, mal por mi papá y como una mierda, todo al mismo tiempo. Era tan fácil hacer felices a mis padres. Y tenía —al menos por ahora— los medios para lograrlo. ¿Por qué no me lo proponía más a menudo? ¿Por qué siempre tenía que cuestionar cada impulso generoso que tenía? Me preocupaba que, al llevarlos a este viaje, estaría estableciendo la expectativa de comenzar a pagar por toda su vida nuevamente. Cuando vieran cuánto gastaba, alguien seguramente iba a mencionar la cantidad de dinero que tenía ahora, lo que me pondría a la defensiva y entonces Mariana me llamaría egoísta por no hacer más, y me arrepentiría de haber hecho cosas por ellos alguna vez… o me sentiría tan culpable que acabaría abriéndoles mi cuenta bancaria de nuevo. Me estremecí. Mi familia y yo teníamos que aprender a comunicarnos mejor. No solo sobre asuntos de dinero, sino sobre el tema de que tal vez yo fuera gay, el cual no se había vuelto a abordar desde que había intentado compartirlo con ellos meses atrás. La falta de reacción de mis padres al anuncio de que había salido con un chico me pesaba. Mi plan era sacar el tema durante una acogedora cena en un restaurante: decirles con tacto que, desde la cita de Tinder que les había mencionado, también había salido con otro chico por un tiempo. Diría que no había sido nada serio, pero que, de todos modos, había llegado a la conclusión de que mi interés por los chicos no era algo pasajero.

Terminé no mencionando el tema en la cena de aquella noche en el restaurante del hotel. Nos estábamos divirtiendo demasiado y no quería ver desaparecer la sonrisa de mi papá.

Y no encontré el momento adecuado al día siguiente mientras caminábamos por la ciudad, forrados con nuestros abrigos y gorros de punto decorados con copos de nieve y pompones, abrazando con orgullo nuestro estatus de turistas. Sabía que mi familia no estaba interesada en ver la Nueva York "auténtica". Querían *Aladdin* en Broadway y Tiffany en la Quinta Avenida, y los suvenires con letreros de I Heart New York —todas las cosas que habíamos visto y hecho en nuestro viaje de 2004— y yo quería cumplir todos esos deseos.

En Nochebuena, nos tomamos selfis en el Boathouse en Central Park; caminamos del brazo por High Line, bloqueándole el paso a todo el mundo; entramos en una tienda que vendía únicamente masa para galletas; y terminamos en la plaza conmemorativa del 11-S, donde todos los árboles estaban desnudos por el invierno y las paredes de bronce de las piscinas conmemorativas gemelas estaban heladas, incluso a través de las tres capas de ropa que mi mamá había hecho que todos nos pusiéramos. Estábamos todos en fila, apoyados en nuestros antebrazos y mirando hacia abajo por encima del borde, aunque se suponía que no debías, escuchando la historia detallada de mi papá acerca de los sucesos que habían conducido a los ataques terroristas de 1993 y 2001, y las guerras que Estados Unidos había estado librando en el Medio Oriente desde entonces. Estaba oscureciendo y todos estábamos temblando, pero nadie se quejó del frío ni interrumpió ni una sola vez.

Yo estaba en kínder en 2001 y solo tenía conocimientos muy básicos de la historia del 11-S, por lo que estaba escuchando atentamente la lección impresionantemente detallada de mi papá. Fue uno de esos raros momentos en los que realmente estaba desempeñando el papel que siempre había querido que él hiciera: maestro, figura de autoridad, papá con P mayúscula.

Después de la conferencia, mi hermana tomó a mi papá del brazo y se acercaron para mirar la segunda huella vacía. Mi mamá y yo nos quedamos donde estábamos, escuchando la caída del agua por un minuto, y luego ella se volvió a mirarme con sus ojos grandes y serios.

—Hay algo que quería decirte —dijo, estirando la mano para ajustar mi bufanda como si de nuevo tuviera cinco años.

—Okey —dije, preparándome.

¿Qué sería esta vez? ¿Habían incumplido con los pagos del carro? Probablemente era eso…

—La noche antes de irnos, los Peralta celebraron una fiesta de Navidad…

Estaba agarrando mi manga. Sus uñas, pintadas de blanco con copos de nieve rojos, fruncían la tela de tal modo que pensé que la iba a perforar.

Asentí. ¿A dónde iba esto? ¿Rompió algo de los Peralta? La señora Peralta tenía esa colección de figuras de porcelana… ¿Había bebido demasiado ponche y había roto una de ellas? Quería detenerla allí mismo y decirle que, fuera lo que fuera, yo lo pagaría. No tenía por qué estar asustada.

—Bueno, todo el mundo estaba hablando y la estábamos pasando muy bien —continuó mi mamá—. Y luego, ya sabes cómo es la gente en Miami, que a veces puede decir cosas que son… ¿insensibles? Así como, ¿cosas para burlarse de la gente?

Asentí, empezando a ver adónde podría ir esto. En Miami, era bastante común escuchar a la gente soltar clichés a la ligera acerca de las personas afroamericanas o asiático-estadounidenses, o bromas tontas sobre las personas LGBT. Era algo que siempre me había molestado, a medida que fui creciendo, y trataba de contrarrestarlo cuando podía. Fue revelador ver cómo se abordaban estos temas en California, donde parecía no haber tolerancia para ese tipo de comentarios.

Mi mamá continuó:

—Bueno, alguien en la fiesta hizo una broma… —observó sus botas de nieve rosadas durante unos segundos y luego volvió a mirarme— …sobre las personas gais. Y ya sabes, antes siempre me reía de esas cosas. Pero no esta vez. Estaba enojada, Michael. Dije: "¡No! No puedes hacer ese tipo de bromas. ¡No son graciosas!". Creo que todos se sorprendieron de que me enojara tanto, pero no me importó. Ya no me importa tanto lo que piense la gente.

Guau. No era lo que esperaba. Pero era algo bueno. Le di un abrazo a mi mamá.

—Gracias, mami.

Me sentí un poco mal, parado en uno de los lugares más tristes del mundo y sintiéndome tan feliz.

Esa noche, hicimos lo más navideño que se nos ocurrió y nos dirigimos al Rockefeller Center para ver el árbol gigante. En Miami, los árboles de Navidad auténticos eran extremadamente raros, un gran lujo, y mi mamá no se cansaba de ellos. Incluso después de la recesión, siempre había hecho todo lo posible por conseguirnos un árbol real, uno que alguna vez hubiera estado vivo. Así que valió la pena enfrentar las multitudes para ver el árbol de Rockefeller, el pináculo del turismo navideño. Mariana y yo incluso soportamos la fila de una hora para entrar a la pequeña pista de patinaje sobre hielo y estar ahí unos cinco minutos, el tiempo suficiente para que mi mamá nos tomara unas mil fotos dando tumbos con sonrisas locas en nuestros rostros.

A la medianoche, congelados y hambrientos, nos dirigíamos al Hard Rock Cafe, otro pináculo del turismo, cuando empezó a llover.

—¡Igual que en 2004! —dijo mi papá por centésima vez esa semana.

Y entonces, me di cuenta de que la lluvia estaba cayendo con más lentitud que en Miami.

—¿La lluvia está cayendo más lento? —les dije a todos—. ¿O es que estoy realmente cansado?

Nos detuvimos en medio de la acera y miramos hacia arriba para ver las gotas que caían.

—No, tienes razón. Está cayendo más lento —dijo Mariana.

Y entonces, los cuatro soltamos un grito de emoción:

—¡Está nevando! —dijimos una y otra vez, saltando de arriba abajo—. ¡Está nevando!

No importaba que fuera una nieve de mentira, más bien una lluvia helada que se derretía tan pronto como golpeaba las aceras. Para nosotros era nieve.

Capítulo 28

Desbloqueado

—¿QUÉ ES TAN GRACIOSO?

Levanté la vista de la pantalla y vi a Jacob, el director de Realidad Virtual que me había conseguido mi primera entrevista en Google, de pie junto a mi sillón puf.

—Hey, hermano, ¡nada!

Me puse en pie de un salto, cerrando mi *laptop*, que mostraba la tarjeta electrónica que me había enviado una amiga diseñadora de Facebook. Había tomado ese famoso cuadro, *El grito*, de Edvard Munch, y escrito sobre él con una letra dorada festiva: ¡FELIZ 2018! ¡TODOS VAMOS A MORIR!

Habían pasado tres meses desde que había hablado con Jacob, prácticamente desde que empecé en la empresa. Unos días atrás, le había enviado un mensaje por chat para hacerle saber que no me sentía muy entusiasmado con mi trabajo y que estaba pensando en irme. Me había dicho que él también iba a hacer un cambio, dejar el equipo de Realidad Virtual por una nueva división en Google llamada Área 120, donde podría haber un lugar para mí también.

Le di a Jacob un abrazo estilo macho.

—¿Tienes tiempo para tomar un café? —preguntó.

Tuve que sonreír: *todo el mundo* sugería siempre café. Yo lo odiaba. Por lo general, solo decía que sí y luego pedía agua. Esta vez propuse:

—¿Qué tal algo de comer?

Una hora más tarde, en el Heritage, uno de mis restaurantes favoritos en Google, Jacob me estrechó la mano y me dejó sentado frente al plato vacío. Yo estaba un poco en estado de *shock*. Lo que acabábamos de discutir era casi demasiado grande para procesar. Recurrí a un pequeño truco que había empleado desde la escuela secundaria, en el que movía rápidamente la rodilla y tomaba un largo y lento respiro por la nariz como si estuviera oliendo un té, y luego exhalaba por la boca como si estuviera enfriando una sopa. Mejor. Ahora necesitaba organizar mis pensamientos. Cerré los ojos y comencé a dibujar algo así como un gráfico de burbujas en mi mente, separando los puntos de datos clave de mi conversación con Jacob en círculos individuales para evitar que todo se mezclara y me abrumara. Me imaginé cada una de las burbujas en tonos de amarillo (datos positivos) o gris (datos negativos).

En el círculo uno: Área 120; amarillo soleado. Aparentemente, el Área 120 era una incubadora donde la gente trabajaba en sus propias cosas todo el día. ¿No era eso increíble? Se inspiraba en la tradición del "veinte por ciento del tiempo" de Google, la iniciativa de permitir que los empleados dedicaran una quinta parte de sus horas de trabajo a proyectos personales que podrían ayudar a la empresa a largo plazo. En el Área 120, los empleados de Google les dedicaban el cien por ciento de su tiempo a los "proyectos veinte por ciento". De ahí el nombre Área 120.

En el círculo dos: Jacob; amarillo. Estaba a punto de transferirse de Realidad Virtual al Área 120 para trabajar en algo muy futurista y ultrasecreto.

En el círculo tres: lo que Jacob sabía/el rumor; gris turbio. ¿Qué había dicho exactamente? Era algo así como:

—Hay un rumor de que estás hablando con inversores sobre dejar Google para iniciar tu propia empresa de aplicaciones.

Sí, definitivamente había dicho "rumor", lo que significaba que otras personas también habían escuchado esto. ¿Lo había hecho Violet? No me hubiera sorprendido. Parecía ser algo así como aterradoramente omnisciente. Yo le había dicho que quería quedarme trabajando en el Asistente. Había prometido intentarlo. Esa parte, definitivamente, se sentía turbia.

En el círculo cuatro: la posibilidad de dejar Google para iniciar mi propia empresa; amarillo ámbar. El rumor era cierto. Justo antes del viaje con mi familia a Nueva York, me habían contactado un par de inversores de capital de riesgo, socios en su propia empresa. Sabían de mis numerosas aplicaciones y estaban impresionados con Lies, en particular. A ellos no les importaba que estuviera fracasando y a mí tampoco. Me había pasado solo un par de fines de semana construyéndola y nunca la actualicé. De hecho, por eso yo les agradaba tanto a los inversores: era rápido y prolífico. Jacob había mencionado una vez que yo era el ingeniero de aplicaciones móviles más rápido con el que había trabajado. Si mi historial personal demostraba algo era que no dejaba que el fracaso me detuviera o incluso redujera mi velocidad. Seguía experimentando y construyendo, y fallando un poco más. Un día, seguro que las probabilidades estarían a mi favor.

En el círculo cinco: los propios inversores; gris oscuro. Habían sido muy agresivos con respecto a querer respaldarme para que dejara Google y trabajara por mi cuenta. No les importaba el contenido de las aplicaciones que creaba; solo querían una parte de lo que sea que fueran. Lo que significaba que serían dueños de una parte de mí durante mucho tiempo, si no para siempre. ¿Quería ser controlado por las opiniones de un par de tipos adinerados? Si resultaba en mi estabilidad económica de por vida, posiblemente. Así que había aceptado tener un par de reuniones con ellos, pero las estaba posponiendo, pues no me sentía del todo bien al respecto.

En el círculo seis: Asistente de Google; gris cemento.

En el círculo siete: la oferta que Jacob acababa de hacerme; gritando amarillo eléctrico. De acuerdo, no era una oferta. No técnicamente. Pero parecía que Jacob estaba siguiendo instrucciones de alguien importante del Área 120. Había memorizado exactamente la manera en que lo había dicho:

—Te mencionaron como alguien a quien quieren apoyar.

Cuando le pregunté qué significaba eso, Jacob tenía la respuesta preparada: podría mantener el mismo salario y beneficios que tenía actualmente, y crear todas las aplicaciones y juegos que quisiera. Si una aplicación tenía éxito, sería compensado por eso, en adición a mi salario. El Área 120 poseería cualquier cosa que hubiera creado mientras trabajaba para ellos. ¡Por mí, perfecto! De todas formas, los juegos nunca duraban para siempre. Habría tomado el salario, los beneficios, la seguridad y la libertad que Jacob describía sobre la propiedad de cualquiera de mis aplicaciones anteriores sin pensarlo.

Así estaba mejor. Ahora entendía todo claramente. Me levanté y caminé hacia afuera sintiéndome extrañamente ligero.

Tres semanas después de mi conversación con Jacob, todavía había algunos trámites por terminar, pero, básicamente, estaba todo resuelto: me había despedido del Asistente y de una Violet aliviada, y me había mudado al Área 120, donde mi único trabajo consistía en hacer solo lo que amaba: inventar y construir juegos. La única diferencia era que ahora podía trabajar durante el día, cuando mi cerebro estaba fresco y funcionando a plena capacidad, en lugar de hacerlo a deshoras en mi habitación. Si imaginaba el próximo Snapchat, el Área 120 lo poseería, pero al menos me quedaría con una parte de la valuación, además de lo que yo veía como un "bono de éxito", si a la aplicación le iba realmente bien.

No tardé en encontrar mi ritmo en el Área 120. Inmediatamente, comencé el proceso de esbozar una idea para una aplicación de redes sociales en la que había estado pensando durante un tiempo. La idea era simple: los jugadores adivinarían cosas unos de otros y luego descubrirían si tenían razón o no, construyendo una amistad a través de un juego. Tenía un escritorio, pero no recordaba dónde me había dicho que estaba el asistente que me había dado un recorrido por los alrededores. Demasiado avergonzado para admitirlo, había estado entrando y dejándome caer en el mismo sofá rojo todos los días para hacer lo mío.

Las oficinas del Área 120 se parecían aún más a una guardería que el salón de orientación para los *nooglers*. Cada pared estaba llena de arte colorido y había Legos por todas partes. En el edificio del Asistente, también había Legos esparcidos, pero no seguían un *estilo* ni nada así. En el Área 120, amábamos los Legos a un nivel completamente diferente. Había cuencos gigantes que contenían piezas tanto del tipo Duplo como del clásico encima de los escritorios, en las mesas de *ping-pong* y en las salas de realidad virtual, junto con pequeños carros de juguete, juegos de Jenga y rompecabezas; aunque nunca vi a nadie jugando con ellos.

El lugar estaba tan lleno de juguetes que, en mi recorrido del primer día, había preguntado si la gente traía a sus hijos a trabajar con ellos.

—Eh, estos juguetes no son para niños. Nos gusta animar a las personas a que se tomen descansos y tengan un poco de tiempo personal para explorar su creatividad —dijo mi guía turístico—. Queremos que nuestros fundadores

puedan relajarse y ser ellos mismos. Piensa en estos juguetes como herramientas para desbloquear la creatividad.
Interesante.

Mi creatividad ya estaba desbloqueada. Fluía de tantos chorros que era como las fuentes del Bellagio en Las Vegas.
Pero no era a causa de los juguetes. Era porque había estado escuchando muy de cerca, durante los últimos meses,
a mi intuición. Me había dicho que no renunciara a mis
aplicaciones, que las convirtiera en mi prioridad por encima de todo. Y luego tuve que escuchar con especial atención cuando los capitalistas de riesgo vinieron y siguieron
aumentando su oferta para financiar mi nueva empresa de
aplicaciones de juegos. Rechazar esa oportunidad había
sido una decisión difícil. Pero en lugar de lanzarme por ella
con los ojos cerrados, como lo habría hecho normalmente,
me di tiempo para reflexionar, pensando cómo me sentía
cada vez que hablaba con los inversores, y me imaginé aso-
ciándome con ellos. A pesar de lo emocionado que había
estado de trabajar en aplicaciones de juegos sociales, la sensación que tenía respecto a la situación con los inversores
se había mantenido gris. Cuando surgió la oportunidad del
Área 120, hice los cálculos, comparando las ventajas finan-
cieras potenciales de crear bajo el paraguas de la incubadora
versus fundar mi propia empresa con los inversores. Finan-
cieramente, ambas opciones eran bastante buenas, pero la
opción en solitario ofrecía más ventajas potenciales: mis
amigos seguían recordándome que podía convertirme en
multimillonario. Pero eso no era lo que me interesaba. Por
otro lado, el Área 120 me daría estabilidad y la oportunidad de ser guiado por personas a las que realmente admi-
raba. Mientras evaluaba las opciones, seguía revisando mi
gráfico de burbujas mental, sintonizándome con los colo-

res que veía en cada burbuja. El Área 120 era la que brilla-
ba con mayor intensidad sin duda alguna.

Así que allí estaba yo, acomodado en mi sofá rojo brillante, haciendo pequeños diseños para mi nueva aplicación de redes sociales, mientras otros fundadores del
Área 120 zumbaban alrededor como abejas silenciosas.
En una mesa de conferencias cercana, Laura Holmes,
fundadora de una aplicación para teléfonos inteligentes
llamada Grasshopper, se reunía con su equipo. Holmes
había creado esta aplicación para enseñar a los principiantes curiosos a programar a través de juegos y pruebas. Al
igual que las plataformas de aprendizaje Khan Academy
y (la actual) Mimo, era exactamente el tipo de cosas que
necesitábamos en el mundo. Me hizo muy feliz escuchar
a Holmes hablar sobre "expandir el ecosistema digital" y
"facilitar la incorporación de grupos subrepresentados a
la tecnología".

Obviamente, era una buena gerente, haciendo pausas
para alentar a los miembros de su equipo con comentarios
constructivos mientras los guiaba a través de una larga lista de tareas. Al escuchar su animada discusión, sentí una
punzada de la sensación familiar de no encajar que había
tenido durante la mayor parte de mi vida; especialmente
en Facebook, donde podía estar rodeado por los miembros
de mi propio equipo, pero aun así sentirme completamente solo. Al menos tenía a mis personajes de prueba, los chicos imaginarios que solían ayudarme con mis aplicaciones
en la escuela secundaria. En Facebook, había estado tan
estresado que había perdido la motivación para conjurar-
los, lo que, probablemente, fue la razón por la que Lifestage había resultado tan poco intuitivo y equivocado. Pero
tan pronto como empecé a trabajar de nuevo en mis propios juegos por diversión, empezaron a volver a mí. Ahora, mientras esperaba a que mi presidenta imaginaria del

club de teatro eligiera su botón favorito, no me di cuenta de que había alguien parado directamente frente a mí.

—Lamento mucho interrumpir, Michael… —Era Jon, el director general de voz suave del Área 120, seguido por varios ingenieros, todos mirando sus teléfonos—. ¿Tienes un minuto para hablar sobre tu equipo? —preguntó.

—¿Mi equipo? —dije—. ¡Más que feliz de hacerlo!

Sabía que se esperaba de mí que contratara uno. Para construir cosas, necesitaba apoyo. Simplemente, era así como funcionaba. Mientras yo trabajaba feliz en solitario, mi jefe esperaba que actuara como un gerente y compilara el equipo de mis sueños. Yo tenía otra cosa en mente.

—¿Cuántos diseñadores e ingenieros piensas contratar?

"¡Ninguno!", pensé. Pero nadie en el Área 120 había hecho eso antes. De hecho, era lo opuesto a como trabajaban todos los demás allí. Pero con más gente, vienen más procesos relacionados con la política de la empresa, y más procesos provocan que el tiempo de ejecución sea más lento, y un tiempo de ejecución más lento resulta en menos lanzamientos de productos, y menos lanzamientos de productos significa menos posibilidades de lanzar un producto ganador. Aprendí esto de mis errores en Facebook.

Tenía mi respuesta para Jon. Caminamos juntos hacia el pasillo, los otros tipos venían al lado, cotejando la disponibilidad de tiempo en su agenda, mi actividad más odiada.

Simplemente se lo iba a decir.

—No quiero contratar a nadie. Quiero empezar solo.

Jon dejó de caminar, apagó el teléfono y se lo guardó en el bolsillo de atrás. Estábamos parados cerca de una minicocina, donde estaba el barista en residencia de Google, preparando cafés personalizados para una fila de trabajadores. La reluciente máquina de capuchino chillaba y chisporroteaba como un antiguo tren de mercancías.

—Sé que es inusual —grité por encima del ruido—, pero, en un mundo perfecto, para obtener los mejores resultados posibles, creo que prefiero hacerlo todo por mi cuenta hasta que logremos un prototipo prometedor con el que podamos escalar el proyecto a un equipo con personal completo.

La gente del horario me miraba con la boca abierta.

Jon entrecerró los ojos, como si estuviera tratando de imaginarme cumpliendo sus expectativas en solitario. Esto, simplemente, no se hacía. La forma en la que estas cosas funcionaban en Silicon Valley era la siguiente: la gente a cargo del dinero le daba mucho de ese dinero a las personas con buenas ideas, para que convirtieran esas *ideas* en *cosas* lo más rápido posible. Y las personas con las ideas tomaban el dinero y seguían la corriente, porque, supuestamente, más recursos significaban menos trabajo para ellos.

Y ahora, aquí estaba un tipo con ideas que no quería el dinero para construir su propio equipo. Probablemente, Jon se estaba preguntando cuál era mi plan. Me expliqué un poco más.

—No necesito trabajar solo para siempre —dije—. Pero si pudiera codificar y diseñar mis propios prototipos y hacer las pruebas iniciales por mi cuenta, eso sería... lo más rápido. Después de eso, podemos contratar al equipo para expandir y hacer crecer los productos.

La gente del horario y yo estábamos mirando a Jon, que se frotaba la barba corta con la cabeza inclinada hacia un lado y los ojos cerrados. Esa máquina de café era terriblemente ruidosa. Cerré los puños para obligarme a permanecer callado y esperar a que pasara ese momento insoportable. Finalmente, Jon abrió los ojos de nuevo, luciendo renovado. Me di cuenta de que estaba esperando una pausa de la máquina de capuchino, porque no era el tipo de persona que gritaba para ser escuchado. Cuando la sala se quedó en silencio, finalmente, habló.

—Tú eres el fundador —dijo, refiriéndose al nuevo proyecto que estaba empezando dentro de Google—. Así es que supongo que debemos permitir que sigas tus instintos, ¿no es así?

Capítulo 29

Ojos azules y flores moradas

No IBA A TENER sexo con una persona a quien no amaba. No me gustaba la idea de acostarme con alguien de Tinder a quien nunca volvería a ver. En cambio, lo que generalmente sucedía era que hacía *match* con alguien en la aplicación; salíamos a tomar o comer algo; tal vez nos besábamos; inmediatamente me presionaban para tener sexo; yo decía: "No vamos a tener relaciones sexuales"; la cita terminaba; y nunca volvía a saber de ellos.

Mariana pensaba que el problema era mi biografía de Tinder, que intentaba ser graciosa y fracasaba de manera estrepitosa porque —según me habían dicho— había que conocerme durante unos meses para ser capaz de apreciar mi humor. La biografía no mencionaba nada sobre mi carrera. Quería gustar por quien yo era, no por tener un buen trabajo o por mi dinero. Pero Mariana me dijo que ella solo hacía *match* con chicos que parecieran estables y exitosos; con una "alta calidad de vida", como ella decía. Ella pensaba que mi perfil, probablemente, estaba alejando a los chicos más serios que querían una pareja con ambiciones más allá de divertirse. Seguí su consejo y actualicé mi biografía para decir que trabajaba en Google como desarrollador de *software*. Pero me negué a quitar que mis tres cosas favoritas eran Disney World, viajar en cruceros y Panda Express.

—

Como a los del Área 120 no les importaba dónde hacía mi trabajo, había estado viajando a Miami con bastante frecuencia para visitar a mi hermana (aunque no siempre a mis padres) y también para estar en contacto con lo que el adolescente estadounidense promedio estaba haciendo en su teléfono. Mi mayor temor era que, si nunca abandonaba la burbuja de Silicon Valley, accidentalmente, comenzaría a crear aplicaciones que solo atrajeran a los *millennial* y, Dios no lo quiera, a los de la generación X. Aunque los amigos de mi hermana eran básicamente de mi edad —Mariana y yo nos llevábamos solo catorce meses—, todos tenían hermanos y amigos menores, y me encantaba hablar con ellos acerca de mis juegos y escuchar sus comentarios tan brutalmente honestos. Además, me reía más en Miami.

En uno de esos viajes, estaba aburrido y decidí revisar Tinder. No quería una cita en Miami, solo quería hacer algunas conexiones nuevas en San Francisco, así que puse mi pin de ubicación en San Francisco y comencé a buscar. De inmediato, le gusté mucho a William. Tan pronto como deslicé el dedo hacia la derecha, apareció un mensaje:

WILLIAM: Hey, tu biografía es superimpresionante; excepto por lo de Panda Express.

Yo: No te preocupes, recientemente lo eliminé de mi dieta; simplemente, lo dejé ahí por nostalgia.

WILLIAM: ¿Dónde estás?

Yo: Vivo en California, pero estoy visitando a mi hermana en Miami. ¿Quizá podamos conocernos cuando regrese?

Este chico era realmente lindo y sonaba inteligente en su biografía (un estudiante de posgrado), y no había fotos de él en ropa interior: una buena señal de que no era del tipo de los que tienen sexo para luego desaparecer. Todo lo contrario: había fotos de él en un jardín ¡con sus hermanas! William parecía íntegro, el tipo de persona que te podías imaginar presentándoselo a tus padres cuando ellos estuvieran listos. Me estaba emocionando hasta que:

WILLIAM: ¡Oh, no, yo no vivo en CA! Solo estoy aquí para acompañar a mi hermana menor en una competencia de ingeniería de la escuela.

Los dos estábamos lejos de casa visitando a nuestras hermanas menores. Ahora me gustaba aún más ¿y ni siquiera era una posibilidad?

YO: ¿Dónde vives?
WILLIAM: En Florida. Esto es muy gracioso.

Era gracioso. Pero yo estaba un poco triste. Finalmente, había hecho *match* con un tipo increíble y ahora estaba a punto de tomar un vuelo de regreso a California y él iba a volar de regreso a Florida, y no podríamos conocernos. Pero al menos podíamos hablar. Y durante los siguientes días, hablamos muchísimo por FaceTime. Descubrí que William tampoco era el tipo de chico que tiene sexo en la primera cita. Estaba estudiando biología y le gustaban mucho las plantas. Yo podía apreciar un bonito rosal, pero nunca había entendido el atractivo de la jardinería y había heredado el afecto de mi mamá por las plantas falsas. Las tenía por todo mi apartamento. Me encantaban porque, no importaba cuán secas y polvorientas estuvieran, nunca morían. Aun así, me gustaba escuchar a William hablar sobre las plantas, algo que hacía mucho. Hablaba de regarlas, ponerlas en invernaderos, cambiarles los niveles de luz, darles comida especial… A William le gustaban sus plantas tanto como a mí me gustaban mis juegos. Nunca había salido con un chico que se preocupara tanto por lo que hacía.

No pude resistirme. Tenía que intentarlo. "¿A qué aeropuerto vas a volar?", pregunté.

La siguiente semana, viajé de regreso a Florida; esta vez, aterrizando en el aeropuerto de Orlando, donde William había dejado su auto en un estacionamiento a largo plazo para viajar desde allí porque era más barato que hacerlo desde su aeropuerto local. Era un estudiante de posgrado que trabajaba en un laboratorio, me recordé, así que, por supuesto, tenía sentido que condujera dos horas hasta un aeropuerto más barato. Habíamos planeado encontrarnos allí y luego lo llevaría a Epcot, en Disney World, para nuestra primera cita. Él nunca había ido a Epcot, y este era el momento perfecto porque estaban teniendo su gran festival de flores de primavera, que normalmente me hubiera esforzado por evitar. Me gustaba tanto ese chico que estaba impaciente por asistir a un festival de plantas. Nunca me había emocionado tanto con nadie.

William me estaba esperando en el área de recogida del aeropuerto en un Ford Focus 2008 plateado. Mientras me acercaba, una mujer de la seguridad del aeropuerto le estaba gritando a través de la ventanilla abierta, pues quería que despejara el lugar junto a la acera que había estado acaparando durante quince minutos porque yo me había atrasado. La mujer se acercó a su ventanilla, agitando las manos y hablando más y más alto mientras William —noté con una punzada de emoción— permanecía tranquilamente indiferente.

—Solo será un minuto más, lo siento —seguía diciendo.

Eché a correr.

—¡Ya estoy aquí! —grité, montando de un salto en el asiento del pasajero con mi mochila de Facebook—. ¡Hola! —dije, sonriéndole con un rostro lleno de metal.

En solo dos semanas, me iban a quitar los aparatos de ortodoncia después de más de una década. Sentía que mi confianza estaba a punto de desencadenarse también. Pero no todavía.

—¡Hola! —dijo William, devolviéndome la sonrisa. Tenía unos ojos azules brillantes que hacían que mi estómago diera vueltas y… ¿había una planta entre sus piernas?—. ¡Ah, sí, quería darte esto! —dijo, entregándomela.

Yo no sabía nada de plantas, pero esta estaba cubierta con cientos de diminutas flores moradas, en una maceta azul envuelta en plástico transparente para evitar que la tierra se cayera en el avión.

—Guau, gracias. —Ignoré el agua fangosa que estaba goteando en mis pantalones e hice mi mejor imitación de una persona que admira una planta—. ¿La compraste en el aeropuerto?

—Ja, ja. ¡No! —William parecía realmente sorprendido de que yo pensara que él había comprado una planta en el aeropuerto—. Viajé con ella. La vi en Home Depot y era tu color favorito, así que…

Miré las flores de color morado con un nuevo aprecio. Me había preguntado por mi color favorito hacía tres días, cerca del comienzo de nuestra primera conversación por Tinder.

—Me encanta —dije.

Había planificado el día entero mientras estaba en el avión. Pero debido a que había esculturas de jardín gigantescas de los personajes de Disney, así como flores por todas partes,

William estaba haciendo de guía turístico tanto como yo. Corría de planta en planta, explicando de dónde era cada una y qué tenía de especial. ¿Sabía que el bambú puede crecer treinta y cinco pulgadas en un día? ¡No lo sabía! ¿Había escuchado alguna vez que el extracto de vainilla provenía de la vaina de una orquídea? ¡Eso era una noticia para mí! La emoción de William era tan tierna que, en cierto momento, superé mi timidez y le tomé la mano. Caminamos así por un rato, pero no valía la pena. No era que la gente nos *observara* o nos mirara con desaprobación, sino que cada persona con la que nos cruzábamos les echaba un vistazo a nuestras manos entrelazadas cuando se daba cuenta de que: "Oh, esa es una pareja gay". Y todas esas miradas se sumaban a una mirada continua y agotadora. Así que volvimos a dejar que nuestros dedos se rozaran, lo cual era fácil, porque resultó que teníamos el mismo tamaño: cinco pies y siete pulgadas. Me encantaba que William y yo tuviéramos exactamente la misma altura. Una vez que William identificó todas las bromelias y bonsáis del parque, lo llevé a una de mis atracciones favoritas: *Volando alrededor del mundo*. Es un viaje simulado en el que te deslizas en ala delta por los Alpes suizos, te lanzas en picada por el puerto de Sydney y pasas entre elefantes en el monte Kilimanjaro. Había estado en esa atracción cientos de veces en mi vida y nunca se me había ocurrido que esa o cualquier otra atracción pudiera ser romántica. Pero volar por encima del mundo con William fue lo más romántico que había hecho en mi vida. Al final, después de la exhibición simulada de fuegos artificiales, hubo un momento de oscuridad total y, de repente, nos estábamos besando. Entonces, también de repente, las luces se encendieron y un adolescente con un chaleco de Epcot golpeó el costado de nuestro pequeño carro.

—¡Okey, gente, circulen! —dijo mientras buscábamos a tientas, sonrojados, nuestros cinturones de seguridad.

Para recuperarnos del momento incómodo, corrimos al pabellón de Italia en la sección Ventana al Mundo para probar el *limoncello*; luego, al de Japón por un poco de sake y, por último, al de Francia por una copa de burdeos. Aturdido y tostado por el sol, recordé que, en la época en que iba a Disney con mi familia, buscábamos un parche de césped, nos tumbábamos en una manta que traía mi mamá y dormíamos la siesta hasta que las filas disminuyeran. A veces tomaba una hora más o menos, pero nunca teníamos prisa. Ahora, agarré el puño de la manga de William, lo empujé hacia una pequeña colina verde y caí de espaldas.

—Tomemos una siesta —dije, cerrando los ojos.

—Oh, de acuerdo. —William parecía confundido, pero no hubo tiempo para explicaciones porque me quedé dormido enseguida.

Cuando me desperté de golpe, el sol se había puesto detrás de una escultura vegetal de Pluto, proyectando una sombra sobre nosotros, y William estaba sentado a mi lado mirando a un papá perseguir a su niño pequeño por el césped.

—¡Oh, mierda! ¿Me quedé dormido? —Me senté, mirando a mi alrededor.

—Sí, lo *hiciste* —dijo William, luciendo muy divertido.

—Oh, no. ¿Ronqué? —Me cubrí el rostro con las manos.

—Lo hiciste. Mira, te tomé fotos.

Sacó su teléfono para mostrarme la imagen más espantosa que jamás había visto. Estaba acostado con la cabeza torcida hacia un lado, la boca abierta y los brazos extendidos en ángulos locos. Tenía la nariz muy roja por el sol y el alcohol. Parecía como si acabara de caerme de un ala delta hacia mi muerte.

—¡Oh, Dios!, ¡qué horrible! —Volví a poner la cabeza entre las manos, con ganas de desaparecer—. ¡Lo siento mucho! Estoy tan avergonzado. ¡Arruiné nuestra cita!

—Ja, ja. ¿Qué? ¡No, no lo hiciste! —dijo William. Estaba acariciando mi espalda, dibujando pequeños círculos reconfortantes—. No quise avergonzarte. Solo tomé esas fotos porque pensé que te veías muy… lindo.

Levanté la cabeza muy despacio. ¿Me estaba tomando el pelo? Seguramente, lo estaba haciendo. Pero a juzgar por su expresión seria, tal vez no. Se puso de pie y me tendió la mano.

Capítulo 30

Saltando a ciegas

Después de Epcot, William me había llevado de regreso a su pequeño y acogedor apartamento, adonde se había mudado del noreste dos años atrás para ir a la escuela de posgrado. Había decidido arriesgarme un poco y programé mi pasaje de regreso a San Francisco para el día *después* de nuestra cita. Si las cosas hubieran salido pésimamente mal, podría haberme quedado en un hotel del aeropuerto. Pero había sido todo lo contrario, a pesar de mi episodio de narcolepsia en el césped. Así que me quedé a pasar la noche con William. Nada subido de tono ni nada así. Como ya habíamos hablado de que ninguno de los dos quería ir muy rápido sexualmente, esa presión desapareció y, simplemente, nos acostamos en la cama, conversamos, miramos Netflix y nos dormimos temprano. Mientras me vestía para irme al día siguiente, William dijo:

—Sabes, tengo un par de cajones vacíos por si quieres dejar algunas cosas.

Durante todo el vuelo a casa, no pude dejar de pensar en eso. No podía dejar de pensar en sus ojos azules. Así que cuando llamó y dijo: "Deberías volver y quedarte un poco más de tiempo, y luego podemos decidir qué hacer", pensé: "Si él quiere que yo esté con él, bueno, ¿por qué no?".

Tres semanas después, mi nuevo compañero de apartamento, Matthew, me estaba ayudando a empacar. Amy se
había mudado a la ciudad. Mientras yo arrojaba las cosas de
mi sala de estar —un par de almohadas con emojis de las
que no soportaba separarme, una guirnalda con el letrero
Feliz Hanukkah, camisetas viejas de la campaña de Bernie y el árbol de Navidad falso plegable que todavía estaba
puesto en abril— en la caja abierta más cercana, Matthew
se encargaba de recoger la cocina. Vestido con una sudadera con capucha de los Toronto Marlboros, se había sentado
con las piernas cruzadas en la barra de mármol y miraba
dentro de un gabinete casi vacío.

—¿Dónde están tus platos?

—No tengo ninguno —le dije.

Nunca había llegado a comprar una vajilla; simplemente, comía directo del recipiente para llevar si estaba en casa.

—Ni modo —dijo Matthew, se bajó de la silla y llevó la
caja a la sala de estar—. Supongo que eso es todo. ¿Quieres que la selle con cinta?

Miré dentro de la caja. Contenía dos paquetes de paños
de cocina sin abrir y una licuadora. Todavía había espacio
para mi Nintendo Switch.

—No, solo ponla allí —dije—. Gracias, hermano.
¿Seguro que no te importa quedarte con el sofá?

Nuestro sofá era una cosa negra modular de IKEA
con una gran rasgadura en el centro por donde sus tri-
pas blancas se desparramaban. Habíamos pasado una
gran cantidad de horas jugando *Super Mario Odyssey*
allí, pero por lo demás, mientras viví en ese apartamento había estado la mayor parte del tiempo en mi habitación, programando en la cama. Matthew dijo que se
quedaría con el sofá.

—Dejaré que mi nuevo compañero de apartamento lo
reemplace si quiere —dijo.

Como me estaba mudando tan repentinamente, aún no habíamos encontrado a mi reemplazo, pero le aseguré que cubriría el alquiler hasta entonces. Los apartamentos de lujo como ese en el que había estado viviendo tenían una gran demanda en Silicon Valley, así que no estaba demasiado preocupado por eso.

Estaba teniendo uno de esos momentos en la vida en los que saltas a una piscina con los ojos vendados, pero me sentía muy a gusto con mis probabilidades. Tal vez ni siquiera era algo tan loco: solo estaba trasladando mis cosas a una habitación en el apartamento de mi amigo Fred, en San Mateo, mientras tanteaba el terreno en Florida con William. Por ahora, volaría de ida y vuelta entre California y Florida cada dos semanas. De todos modos, rara vez iba a la oficina del Área 120 —trabajaba mucho mejor desde mi cama—, así que nada cambiaría realmente desde su perspectiva.

Incluso antes de William, había estado pensando en volver a Florida. La verdad era que echaba de menos estar cerca de otros latinos: el español, los chistes latinos, el ruido. Pero también echaba de menos los parques temáticos de Florida y su diversidad de estilos de vida, trayectorias profesionales, puntos de vista. Incluso extrañaba el contraste de hablar con los partidarios de Trump, como lo eran la mitad de mis amigos de Miami. En la mayoría de los círculos de Silicon Valley, alguien que había votado por Trump, simplemente, no era bienvenido. Así que todo el mundo hablaba de lo felices o tristes que estábamos al unísono. Y casi todas las personas que conocía trabajaban en programación, publicidad o *marketing* en Facebook, Google, Apple, Yahoo! o Microsoft.

Si tenía la libertad económica para poder vivir a tiempo parcial en Florida, ¿por qué no iba a hacerlo? Si las cosas no salían bien con William, no me quedaría sin hogar; simplemente, me quedaría en California. Solo había ventajas.

—

Ahora estaba parado frente a FedEx, junto a una pila de cuatro cajas que contenían la mayor parte de la ropa para clima cálido que no había donado a Goodwill. Me acababa de dar cuenta de que no tenía la dirección de William, así que saqué mi teléfono, tomé una foto de mi torre de cajas y la adjunté a un mensaje.

Yo: ¿A dónde tengo que enviar estas cajas?
WILLIAM: ?
Yo: ¿Cuál es tu dirección?
WILLIAM: …
WILLIAM: …
WILLIAM: …

Eso estaba raro. ¿Tenía que buscar su código postal o algo así?

Caminé alrededor de las cajas un par de veces. Tenía que ir a una reunión con Jon, el director general del Área 120. Quería mantenerlo al día con respecto al progreso del proyecto más reciente de juegos de redes sociales en el que estaba trabajando, pero sobre todo necesitaba asegurarme de que recordara cómo me veía antes de irme a Florida. Quería ser una persona real para él.

Ahora, los puntos suspensivos ya ni siquiera estaban allí. ¡Mierda! Marqué el número de William.

Justo cuando la llamada se iba al buzón de voz, apareció un mensaje de texto con su dirección. Nada de "Tengo ganas de verte". Ningún comentario acerca de la foto. Todo bien. Probablemente estaba en clase o algo así. Envié mis cajas y me subí a un autobús de Google para mostrar mi cara en el trabajo, tratando de no preocuparme por el hecho de que a William no le había gustado la foto de las cajas. ¿Debería llamarlo y asegurarme de que todo estaba bien? No quería parecer muy intenso. Mi estrategia era que las cosas fueran ligeras y fáciles, como si solo llegara de visita, lo cual, técnicamente, era así. Él no necesitaba saber que me había mudado de mi apartamento. Parecía demasiado pronto para una conversación importante sobre la vida. No es que me preocupara lo que él sentía por mí. Todo había sido idea suya, ¿no? Entonces, no tenía nada de qué preocuparme por ese lado. Simplemente, no quería que sintiera ningún tipo de presión innecesaria. Después de todo, solo habíamos pasado tres días juntos en persona.

Capítulo 31

Un adulto responsable

GRACIAS A DIOS, SOLO estaba siendo estúpido. Nunca hubo nada de qué preocuparse. Un par de semanas después, las cosas iban bastante bien entre William y yo. Era muy divertido vivir juntos. Me encantaba cómo, a diferencia de mí, él era implacablemente positivo; me encantaba conducir hasta Orlando con él para caminar por Disney World y Universal Studios con bebidas en las manos, disfrutando de las interminables atracciones; me encantaba que tuviéramos el mismo gusto en la ropa. Incluso cuando tenía una pila de camisetas limpias en mi cajón, tomaba una de William, solo porque era suya. Me da un poco de vergüenza escribir esto, pero estaba loco por William.

Había estado en Florida durante dos semanas y seguíamos manteniendo las cosas bastante simples, sin tener todavía la conversación de "¿Y ahora qué?". Tampoco habíamos tenido una sola discusión seria todavía. Esto se debía principalmente a que William solo podía ver lo bueno en las cosas. Si los dos fuéramos un vaso, William habría sido el de la mitad llena. No importa cuán pesimista me sintiera acerca de una línea torpe de código que había reescrito cincuenta veces, o de alguna atrocidad producto del cambio climático sobre la cual no estaba haciendo nada, o de mí mismo en general: William siempre tendía una perspectiva más brillante que ofrecerme. Lo único en lo que parecía tener dificultades para sentirse positivo era la relación telefónica que yo mantenía con mi mamá. Ella y yo hablábamos al menos una vez a la semana, pero incluso después de toda la diversión que habíamos tenido en Nueva York, nuestras conversaciones seguían convirtiéndose en partidas de gritos. En cambio, William y su mamá no sentían la necesidad de meterse en los asuntos del otro al mismo grado que nosotros. Cuando hablaban, era una conversación amistosa y al grano.

Había estado esperando en secreto que los amigos de William sacaran a relucir su lado más salvaje. Me había imaginado que se parecerían menos a mis amigos de Silicon Valley y más a mi gente de Miami, que se reía a carcajadas, bromeaba e interrumpía todo el tiempo. Tenía muchas ganas de que alguien estuviera en desacuerdo conmigo otra vez, incluso de que una opinión me dejara en *shock* de vez en cuando. Cualquiera que fuera el problema por el que estuviera pasando, cualquier desafío creativo que tuviera que resolver, lo mejor era siempre pasar el rato con mi hermana y sus amigas, las personas con las que crecí, que me hacían reír sin importar lo estresado que estuviera.

Angela y Liam, la pareja sentada al otro lado de la mesa frente a William y yo en un ruidoso restaurante mexicano lleno de estudiantes universitarios, no estaban cumpliendo en ese frente. Los acababa de conocer hacía cinco minutos, pero rápidamente me estaba dando cuenta de que no teníamos nada en común, de una manera poco colorida.

—Cardi B lanzó una nueva canción hoy —dije, pensando que acababa de empuñar el rompehielos definitivo—. ¿Ya la oyeron, chicos?

Los tres, William, Angela y Liam, me miraron sin comprender por encima de sus margaritas de cuatro dólares.

Oh, cierto, pensé, no estábamos en Miami. Cardi B no era una deidad aquí.

—Entonces, ¿qué tipo de música escuchan ustedes? —pregunté.

—Realmente, no oigo música —dijo Liam, doblando su servilleta—. Soy más de escuchar *podcasts*.

—¿Supongo que me gusta la música *country*? —dijo Ángela.

William, que tampoco compartía mi aprecio por el rap, se encogió de hombros en señal de disculpa.

—¿Entonces eres ingeniero de *software*? —preguntó Liam.

—¡Sí, más o menos! —dije—. Creo juegos.

—¿Juegos estilo *Call of Duty*? —dijo Ángela, inclinando la cabeza.

—Oh, no, diseño aplicaciones para iOS. Para el iPhone —dije y mi pulso se aceleró un poco.

Había estado tratando de controlar las conversaciones sobre tecnología con William, quien estaba interesado en mis historias sobre la cultura de Google, pero tenía una mirada distante en sus ojos cada vez que yo trataba de explicarle lo que realmente *hacía* en el trabajo.

—En este momento, tengo una gran idea para arreglar las redes sociales. Quiero construir una red social que no use algoritmos de inteligencia artificial para la clasificación de contenido. La inteligencia artificial *solo* se utilizará para ayudarte a determinar a quién quieres enviarle tu publicación.

Tomé un sorbo de agua, a punto de contarles la mejor parte: mi red estaría descentralizada; nadie la poseería. Pero, de repente, me di cuenta de que Liam y Angela no me miraban con interés, sino más bien con desconcierto, ¿o era simplemente aburrimiento? Por ellos, bien podría haber estado describiendo una nueva fórmula de pasta de dientes que había inventado. En realidad, al tener mentes científicas, probablemente les habría importado *más* eso. Después de unos segundos de incómodo silencio, Angela dijo:

—Muy interesante.

Y los tres se lanzaron a un apasionante debate sobre los herbicidas para eliminar las malas hierbas. Le hice un gesto al mesero para que nos trajera otra ronda de margaritas, adelantándome a las objeciones del grupo con un: "¡Yo invito!". Su *modus operandi*, según había descubierto, era llegar al inicio del *happy hour*, pedir una ronda y pasar la siguiente hora comiendo y pidiendo más nachos gratis. Si quería comer o beber más, yo tenía que pagar por ello, lo cual por mí estaba bien, por supuesto. El costo de vida en el norte de la Florida era, probablemente, un setenta por ciento más bajo que en South Bay; habría invitado con gusto a William y a sus amigos a cenar cinco noches a la semana si William no me hubiera pedido que dejara de pagar por las cosas. Lo hacía sentir incómodo y no importaba cuántas veces le explicara que no era gran cosa. Pero esta noche, qué pena, porque *yo* me sentía incómodo y quería otra bebida.

William se me acercó y me apretó el hombro compasivamente.

—Ustedes son tan terriblemente adorables —dijo Angela, interrumpiendo a Liam—. ¿Hace cuánto tiempo se conocen?

—Oh, hace como un mes —dijo William, que tenía que saber que no había pasado tanto tiempo.

¿No sabía que habían pasado exactamente dieciséis días?

—Guau —dijo Liam—. ¡Quién diría que William era tan espontáneo!

—No lo soy —dijo, tomando mi mano—. Pero Michael lo es por los dos. Envió un montón de cajas a mi casa un día y yo me quedé como: ¡oh, vaya, no sabía que te ibas a mudar!

Todos menos yo se rieron.

—Pensé que habíamos acordado vivir juntos —dije, forzando una sonrisa.

—¿Qué? —William sacudió la cabeza.

—¡William! —Definitivamente no estaba sonriendo ahora—. ¿Estás diciendo que me mudé a tu apartamento sin tu permiso?

Él parecía tan sorprendido como yo. Pude verlo dándose cuenta de que los dos teníamos interpretaciones completamente diferentes de cómo había llegado a estar ahí sentado y, posiblemente, también sobre todo lo demás en el mundo.

—Sabía que ibas a traer algo de ropa, pero no pensé que te ibas a deshacer de tu apartamento —dijo finalmente William.

—¡Esto ha sido muy divertido! —dijo Angela, arrastrando su silla hacia atrás con un sonido ensordecedor.

—La noche salió bien —dijo William minutos después, en el auto—. ¿No te parece?

Por un segundo, pensé que estaba siendo apropiadamente sarcástico, pero luego recordé que era William. El restaurante no había explotado, nadie se había atragantado con un nacho, así que había salido bien. Yo seguía mirando por la ventanilla.

—¿Michael?

—Eso me pareció horrible.

—¿En serio? ¡Parecía que te estabas divirtiendo! Estabas sonriendo todo el tiempo.

"Porque eso es lo que hago", quería decirle, pero había decidido no hablar con él.

Nos detuvimos frente al bonito apartamento de William, con su pequeño oasis de flores y palmeras en miniatura en el jardín de la entrada. William apagó el carro y abrió la puerta, pero yo no me moví. No estaba tratando de ser dramático; *no podía* moverme hasta que algo, cualquier cosa, volviera a tener sentido. Empecé a pensar en cuando era un niño y mi mamá y yo nos sentábamos juntos en el auto después de una pelea sobre dinero, y ninguno de los dos podía salir de nuestro frustrado y lloroso silencio. Me sentí tan perdido, confundido y decepcionado como esa versión de mí mismo de catorce años.

—Michael, por favor, por favor, di algo.

William parecía tan preocupado. A pesar de lo enojado que estaba, se merecía que tratara de explicarme.

—Me hiciste sonar como un acosador —le dije—. Como si, simplemente, me hubiera aparecido con mis cajas. Tú fuiste quien dijo que debería venir. Tú dijiste: "Ven y luego decidimos el resto".

William se pasó la mano por el pelo y suspiró.

—Me refería a que vinieras de visita —dijo—. Luego, enviaste esa foto de todas las cosas que estabas mandando por correo y me di cuenta de que no había sido... claro.

—Supongo que ahora todo se ha aclarado —dije con amargura.

—Pero luego lo pensé —siguió William— y me di cuenta de algo: ¿qué es lo peor que podría pasar? Tenías movilidad, podías irte si no funcionaba.

Una polilla gigante estaba atrapada en la lámpara del porche, batiendo sus alas frenéticamente contra el vidrio. Había entrado, pero no podía salir. Ese no era yo, me dije. William tenía razón. Podía salir de esto en cualquier momento que quisiera. Sin embargo, de todas maneras, me sentía como esa polilla: claustrofóbico. De vuelta en el restaurante, habría dado mi iPhone para poder chasquear los dedos y estar de vuelta en Menlo Park, aturdiéndome con videojuegos hasta que la punzada de lo que acababa de descubrir dejara de dolerme tanto; para, al menos, haber tenido la *opción* de ignorar a William para siempre. Pero toda mi ropa favorita estaba en sus dos cajones inferiores y había dejado mi *laptop* abierta en la mesa de su cocina. Así que aquí estaba yo, todavía aquí.

—Vamos, entra de una vez —dijo William.

Él había salido y abierto mi puerta, como si se tratara de una caballerosa cita para el baile de graduación.

Tal vez estaba bien estar atascado, por ahora, en lo que sea que fuera esto. Quizá mi estancamiento era lo único que nos estaba dando una oportunidad. Con mis juegos, me había dado cuenta de que, si les daba a las personas la libertad de hacer lo que quisieran, sin tener reglas, se aburrían, se alejaban. Pero, si les ponía limitaciones, parecían encontrar placer en circunscribirse a ellas. Cuantos más obstáculos construía, mejor se volvía el juego.

Capítulo 32

"Soy gay"

MICHAEL SAYMAN, EXITOSO INGENIERO HISPANO
DE GOOGLE, DICE SU VERDAD: "SOY GAY"

Por Lena Hansen, 24 de agosto de 2018

El exitoso ingeniero de Google Michael Sayman, de raíces peruanas y bolivianas, cumple hoy 22 años. Y para celebrar esta fecha tan especial, Sayman contactó a *People en Español* para contarle al mundo su verdad: el joven que se hizo millonario creando apps y también trabajó para Facebook es gay, y ya no quiere esconderlo.

"Realmente creo que esto podrá ayudar a otros latinos que pasan por la misma situación", reveló el joven. "Siento miedo de que, a pesar de mis logros de ser el ingeniero más joven contratado por Facebook a los 17 años y el mánager de productos más joven de Google a los 21, aún hay una voz en mi mente que me dice: 'Nadie verá más allá de que eres gay'. Creo que es hora de probarles a los demás que está bien y que puedes ser exitoso sin tener miedo de ser quien eres".

Si bien desde que era adolescente siempre apoyó a su familia —ayudándola a salir de una crisis económica cuando sus padres perdieron sus empleos y su casa—, Sayman admite que teme cómo sus seres queridos reaccionarán a su orientación sexual.

Este secreto, que guardó durante años por miedo al rechazo, es uno que ya no quiere seguirlo callando. "Soy gay y viniendo de un *background* hispano, decidí quedarme en el clóset [durante años] porque siempre tuve miedo de compartir eso sobre mí, especialmente porque miles de jóvenes en Latinoamérica me mandan mensajes diciendo que soy un modelo a seguir para ellos".

Para su cumpleaños hoy, en vez de aceptar regalos, Sayman les pedirá a sus amigos que donen dinero a la organización sin fines de lucro The Trevor Project, que ayuda a personas de la comunidad LGBT en situaciones de crisis y en riesgo de suicidio.

Me había superado a mí mismo ese año. Convencer a *People en Español* para que publicara mi artículo de salida del clóset el mismo día en que cumplía veintidós años había sido, definitivamente, mi mejor logro en un cumpleaños hasta ese momento. Fue mejor que aparecer en CNN International justo antes de cumplir catorce años; mejor que viajar a Sudamérica justo antes de cumplir dieciséis años para hablar frente a miles de personas en varias universidades; mejor que recibir la oferta de pasantía de Facebook justo después de cumplir diecisiete años o que me contrataran en Facebook al otro día de cumplir los dieciocho; definitivamente, mejor que lanzar Lifestage el día antes de cumplir veinte; e incluso mejor que firmar mi contrato con Google en el Fontainebleau el día que cumplí veintiuno. Fue mejor que todos esos logros porque fue lo más honesto que había hecho en mi vida.

Mi salida del clóset había llevado meses de estrategia y planificación. No se trataba solo de publicar y compartir el artículo; se trataba de gestionar el proyecto de toda la operación hasta el último detalle para minimizar las posibles consecuencias. Cada dominó tenía que estar perfectamente alineado en este orden:

Dos meses antes de mi cumpleaños: reservar un crucero de cumpleaños con William, Angela y Liam, que ahora eran mis amigos favoritos de William; los amaba.

Un mes antes: contactar a *People en Español* para evaluar su interés en cubrir mi salida del clóset.

Tres semanas antes: pedirle a William que me tomara unas cien fotos, elegir la única buena, y comenzar a filtrarla y retocarla para las redes sociales.

Dos semanas antes: hacer la entrevista con la periodista de *People* Lena Hansen y darle la foto retocada.

Una semana antes: caer en espiral hacia un lugar oscuro, preocupándome de que todos los que me conocían en Latinoamérica —específicamente la familia de mis padres y la mayoría de mis treinta y cinco mil seguidores en Facebook— se decepcionaran de mí.

La mañana del gran día: cambiar estado a "En una relación".

Esperar.

Realmente, no sabía lo que estaba esperando, pero sabía que no quería darles a mis tías, tíos y primos en Bolivia y Perú la oportunidad de fingir que no habían visto mi publicación y actuar como si nada hubiera sucedido, como habían hecho mis padres cuando se los conté por primera vez. La única razón por la que insistí en que el artículo saliera en mi cumpleaños fue para poder poner un enlace a este y dejar que explicara mi publicación acerca de William en el único día del año en el que no había absolutamente ninguna posibilidad de que mis familiares se lo perdieran. Para los miembros de mi familia, y para muchos latinoamericanos, no llamar o escribir a los miembros de la familia en sus cumpleaños se considera algo muy grosero. Todos estarían haciendo eso en mi página de Facebook, donde, literalmente, no te podías perder la noticia.

La coordinación del crucero también fue crucial para la orquestación de mi salida del clóset. Encontré uno que zarpaba dos días después de mi cumpleaños, lo que me daba suficiente tiempo para hacer algunas entrevistas con periódicos y estaciones de radio en Bolivia y Perú que habían reportado la historia, pero no demasiado tiempo para obsesionarme con los comentarios de las redes sociales. A propósito, no había pagado el costo adicional de la tarifa de wifi, por lo que no la tendría disponible en mi habitación y no podría revisar obsesivamente los comentarios en las redes sociales.

Eso era, por supuesto, lo que estaba haciendo mientras Liam, Angela, William y yo abordábamos el barco de Royal Caribbean para nuestra excursión de una semana a Jamaica, México y Honduras.

—Michael, lo prometiste —dijo William.

—¡Lo sé, lo sé, lo siento! —Salí de Facebook y me puse el teléfono en el bolsillo de atrás, levantando mis manos para mostrarle que ya no lo llevaba—. Ya acabé.

—Entonces, ¿cómo ha ido todo? —preguntó Ángela.

Lucía tan arreglada como siempre, con un sombrero de paja de ala ancha, grandes gafas de sol y un vestido suelto.

—Oh, Dios mío —dije—. Si hubiera sabido que lo tomarían tan bien, habría salido del clóset en la preparatoria.

Las reacciones a mi salida del clóset fueron de total aceptación y apoyo. La gente de California —los que se tomaron el trabajo de reaccionar— le dio pulgares arriba a la publicación. Esto no era un evento para ellos. Pero casi todos mis tíos de Perú me enviaron mensajes privados de apoyo o dejaron comentarios amables en mi publicación. El menor de los cuatro hermanos de mi mamá, mi tío Miguel, escribió en una mezcla de español e inglés: "Michael, ¡feliz cumpleaños! Quiero que sepas que admiro tu fuerza y te felicito por tu gran valor". De mis amigos en Miami, hubo muchos corazones y X y emojis felices y un par de mensajes de texto que decían: "De cierta manera lo presentía, pero no estaba seguro, ¡y me alegra saberlo!". La amiga de la infancia de mi hermana, Ana, que siempre había bromeado con respecto a estar enamorada de mí, escribió: "Es increíble y estoy feliz por ti, pero sabes que todavía me voy a casar contigo, ¿verdad?".

Si algunos de ellos estaban pensando en privado "Oh, hermano, qué terrible", no me importaba. Lo que me importaba era no tener que ocultar quién era y mostrarles a otros jóvenes latinoamericanos que ellos tampoco tenían que hacerlo. Los tiempos habían cambiado desde mediados de la primera década del siglo. Me preguntaba si me hubiera entendido a mí mismo antes si la cultura hubiera sido predominantemente abierta y de aceptación cuando estaba en la preparatoria, más parecida a como es ahora, donde no se asume automáticamente que todos son heterosexuales y puedes salir y descubrir lo que eres por ti mismo. Definitivamente, hubiera disfrutado más la preparatoria. Y tal vez hoy me querría a mí mismo un poco más.

Para eso eran los cruceros, para compensar todos esos momentos de la vida que no son divertidos. Estaba muy emocionado de llevar a William en su primer crucero. Estábamos en uno de los enormes barcos de Royal Caribbean, que se parecía más a una ciudad. Tenía múltiples pisos; decenas de restaurantes, bares y discotecas; todo tipo de piscinas; una pista de patinaje sobre hielo; un campo de golf; un malecón con carrusel y otras atracciones; un centro comercial; y su propio jardín Central Park. Era tan grande que no podías sentirlo moverse. Básicamente, era como estar en un hotel de Las Vegas; hasta que te parabas en el borde y lo único que podías ver era agua azul cristalina por millas y millas.

Ahora que estaba oficialmente fuera del clóset ante todos los que me conocían en el mundo, esperaba que se sintiera más natural ser abiertamente afectuoso con William en el crucero. Sin embargo, durante los primeros dos días, me sentí extrañamente nervioso respecto a eso; especialmente, entre los latinos, debido a todo el asunto del machismo.

—Creo que somos las únicas personas gais en el barco —le dije a William en nuestra segunda noche mientras seguíamos a Liam y Angela a un club nocturno de temática latina.

—No seas ridículo —dijo—. Hay como cinco mil personas en este barco. Estadísticamente, hay al menos un par de cientos más.

Una banda en vivo tocaba en el escenario frente a una pista de baile de mosaico iluminada, donde un puñado de parejas intentaban bailar salsa.

—Tendrás que mostrarnos algunos de tus movimientos, Michael —dijo Liam.

Para la ocasión, se había cambiado su uniforme estándar de camiseta y pantalones cortos deportivos por una camisa negra con botones y *jeans* negros. Deseé haberme vestido todo de negro en lugar de ponerme una camisa blanca y unos *jeans* claros que me hacían brillar como una luciérnaga en ese lugar oscuro.

—Primero —dije—, necesito beber hasta que no pueda ver más allá de aquí. —Y extendí mi mano para mostrar dónde tendría que empezar a difuminarse mi visión para poder empezar a bailar.

Media hora después, y tras tres *Long Island iced tea*, los cuatro habíamos formado un círculo en el piso iluminado, mientras yo intentaba demostrar mis habilidades para bailar salsa. En realidad, nunca había aprendido, pero nadie parecía darse cuenta. Nos estábamos divirtiendo mucho en grupo, todos riendo y tratando de igualar los movimientos de los demás, así que no sabía por qué William tenía tantas ganas de alejarse y bailar a solas conmigo. Estaba haciendo todo lo posible por no mirarlo a los ojos y seguir bailando en grupo. ¡Necesitaba mantener este círculo intacto! Ahora William estaba haciendo una especie de movimiento al estilo de *Dirty Dancing* y yo comenzaba a sentir que nos miraban. ¿No entendía que solo quería ser como todos los demás en el club? ¿No recordaba que, aunque él tenía veinticinco años, yo apenas tenía veintidós y, a pesar de cómo *quería* ser, me seguía afectando demasiado lo que la gente pensaba?

—¿Por qué no quieres bailar conmigo? —me gritó en el oído por encima de la música estridente.

Ahora me sentía tan cohibido que no podía bailar en absoluto.

—No, no —le grité—. ¡Bailemos todos en grupo!

—¡Está bien! —dijo William.

Después de media hora más o menos, decidimos irnos. Agarró mi mano y empezó a empujarme entre la multitud hacia la salida. Lo seguí obedientemente sin atreverme a apartar la mano, ni siquiera cuando un grupo de parejas latinas voltearon la cabeza para mirarnos pasar.

Mientras zigzagueábamos por el salón de cocteles, una mano salió de la nada y tocó el hombro de William. Era un tipo de unos treinta y tantos con una barba incipiente de modelo en el rostro, que vestía un traje caro con un pañuelo dorado sobresaliendo del bolsillo del pecho.

—Me gustaría invitarlos a mi fiesta —dijo.

William y yo nos miramos. Así que esto era lo que sucedía cuando las personas gais se tomaban de la mano en público, pensé. Atraían invitaciones aleatorias de desconocidos que eran tal vez asesinos.

—Es una fiesta de compromiso —dijo el hombre—. En la *suite* Royal Loft, a las diez de la noche, mañana.

Antes de que pudiéramos responder, el tipo se había esfumado, y Liam y Angela aparecieron en su lugar.

—¿Quién *era* ese? —dijo Ángela, de puntillas, escudriñando el lugar.

—¡Increíble! —dijo William—. Nos acaba de invitar a su fiesta de compromiso.

—¿Crees que es una fiesta de compromiso gay? —dije.

—¡Por supuesto que lo es! —dijo William.

—¿Vas a ir? —preguntó Liam.

William y yo nos miramos. Definitivamente, era extraño cómo había aparecido así de la nada, tocando el hombro de William con tanta confianza, como diciendo: "Te elijo a ti". ¿Qué pasaría si "fiesta de compromiso" fuera realmente un código para "fiesta de sexo gay"? Deseché enseguida una imagen de William y yo encadenados a una cama con arneses de cuero.

—Creo que deberíamos ir —dijo William—. ¡Nos divertiríamos mucho!

A la noche siguiente, cansados y con las extremidades hechas gelatina luego de un día de nadar en cuevas, pasear por mercados y degustar tequila, William y yo estábamos en el balcón del hombre con el pañuelo de bolsillo, que, como señaló William, envolvía la punta del barco. Al otro lado de un ventanal que iba del suelo al techo, había una veintena de invitados, en su mayoría parejas heterosexuales y algunas familias, hablando y riendo con nuestros anfitriones, el hombre con el pañuelo de bolsillo y su prometido, quien era más bajo y musculoso. Una joven tocaba *jazz* en un piano de cola mientras los meseros vestidos de blanco llevaban bandejas plateadas de camarones. Me sentí ridículo por mi paranoia de que fuera una fiesta de sexo. Realmente, necesitaba superar algunos de los estereotipos sórdidos que tenía. Necesitaba ser más como William, quien había salido del clóset hacía solo unos meses, pero, de alguna manera, ya era un hombre gay plenamente realizado y empoderado. No es que no tuviera sus momentos de inseguridad, pero cuando se trataba de su sexualidad, me parecía un milagro que alguien pudiera sentirse tan cómodo consigo mismo.

Realmente era una *suite* increíble; no como la *suite* presidencial del Fontainebleau exactamente, pero, teniendo en cuenta que estaba dentro de un crucero, no estaba nada mal. Hey, pronto sería el vigésimo quinto aniversario de mis padres. ¿Cuán divertido sería regalarles esto? Tenía el dinero. Cada vez que miraba mi informe de Charles Schwab, no sabía si saltar de alegría o sentirme culpable. Todo el mundo decía que Estados Unidos era la tierra de las oportunidades y que, si trabajabas lo suficientemente duro y durante el tiempo suficiente, serías recompensado con bastante dinero y privilegios como para poder descansar y disfrutar de la vida. Pero para mis padres, esa recompensa nunca llegaría. Incluso si hubieran sido el tipo de gente que ahorra, había muy poco que ahorrar ahora después de los impuestos. Nunca cruzarían el umbral que yo había atravesado al comienzo de mi carrera, donde cuanto más dinero ganaba, más exenciones fiscales obtenía y más podía crecer mi dinero en el mercado de valores sin que yo moviera un dedo. Dada la desigualdad entre la experiencia de mis padres del sueño americano y la mía, ¿no tenía sentido colmarlos de cosas bonitas para que ellos también se sintieran parte de él?

Espera, necesitaba controlarme. Ya no era así como las cosas iban a funcionar. Les haría un favor mucho mayor poniendo en el banco los cuarenta mil dólares, o lo que fuera que este lugar costaba, para sus años de jubilación, de la que, seguramente, yo sería responsable. Y también necesitaba comenzar a pensar en ahorrar para mi futuro. ¿Podríamos William y yo comprometernos algún día? Fácilmente, podía caer en la fantasía de pasar los próximos cuarenta años viajando por el mundo con él. Podía trabajar en mis aplicaciones desde cualquier lugar, ¿por qué no?

Pero, de nuevo, podía imaginarme huyendo de él con la misma facilidad. Amar a alguien había resultado ser fácil. Confiar era la parte difícil. Sabía que estaba siendo demasiado sensible, pero me había tomado tres meses enteros superar la revelación de que William no se había dado cuenta de que estaba planeando mudarme con él. Para decirlo con más precisión, me preocupaba que William me gustara más de lo que yo le gustaba a él, y ese miedo persistió durante meses. La confianza era tan importante para mí que hice un gráfico en mi *laptop* en el que tracé mis niveles de confianza en William a lo largo del tiempo. Había una línea horizontal tenue que corría aproximadamente un veinte por ciento por encima del eje x, que era mi línea de base para permanecer en la relación. Si el gráfico no se mantenía por encima de esa línea durante al menos el noventa por ciento del tiempo, la relación no era sostenible. Marqué un descenso que se correspondía con el argumento de la mudanza y otros dos descensos de nuestro medio año juntos, incluso justo antes de partir para el crucero. Al principio, no estaba planeando contarle sobre el gráfico. A mi manera paranoica, pensé que, si se enteraba, podía empezar a intentar sesgar los resultados. Pero entonces dije "al diablo", y se lo mostré al día siguiente de haberlo hecho. Nos reímos mucho de lo raro que era su nuevo novio.

—¡Michael! ¡Aquí!

Salí de mi espiral de pensamientos y vi que William me hacía señas desde la punta afilada del balcón del barco. Me acerqué a él con precaución, nervioso de acercarme demasiado a la barandilla. Ahora estábamos mar adentro y el barco había ganado bastante velocidad, aunque no se podía sentir la agitación del agua, solo el viento. Se desplazaba tan suavemente que parecía estar rompiendo las leyes de la física. Mirando hacia las oscuras y onduladas olas, tuve una visión repentina de mí mismo cayendo por la borda y desapareciendo en el agua negra. Me pegué a la pared detrás de mí para alejarme lo más posible de la barandilla. Ni hablar. Por nada del mundo me iba a acercar a ese borde.

—¡Michael, ven aquí! ¿Por qué estás tan lejos? —William me miraba con curiosidad por encima del hombro.

Se acercó y extendió el brazo para que tomara su mano.

—Ven. Realmente te va a gustar lo que vas a ver.

Muy despacio, me acerqué a la barandilla y me obligué a mirar hacia abajo. Después de unos minutos de contemplar el océano con terror, levanté la vista para darle a William una sonrisa que decía: "Estoy listo para volver adentro".

—¿A qué le tienes miedo? —preguntó.

Sintiéndome tonto, le conté sobre mi visión de caer por la borda y agregué:

—No hay redes ni nada. Cuando lograras conseguir ayuda, ya estaría muerto.

—No seas ridículo. —William señaló un salvavidas naranja atado a la pared del balcón junto a una alarma de emergencia—. Agarraría eso, activaría la alarma e, inmediatamente, buscaría a un miembro de la tripulación.

Por supuesto que William sugirió eso. ¿Tendría yo la disposición de ánimo para actuar instintivamente? ¿O me quedaría paralizado o, peor aún, me desmayaría? Odiaba no saberlo. De nosotros dos, sin duda alguna, yo era el menos valiente y el menos bueno. No me merecía a William.

Capítulo 33

Área 120

En el otoño de 2018, viajaba a California cada dos meses para trabajar en el Área 120. William y yo todavía vivíamos juntos de manera "no oficial", pero las cosas iban tan bien que estaba considerando mudarme permanentemente a Florida. Me sentía realmente feliz siempre que estaba en Florida, pero no estaba precisamente encantado con la logística de mi nueva vida. Pasarme veinticuatro horas al mes suspendido en el aire dentro de un tubo de metal volador no era mi idea de entretenimiento y, parecía que no importaba dónde estuviera, extrañaba a mis amigos del otro lado.

Pero cuando se trataba de mi trabajo, me gustaba mucho el Área 120. No me importaba que estuviera apartado de Google y todas sus ventajas. Pasar de Facebook al campus principal de Google había sido fácil en muchos sentidos, todo era tan parecido y brillantemente feliz, y estaba tan consentido que a veces solía olvidar que me había cambiado de trabajo. Pero el Área 120 era más discreta. En esta parte del campus, no había restaurantes ni gimnasios. Tenías que conducir tú mismo al trabajo o tomar una conexión de autobús de Google más pequeña desde el campus principal. Creo que todo esto era deliberado: habían construido el Área 120 con la esperanza de que fuéramos más creativos fuera de la burbuja de Google. Podía haber ayudado un poco. Pero no había forma de escapar del hecho de que vivíamos y trabajábamos dentro de la burbuja más grande de Silicon Valley, la mayor cámara de resonancia de opiniones e ideas que probablemente jamás haya existido. En Silicon Valley, se alentaban mucho las ideas, aunque fueran del tipo con el que las personas fuera de nuestra burbuja no estarían necesariamente de acuerdo o que ni siquiera les importaría. Sentía que esta era la razón por la que mi gerente estaba muy abierto a que pasara tanto tiempo fuera de California, y por la que, incluso cuando trabajaba localmente, no parecía tener ningún problema con que yo rara vez fuera a la oficina.

A diferencia de mi tiempo de "concentración total" en Florida, donde mi agenda permanecía casi completamente libre y trabajaba desde mi habitación todo el día —probando y construyendo y probando y construyendo en un ciclo infinito—, me pasaba la mayor parte de mi tiempo en el Área 120 corriendo de reunión en reunión. Para entonces, todos mis colegas sabían quién era y lo que había logrado con las Historias de Instagram y en Facebook. A lo largo del día, la gente se me acercaba y me preguntaba:

—Michael, ¿qué vamos a construir a continuación?

Como ya no tenía que escribir código, podía emplear más energía en tomar decisiones críticas, como decidir si debíamos aumentar el presupuesto de una aplicación que estábamos desarrollando o buscar la manera de fomentar el crecimiento de una empresa en la que habíamos invertido. A nadie le importaba si me pasaba treinta minutos en mi computadora toda la semana, siempre y cuando cumpliera con mis objetivos.

Por supuesto, todavía me angustiaba con cada decisión. Pero dejé de llegar tarde al trabajo, luciendo como un desastre y haciendo bromas sobre no tener idea acerca de lo que estaba haciendo. Por primera vez en mi carrera, recibí comentarios positivos de la gente de mi propio equipo, lo cual se sentía muy bien. La verdad es que todavía me importaba mucho lo que la gente pensara de mí, pero había desarrollado una nueva definición de crecimiento y éxito: si mirar a quien había sido yo un año atrás me hacía estremecer de vergüenza, sabía que había crecido. Si continuaba mirando hacia atrás y avergonzándome de mí mismo todos los años siguientes, me consideraría un éxito.

Por otro lado, todavía estaba constantemente creando aplicaciones por mi cuenta. Mi verdadera pasión. Ese octubre, estaba totalmente enfocado en la construcción de un juego llamado BFF, que giraba en torno a amigos que se hacen preguntas unos a otros y luego tratan de adivinar quién está mintiendo. Era una variante más fácil de usar de Lies, la aplicación que había lanzado por mi cuenta seis meses antes y que había abandonado inmediatamente, tan pronto como me di cuenta de que la gente no estaba conectando con su vibra sarcástica. (El eslogan "El juego que acaba con las amistades" aparentemente había sido un error). A pesar de su fracaso, todavía me gustaba el concepto y ahora estaba tomando sus mejores características y toda la sabiduría que había ganado al construirla para tratar de convertir aquella experiencia en algo positivo.

Durante meses, había estado perfeccionando BFF. La tenía en mi teléfono y, cada vez que estaba en un entorno social, aprovechaba la oportunidad para mostrarla y prestarles atención a las reacciones y comentarios de la gente. Estaba en camino de lanzarla en un mes.

Al mismo tiempo, el panorama digital estaba cambiando muy rápido y se había transformado tanto desde que había comenzado a codificar, que empecé a cuestionarme si todavía había un lugar para BFF en el mapa. El mundo de las aplicaciones se había vuelto mucho menos competitivo. La gente no descargaba innumerables aplicaciones como solía hacerlo antes. Entonces, había estado contemplando poner BFF en espera indefinida.

Una tarde de otoño, después de un día de reuniones en el campus de Google, decidí consentirme con una cena y una película en mi antiguo vecindario, Redwood City. Frente al teatro, en Courthouse Square, la celebración del Día de Muertos estaba en pleno apogeo. Caminé por el centro del festival, pasé junto a los camiones de comida y el olor de tacos de carnitas chisporroteando, los niños zigzagueando entre la multitud con máscaras de esqueletos de colores y los cientos de elaborados altares que la gente había hecho para conmemorar a sus seres queridos que habían fallecido. A pesar de ser una conmemoración de los muertos, no había tristeza en el aire, solo un montón de sonrisas honestas y alegres.

Seguí caminando y pasé por delante de un hombre canoso que estaba arrodillado para darle los toques finales a un mural en la acera con tiza neón. Era muy bueno: el rostro sonriente de una mujer joven, enmarcado por rosas rojas y las fechas 1957-2012. Me pregunté quién sería. En Miami, me habría detenido para entablar una conversación con el hombre, pero no me sentí cómodo acercándome a él; no tuve el valor. La mayoría de las personas en ese festival eran latinos que habían vivido en Redwood City desde mucho antes de la afluencia de personas como yo, ingenieros adinerados que habían disparado el costo de vida en Silicon Valley y expulsado a la mayoría de sus residentes originales.

No había manera de negar el hecho de que no importaba cuánto español hablara, cuánto tiempo había pasado en Perú o las dificultades que había enfrentado en Miami: yo era diferente. Con mis elegantes iPhone y AirPods, era un intruso privilegiado. Sí, era latino. Pero gracias a mi piel

clara y las oportunidades que había tenido cuando era niño
—lo más importante, la oportunidad de aprender inglés
cuando tenía ocho o nueve años y desarrollar un acento
estadounidense—, seguía siendo parte del problema.

Ese conocimiento vivía bajo mi piel, siempre inquietándome. Quería tener un impacto en la tecnología, pero aún
más que eso, quería marcar la diferencia en mi comunidad.

Al día siguiente, encontré a mi gerente, Jon, y le pedí
un momento de su tiempo. Nos metimos en una sala de
conferencias frente a una pared gigante de Legos en constante evolución.

—En Facebook, hablé bastante con la comunidad latina
en conferencias y eventos escolares —dije— para ayudarlos
a aprender sobre tecnología y la manera de encontrar trabajo en Silicon Valley. Quiero seguir haciendo eso.

Jon asintió.

—Eso me parece razonable.

Me tomó por sorpresa. En general, la industria de la
tecnología era extremadamente conservadora en lo que
respecta a las relaciones públicas. Desde el principio, me
habían enseñado a tener cuidado con todo lo que tuiteara o dijera que pudiera ser malinterpretado como si estuviera hablando en nombre de la empresa. Y todavía tenía
malos recuerdos de mis desventuras con el Departamento
de Comunicaciones de Facebook.

—Entonces, ¿está bien si hago estos eventos e incluso hablo con la prensa como representante del Área 120?

Busqué en su rostro una señal de molestia, pero no
encontré ninguna.

—No veo ningún problema con eso.

—¡Guau, gracias! —le dije—. Genial.

Salí de la reunión con ganas de silbar. Esta era una victoria decisiva para mí. Había una razón por la que trabajaban
tan pocos latinos en la industria tecnológica: constituían

menos del diez por ciento de la fuerza laboral en Facebook, Google y Amazon, a pesar de que representamos alrededor del diecisiete por ciento de los trabajadores estadounidenses.

No necesitaba mirar más allá de mi propia educación para comprender por qué la gente de mi comunidad no se dedicaba a la tecnología. En mi familia, había dos profesiones a las que aspirar: médico o abogado. A finales de los noventa, cuando ocurrió la revolución de las PC, la mayoría de los hogares estadounidenses adquirieron una computadora. Pero eso no sucedió en Latinoamérica, donde las computadoras eran excesivamente caras. No fue hasta la invención del teléfono inteligente, cuando las computadoras y los teléfonos se volvieron lo suficientemente baratos como para poder comprarlos, que la tecnología comenzó a aparecer en todos los hogares. Entonces, mientras las familias estadounidenses habían estado lentamente expuestas a la informática durante décadas, muchas personas en Latinoamérica no habían tenido acceso a estos recursos. Y cuando lo tuvieron, se encontraron con un obstáculo: el acceso inadecuado a la banda ancha, un problema que aún no ha sido resuelto y que los activistas han estado tratando de resaltar ante el Congreso durante años. Y luego está el sesgo inconsciente. La gente tiende a contratar trabajadores que se parecen a ellos.

Por todas estas razones, la educación y la difusión para traer más diversidad a la tecnología son muy necesarias, y ahí fue donde sentí que podía ayudar.

En los meses posteriores a mi conversación con Jon, realicé algunos eventos en Latinoamérica a través de videoconferencia, y algunas entrevistas televisivas con Telemundo y Univision sobre mi transición a Google. En estas charlas, siempre me aseguré de compartir el hecho de que había tenido malas calificaciones en la escuela y provenía de una familia que tenía problemas económicos. Después de cada una de estas presentaciones, me llegaban mensajes en Facebook y Twitter de chicos jóvenes que habían visto la entrevista y querían agradecerme por inspirarlos. Les gustó que no pretendiera ser un supergenio: yo era como ellos.

Incluso años después de hacer una entrevista, seguía recibiendo mensajes de personas de todo el mundo que me decían que se habían inspirado en mi historia y que *ellos* mismos se habían convertido en personas exitosas al crear sus propios productos y aplicaciones. "Me puse en contacto contigo hace seis años cuando era muy joven y ahora toda mi carrera gira en torno a la informática", escribió un recién graduado universitario de la India. O escuché de una joven en Perú: "Me ha ido muy bien y he ganado mucho dinero, ¡y tú fuiste mi inspiración!".

Seis meses después de mi nuevo trabajo en el Área 120, visité una pequeña universidad en el sur de la Florida para hablar con estudiantes que estaban estudiando Informática y Gestión Empresarial. La sala estaba llena de una energía feliz y crepitante. Me encantaba hablar con un grupo pequeño, donde podía escuchar sus preguntas y tomarme el tiempo para dar una respuesta reflexiva en lugar de solo dar una conferencia. Tan pronto como terminé la charla, las manos se levantaron. Le di la palabra a un chico en el frente que parecía tener mi edad. Se puso de pie y un moderador le entregó un micrófono.

—Soy de origen peruano, como tú, y creo que querría convertirme en gerente de producto —dijo con entusiasmo.

Percibiendo que él ni siquiera sabía qué era eso, me pasé mucho tiempo explicando lo que realmente hace un gerente de producto para que pudiera tomar una decisión informada. Otro estudiante preguntó cómo hacer *networking*.

—Asegúrate de programar reuniones con todos los que trabajan en tu nueva empresa y pídeles que te den los nombres de las personas con las que deberías reunirte —le dije—. Conviértete en alguien que todo el mundo conoce.

Un tercero se puso de pie y preguntó sobre la vía para convertirse en gerente.

—El hecho de que el título del trabajo tenga la palabra *gerente* no significa que sea el puesto que deseas —advertí—. Ten mucho cuidado, porque, para ser un buen gerente, realmente tienes que disfrutar haciendo ese trabajo.

Me sentí bien con los consejos que estaba ofreciendo; eran sugerencias concretas y del mundo real que los estudiantes realmente podían utilizar.

Luego, un estudiante se puso de pie en la última fila. Tenía el pelo oscuro y estatura mediana, y llevaba una sudadera con capucha; habría encajado perfectamente en Google. Alguien le entregó un micrófono y me hizo la pregunta que yo estaba menos preparado para responder:

—¿Cómo te sentiste de haber declarado que eras gay de manera tan pública?

Desde que mi historia en *People en Español* había llegado a los quioscos, se habían publicado artículos acerca de mi sexualidad por toda la Internet. La pregunta me desconcertó porque estaba en conflicto. Por un lado, no quería que me conocieran como "el ingeniero gay"; quería ser definido por mi éxito, mis habilidades y mis destrezas. También quería encajar y ser visto como "normal". Pero en Estados Unidos, solo el cinco por ciento de la población es abiertamente gay y, en otros países, esa estadística es mucho más baja. Decidí publicar el artículo como una forma de enfrentar mi temor de que salir del clóset acabaría con mi carrera o causaría la cancelación del contrato para mi libro o destruiría la relación con mi familia. Pero afortunadamente, ninguna de esas cosas sucedió. Tengo suerte, por supuesto; ese tipo de cosas (y otras peores) *sí* les suceden a algunas personas que cuentan su verdad, y es una tragedia. Entonces, al responder la pregunta, no estaba seguro de si debía abordar cómo el hecho de haber salido del clóset había impactado en mi vida o simplemente enfatizar que no creía que debería importar.

Balbuceé durante un minuto y dije:

—Fue como nadar en una piscina oscura y profunda y contener la respiración durante años, entonces, llegar al fondo y descubrir que *había* aire para respirar. Me quitó un gran peso de encima. Me tomó por sorpresa lo tranquilo y relajado que me sentí una vez que salí de eso. Porque ninguno de los temores que mis padres me habían inculcado realmente se materializó. A mi mamá, especialmente, le preocupaba que nadie de la familia me quisiera hablar más o que se volvieran personas de dos caras, diciéndole una cosa en persona y otra a sus espaldas. Ella me transmitió esos temores, no porque quisiera que tuviera miedo, sino porque quería que estuviera a salvo. Pero, afortunadamente, salir del clóset no afectó mi vida tan negativamente como temía ni provocó el colapso de mi carrera. Y mi mamá y mi papá finalmente están viendo eso, y convenciéndose de apoyarme en la realidad en la que vivo.

El estudiante sonrió, luciendo aliviado.

—Gracias —dijo, tomando asiento.

Me prometí a mí mismo en ese momento que siempre haría un tiempo, sin importar lo ocupado, estresado o exhausto que me sintiera, para compartir mi historia en su totalidad. No importaba que estas conexiones cara a cara ocurrieran a través de pantallas, en los auditorios universitarios o en los pisos pegajosos de las cafeterías de escuelas primarias.

Capítulo 34

Agradecido

—¿No deberíamos ayudar a tu mamá en la cocina? —dijo William—. Nadie está haciendo nada.

—¡Mami! —grité—. ¡William acaba de preguntar por
qué no te ayudo a cocinar!

—¡Porque *yo* soy la que cocina! —gritó mi mamá de
vuelta, riendo.

William parecía confundido, pero no sabía cómo
explicarle que mi mamá no nos quería en la cocina sin
meterme en problemas. Mi mamá estaba demasiado ocupada para tener que lidiar con nosotros: al mismo tiempo cocinando el pavo de Acción de Gracias, echando
verduras en una sartén, preparando un flan y consultan-
do las actualizaciones de Facebook en su teléfono. Ella
tenía un *sistema*.

Un minuto después, salió de la cocina, sosteniendo una
canasta blanca llena de cintas de video.

—¡Descanso para ver películas! —dijo en inglés.

Qué buen momento había elegido. Tenía una audiencia
cautiva, con todos sus invitados reunidos en la sala de estar,
charlando y viendo televisión. Mi hermana, que había traído a su nuevo novio, Rick, apagó las luces y ayudó a mi
papá a conectar la videocámara al receptor; William estaba acariciando a los perros a los que yo era alérgico; y tío

Kike, de visita desde Perú, intentaba hablar con William mientras yo traducía.

—William y Rick, ¡les van a gustar mucho estas viejas películas de Michael y Mariana cuando eran pequeños! —dijo mi mamá.

Normalmente, me hacía traducir lo que decía a mis amigos que no hablaban español, pero había estado haciendo un gran esfuerzo para hablar en inglés con William y Rick.

—Oh, fantástico —dijo William.

Se había portado casi insoportablemente agradable, tranquilo y educado desde que habíamos llegado, tratando de dar lo mejor de sí para cautivar a mi mamá, que parecía igualmente interesada en impresionarlo. Estaba vestida para la ocasión con una camisa de seda azul brillante y *jeans* blancos. Una hilera de brazaletes tintineaba en su brazo mientras agitaba el control remoto.

—¡Siéntate, siéntate! —dijo, empujando a William hacia el lugar privilegiado frente al televisor, donde normalmente se sentaban los perros.

Una vez que todos estuvieron instalados —mi mamá y yo en sillas de cocina; mi papá en un sillón reclinable sosteniendo a su pequeño yorkie, Sophia, en su regazo; William, Rick, Mariana y tío Kike apretujados en el sofá—, comenzó el espectáculo. Lo primero que apareció fue una granulada obra de teatro navideña, filmada desde el fondo del salón de clases de la escuela primaria. Si mirabas con atención, podías ver a Mariana y a mí parados a un lado del escenario con nuestra ropa habitual, mirando a los demás.

—Cinta incorrecta —dijo mi mamá—. Micky, pon la otra que dice dos mil dos, cumpleaños, en la... —chasqueó los dedos tres veces intentando recordar la palabra en inglés— ... pegatina.

La cinta profesional era de la fiesta de mi sexto cumpleaños, una de la que no tenía ningún recuerdo verdadero.

¿Había optado mi mamá por una temática basada en *El gran Gatsby*? ¿La fiesta posterior a los Oscar? Era en nuestra antigua casa y había una enorme carpa adornada con globos en el patio trasero, con docenas de mesas circulares decoradas con manteles blancos y platos de colores. Había meseros revoloteando con trajes de mayordomo, un mago haciendo trucos y yo, todavía un niño delgado y saludable, mirando boquiabierto con mis amigos del kínder. Ah, y un bar completo y una banda en vivo tocando antiguas canciones latinas de cumbia, merengue y salsa. La parte más extraña fue ver a mis padres y sus amigos quince años más jóvenes: mi mamá tenía treinta y tres y mi papá cuarenta y dos. Mi mamá nunca se había visto más hermosa, revoloteando entre sus invitados sin una preocupación en el mundo, aparentemente. (Nadie que conocíamos estaba preocupado por el estado del país en ese entonces).

—¿Ves, ves, William? —dijo mi mamá—. Apuesto a que Michael solo dice lo que hace por nosotros. Apuesto a que nunca cuenta las grandes cosas que hacemos por él, ¿verdad?

—Eh —dijo William, mirándome. Agité la cabeza como diciendo: "No respondas eso", pero William era demasiado amable para dejar a mi mamá colgando—. Definitivamente, nunca tuve fiestas como esa —dijo.

—¿*Alguien* más tuvo fiestas como esa? —Miré de un lado a otro entre mis padres—. ¿Alguien que conociéramos? ¿Alguien en el vecindario?

—¡Solo nosotros! —gritó mi papá con orgullo.

—Es cierto —añadió mi mamá—. Siempre organizamos las mejores fiestas.

—Pero ¿cómo pagaron por esa fiesta? —dije.

—Nos *va* muy bien este año —dijo mi mamá.

Sabía que la razón por la que mi mamá hablaba inglés principalmente en tiempo presente era porque nunca había dominado el tiempo pasado, pero esta peculiaridad parecía estar cargada simbólicamente en este momento, como si ella quisiera que el pasado fuera su nuevo presente.

—El restaurante *gana* más de un millón de dólares ese año —agregó mi mamá con orgullo.

—¿*Qué*? —grité, completamente en *shock*.

Insistí en que repitiera lo que había dicho en caso de que no la hubiera escuchado correctamente.

—Sí —confirmó mi mamá—. ¡Digo un millón de dólares! *Es* un muy buen…

—¿Ves esto, ¡es por eso que estás en una mala situación hoy! —interrumpió tío Kike, para quien ahora estaba traduciendo mi hermana.

Mi mamá ignoró a su hermano, que tenía razón, por supuesto. Precisamente por eso habían perdido su casa, su autosuficiencia, todo. Y realmente, ahora estaban en una mala situación. Mis padres no tenían un verdadero seguro médico y estaban a punto de perder su automóvil. Pero en lugar de liquidar el pago vencido con un reembolso de impuestos reciente que habían recibido, mi mamá lo había gastado en un vuelo a Perú tratando de hacer realidad una nueva idea de fabricación de joyas. Y mi papá se sentía desdichado tratando de vender apartamentos subsidiados que aún eran demasiado caros para la gente que más los necesitaba, personas que habían sido aplastadas por la recesión porque no tenían ni un centavo de ahorros en que apoyarse, al igual que él y mi mamá.

—¡Genial caravana! —dijo Rick.

Volví a mirar la pantalla, donde se mostraba la evidencia de que habíamos hecho un viaje familiar a través del país en una caravana. No me acordaba ni de la extensión ni de la magnitud de ese viaje. Recordaba haber alquilado una camioneta y conducir por carreteras serpenteantes durante horas, comer comidas caseras y hacer algunas paradas en pueblos pequeños, ¡pero nada como esto!

—¡Dios, siempre quise viajar en uno de esos! —dijo William.

Le lancé una mirada molesta.

Y así continuó el recorrido por los Grandes Éxitos de la familia Sayman antes de la recesión. Ahí estábamos, fuera del Louvre. Y aquí estaba otra de nuestras elaboradas fiestas, con docenas de antorchas tiki y un chef con un gran sombrero blanco y…

Me puse en pie de un salto.

—¿Esos eran ponis en nuestro *patio*?

No pude soportarlo más. ¿Solo tío Kike y yo podíamos ver lo triste que era todo esto? ¿Nadie más? ¿Y por qué todos me miraban a *mí* como si estuviera loco?

—¡Yo no soy yo el loco aquí! —resoplé, caminando de un lado a otro frente al televisor—. Derrocharon el dinero de nuestra universidad y su jubilación en… —Hice una pausa para señalar la pantalla, que ahora mostraba nuestro antiguo patio transformado en un zoológico de mascotas, junto al castillo inflable más grande que jamás había visto fuera de un parque temático. Ya no tenía palabras—. ¡Ahhh! —grité.

—¡Ay, ya!… ¡Ay, ya!… ¡Siempre con lo mismo! —dijo mi mamá.

—¡Da igual, Michael! —soltó mi hermana.

—¡Michael! —remató mi papá—. ¡No seas tan egoísta!

—¡Dejen de decir eso! —grité de vuelta, subiendo precipitadamente a mi antigua habitación—. ¡Dejen de llamarme egoísta!

Estaba sentado en la esquina de mi vieja cama, que todavía tenía las mismas sábanas grises, sollozando.

Enseguida, mi mamá entró y se sentó a mi lado en la cama y, tan pronto como lo hizo, comenzó a resoplar y secarse los ojos con el dorso de los dedos. Ahora iba a hablar únicamente en español.

—Michael, ¿por qué no crees que somos buenos padres? ¡Hicimos todo eso por ti!

—¡Sí y mira adónde los llevó! —solté.

Ella parecía desconcertada.

—No te preocupes por mí. ¡Tú eres exitoso! No entiendo por qué no puedes simplemente ser feliz. —Hizo una pausa—. Todo está bien. No tienes que ayudarnos. Tú ocúpate de ti mismo.

—¡Mamá, yo *sí* quiero ayudar! Yo los he rescatado una y otra vez. Yo los llevo de viaje. Yo…

Respiré hondo. Esta era la misma pelea de nuevo. El mismo nivel de pensamiento. Necesitaba dejar mis emociones a un lado, *a mí mismo* a un lado, y empezar de nuevo.

Había llegado el momento de hablar de verdad. Finalmente. Le dije a mi mamá que sí, que nos había dado todo lo que queríamos antes de que ocurriera la recesión. Pero ella y mi papá se habían saltado un paso importante. Habían pasado directamente de ganar mucho dinero a gastar mucho dinero, sin la parte intermedia de priorizar los fondos universitarios para mí y mi hermana, reservar dinero para emergencias y ahorrar para su propia jubilación. Las locuras, los viajes y las grandes fiestas de cumpleaños deberían haber venido *después* de eso, no antes.

A esto, mi mamá respondió igual que siempre:

—¡Pero, Michael, lo importante es disfrutar la vida! ¡Al menos tenemos nuestra salud y felicidad!

La detuve allí mismo. Le pregunté si aún disfrutaría de la vida si Mariana se enfermara y no pudieran pagar el tratamiento. Le dije que, sin dinero, era difícil mantener la salud. Ahora, con respecto a la felicidad, ¿estaba feliz de no poder hacer ni siquiera el viaje más pequeño sin mi ayuda?, ¿estaba feliz preocupándose todo el día de cómo iba a pagar la hipoteca, sin poder relajarse ni tomar un respiro? Le dije que sabía que ella no quería escuchar todo esto de mí, su hijo. Dije que no tenía por qué ser así, que realmente creía que ella y mi papá podrían recuperarse si enfrentaban sus problemas con seriedad. Le recordé su capacidad para iniciar negocios y tener éxito más allá de lo que había imaginado. Todavía tenía sus habilidades como propietaria y gerente de un restaurante, aun cuando el restaurante que había comenzado ya no existía. En ese momento, me di cuenta de hasta qué punto la baja autoestima de mi mamá se había filtrado hasta mí: sus propios talentos únicos, sus formidables éxitos y las vidas que había tocado, todo aquello había pasado desapercibido para ella. Le dije:

—¿Te sientes realmente feliz con tu vida, mami?

Cuando ella se quedaba callada, siempre sabías que algo profundo estaba sucediendo en su interior y era mejor darle algo de tiempo y espacio para escuchar lo que era. Se arregló la blusa, se secó los ojos un poco más y dijo:

—Tal vez tengas razón, Michael. Tal vez no tenga ninguno de los tres: salud, dinero o felicidad, en la medida en que importan.

Podía sentir que comenzaba a llorar de nuevo, así que me ablandé un poco.

—Las cosas van a mejorar, mami. Tal vez necesites hacer algunos cambios importantes en tu visión del mundo, pero eso es progresar.

Ella asintió, se secó los ojos un poco más y luego bajó para revisar el pavo.

Me quedé sentado allí por un rato, sintiéndome extrañamente tranquilo y pensando en todo, especialmente en mi mamá. Acababa de pasarme media hora dándole una charla sobre cómo necesitaba arreglar su vida y me alegré de haber encontrado, finalmente, la voz para articular esas cosas. Nunca había admitido esos pensamientos, ni siquiera ante mí mismo. Nunca me había dado cuenta de cuánto me identificaba con los problemas de autoestima de mi mamá. Por lo general, la ira y la frustración por la forma en que mis padres habían manejado sus finanzas, y las mías, me habían impedido seguir adelante. Pero estaba empezando a comprender los patrones de pensamiento que siempre habían impedido que mi mamá y toda mi familia se sintieran libres más allá de una cena elegante o un viaje a Disney World o a Nueva York. Estaba empezando a ver todo con más claridad, como si la ventana por la que siempre había mirado a mi familia hubiera estado empañada por la decepción y la negatividad, y la acabara de limpiar.

Cuando se trataba de mi mamá, había tantas cosas buenas —cosas maravillosas— que ver. Ni por un segundo, quería que se sintiera mal por quien era. Si ella perdía esa chispa, sería la mayor tragedia de todas, más grande que perder todo lo que se había ido en la recesión. ¿Era posible perder algo que había estado en ti desde que naciste? Tío Kike acababa de contarnos a William y a mí sobre su infancia en Perú, incluyendo algo que nunca había escuchado antes: la madre de mi mamá se había quedado embarazada de ella cuando tenía cuarenta y tantos años, lo cual era algo muy inusual. Su médico le había dicho que existía una alta probabilidad de que mi mamá naciera con "complicaciones", pero mi abuela había elegido tenerla de todos modos. Por eso había insistido tanto en dar a luz a mi mamá en Lima, por seguridad.

Cuando mi mamá nació sana, con su chispa de luciérnaga evidente desde el primer día, sus padres se sintieron tan aliviados que se pasaron el resto de sus vidas colmándola con todo lo que su dinero podía comprar, hasta que, finalmente, se agotó justo antes de que murieran. Dijo que mi mamá, la hermana menor de cuatro hermanos, había sido apodada la engreída de la familia; es decir, la niña mimada, porque cuando ella llegó, sus padres ya habían construido una sólida base financiera según los estándares peruanos.

Fue la generosidad de mis abuelos la que financió el primer viaje de mi mamá a Miami, que luego puso en marcha el curso del resto de su vida y la mía. Y, por supuesto, mi mamá había traído más que su alegría y amor por la buena vida a Estados Unidos, había traído la tradición de su familia de trabajo arduo y espíritu empresarial. Yo todavía estaba procesando la noticia de que El Pollón había ganado más de un millón de dólares el año en que cumplí los seis. ¡Hasta hacía una hora, pensaba que era el primer millonario de nuestra familia! Quizá no debería haberme sorprendido tanto. La misma madre que organizaba fastuosas fiestas de *El Gran Gatsby* y vivía más allá de sus posibilidades me había enseñado con el ejemplo cómo aprovechar mi creatividad y convertirla en *trabajo*. Y aunque no recordaba esa fiesta temática o el viaje en caravana, ¿quién sabe?, quizá esas primeras experiencias fueron las que me plantaron la idea de que estaba bien desear cosas más grandes y mejores en la vida, creer que el sueño americano se aplicaba a mí tanto como a cualquier otra persona.

Toda esa historia —todas las tradiciones, supersticiones, recuerdos, características y referencias culturales de mis antepasados peruanos y bolivianos— se entretejió en mí tan profundamente que nunca podría descoser el tapiz, incluso si quisiera. "No soy quien soy a pesar de ser un inmigrante; soy quien soy debido a eso", dijo una voz dentro de mí.

Mi personalidad, como las de todos los hijos de inmigrantes, estaba compuesta por una mezcla patentada de ingredientes nuevos y heredados. Los nuevos, por supuesto, eran las formas estadounidenses de pensar y hacer las cosas que había tenido que descubrir por mí mismo. Quizá no lo sabía en ese momento, pero fue el impulso estadounidense de innovar lo que me llevó a crear aplicaciones, tanto las ganadoras como las perdedoras. Fue el credo de Silicon Valley de que el trabajo debe ser divertido lo que me dio el valor para rechazar la mentalidad de "sin dolor, no hay ganancia" de mis padres y buscar un trabajo que moviera mi espíritu en todo momento. Y qué afortunado había sido de crecer inmerso en la creencia estadounidense —o en el cuento de hadas, dependiendo de cómo lo mires— de que cualquiera puede reinventarse en cualquier momento. Ese era el espíritu que me había impulsado a abrir los ojos a mi verdadero yo.

Epílogo

HA PASADO MÁS DE una década desde que creé mi primera aplicación y, a mis veintitantos años, ya no soy, literalmente, el niño genio de las aplicaciones. No hace mucho, me encontré de vuelta sobre un escenario para dar una charla en una conferencia en Menlo College, en el corazón de Silicon Valley. El tema era "Esto es Estados Unidos" y yo había elegido hablar acerca del significado del éxito. Decir que estaba nervioso sería quedarse corto. Si bien había dado decenas de conferencias en Facebook durante mi época de las "Teen Talks" y muchas más en Latinoamérica a lo largo de mi carrera, esto era diferente. Esas presentaciones eran sobre redes sociales, juegos y programación: temas sobre los que no solo me encantaba pensar y conversar, sino para los que vivía. Por eso, apenas había tenido que prepararme para esas charlas. Pero el tema de hoy, lo que significaba el éxito para mí, estaba mucho más cargado. Había estado pensando mucho acerca de mi lugar en Google y en el mundo. ¿Estaba en el camino correcto? Pensaba que eventos de este tipo eran para personas que ya lo habían descubierto. Había escrito este discurso para tratar de llegar al fondo de esa pregunta.

William y yo acabamos separándonos. Él fue mi primer amor verdadero, y me mostró una aceptación incondicional y cómo se suponía que debía ser la parte de "vida" del "equilibrio entre el trabajo y la vida". También me inspiró a profundizar en los problemas de mi familia. Incluso antes de nuestra ruptura, había empezado a ver a un terapeuta con regularidad y ya estaba en un profundo modo de introspección acerca mi vida, mi trabajo y mi familia. Probablemente, a cualquiera que lea este libro le parezca obvio que mis padres se equivocaron de lleno al gastar todo el dinero que gané cuando era niño. Pero, realmente, me tomó años abrir los ojos al hecho de que mis padres eran —en el mejor de los casos— profundamente imperfectos. Todas las críticas, los insultos, las manipulaciones y las mentiras me parecían normales: una mentalidad de la que he querido desprenderme con todas mis fuerzas. Desde entonces, he llegado a aceptar que mis padres y yo tal vez siempre veamos las cosas de manera diferente. Es posible que nunca me entiendan del todo y que yo nunca los comprenda del todo a ellos, pero los quiero mucho. Puede que nunca sean los padres perfectos, pero no hay padres que lo sean. Probablemente, nunca entienda su punto de vista, o tal vez algún día lo haga. He aprendido a hacer todo lo posible por reservarme la opinión que tengo acerca de otras personas. No porque no quiera formar ninguna opinión propia, sino porque quiero dejar la puerta abierta a la posibilidad futura de que me haya equivocado. No sé cómo fue la experiencia de vida de mis padres. Algún día, espero entenderlos mejor, con el objetivo de transmitirles a mis futuros hijos una perspectiva más amplia que la que me transmitieron a mí. Nunca podré entenderlo todo a la vez, inmediatamente.

No puedo esperar entender las perspectivas de los demás analizándolas desde mi punto de vista. Hay algunas cosas que, simplemente, me tomará tiempo llegar a comprender, por lo que he ajustado mi pensamiento en torno a esa premisa. También estoy aprendiendo a decir: "Es importante querer cuidarse". De hecho, es más que importante, es necesario y bueno.

Darme cuenta de todo esto me dio el espacio para comenzar a pensar en lo que *realmente* quiero, y si voy en la dirección correcta.

Entrecerrando los ojos a través de las luces del escenario, saludé a dos de mis amigos de Silicon Valley, que estaban sentados en la primera fila, sosteniendo pequeños letreros que decían: ¡VAMOS, MICHAEL! Más allá de ellos había una audiencia de varios cientos de jóvenes, en su mayoría universitarios estadounidenses: una sala muy diferente a la de la primera gran charla que hice en Bolivia cuando tenía dieciséis años. Por un segundo, me encontré de regreso en aquel lugar. Qué ansiosos habían estado esos niños por descubrir si ellos también podían ganar mucho dinero creando aplicaciones. Me pregunté si había inspirado a alguno de ellos a emprender una carrera en programación. Y luego: ¿el que hablara hoy aquí marcaría una diferencia para *estos* chicos? Obviamente, este no era el momento de preocuparme por eso, así que hice lo que siempre he hecho: sonreí y me metí de lleno en el tema.

Mi presentación comenzó con una abreviada versión televisiva de la historia de mi vida: sobre crear mi primera aplicación a los doce, apoyar a mi familia cuando era adolescente, ser el ingeniero de *software* más joven de Facebook, llegar a la lista "30 menores de 30" de la revista *Forbes* cuando tenía veintiún años y conseguir el trabajo de mis sueños en Google.

—Por ahora, ahí es donde termina esa historia de éxito —añadí.

La audiencia se movió en sus asientos, probablemente, preguntándose a dónde iba con esto.

¿A dónde iba con esto? Déjame intentar explicarlo.

Desde que publiqué mi primera aplicación a los trece años, la gente ha usado la palabra *exitoso* para describirme. Pero incluso cuando era niño y hacía todas esas entrevistas televisivas sobre mi éxito, nadie me preguntó qué significaba esa palabra para mí. La suposición, obviamente, era que debido a que estaba ganando una cantidad ridícula de dinero para mi edad, yo tenía éxito. Así que sonreía ampliamente y aceptaba el cumplido porque se suponía que las personas exitosas debían sentir confianza y ser felices, ¿verdad? La gente siempre me felicitaba por haber encontrado lo que quería hacer con mi vida a una edad tan temprana. Pero nunca tuve la oportunidad de hacerme esa pregunta *a mí mismo*. Piensa en todos los niños que crecen en modo de supervivencia, sus familias viviendo de cheque en cheque. Cuando no sabes de dónde vendrá tu próxima comida, no estás pensando si deberías convertirte en médico, abogado o ingeniero. Cuando era pequeño, tenía un solo objetivo: poner comida en la mesa y mantener a mi familia a flote. Entonces, cuando miro hacia atrás en mi propio viaje a través de Silicon Valley, puedo ver que nunca supe lo que quería ser. Traté de convencerme de que no era así, pero por dentro me sentía como un fraude. El punto es que tuve una relación complicada con mi propio supuesto éxito.

Después de compartir la versión más emocionalmente cargada de todo lo anterior en mi presentación, recordé que tenía una audiencia esperando a que fuera al grano. Dije en voz alta lo que, definitivamente, estaba pensando la sala:

—Entonces, ¿cuál es el mensaje?

El consejo que se me había ocurrido —tanto para mí como para mi audiencia— tenía dos partes. Primero, nunca te sentirás exitoso si dejas que otra persona defina lo que eso significa para ti. Y segundo, en cada historia de éxito hay lugar para algo de duda, miedo y confusión. De hecho, tal vez el éxito no venga a pesar de esas cosas, sino debido a ellas. Tal vez, si consideráramos nuestros miedos y dudas como bloques de construcción en lugar de obstáculos, la vida nos resultaría mucho más fácil.

Desde que pronuncié este discurso, he intentado seguir mis propios consejos. Me estoy acercando al punto de poder definir el éxito en mis propios términos, que no son crear el próximo gran producto tecnológico, sino trabajar, aprender y vivir una vida feliz y cómoda. También estoy aprendiendo a no culparme por sentirme como un niño de diez años asustado, confundido y lleno de dudas la mitad del tiempo. Ese niño inseguro de diez años me llevó adonde estoy ahora.

Ah, también estoy intentado aceptar el hecho de envejecer. Solía pensar que ser el programador más joven de cualquier equipo era mi superpoder. A pesar de lo que me decían mis compañeros de trabajo, me convencí de que tener una conexión directa con la audiencia adolescente era lo más valioso que podía ofrecer en Facebook y también en Google y el Área 120. Naturalmente, temía la fecha de vencimiento de mi superpoder. Es por eso que me presionaba tanto para alcanzar un nuevo logro profesional con cada cumpleaños. Pero con el tiempo, con la ayuda de personas más sabias y con más experiencia que yo, he llegado a comprender que soy bueno para algo más que conectar con lo que quieren los adolescentes. En realidad, resulta que tengo un don bastante bueno para entender lo que quiere la *gente*. Ya no quiero crear cosas para un solo grupo demográfico. Quiero crearlas para todos, con la mentalidad de que todos los seres humanos necesitan las mismas cosas fundamentales: sentir que los ven, conocen y comprenden.

Absorber esa verdad ha resultado ser increíblemente valioso para mí, me ha hecho un mejor programador e incluso, lo creas o no, un gerente decente. Actualmente, en Google, trabajo mayormente de manera virtual, pero he reducido la cantidad de tiempo que estoy solo y aumentado la que me paso con mi equipo de diez diseñadores e ingenieros, desarrollando nuevas funciones para Google Chrome. Me tomó una eternidad darme cuenta de esto, pero, si eres instintivamente un lobo solitario, un beneficio excelente de trabajar con un equipo es que no puedes pasarte cantidades de tiempo poco saludables en tu propia cabeza. Con más comentarios, no estás trabajando en el vacío, por lo que, probablemente, se te ocurra un producto con el que se identifiquen más personas, un producto *mejor*.

También dedico mucho tiempo a ayudar a otros equipos a alcanzar los objetivos de sus proyectos. Cada semana, reconecto con varios equipos de Android, YouTube, Chrome y otros para elaborar estrategias en todos los frentes, desde el flujo de trabajo hasta la programación, el diseño y la forma de superar los bloqueos mentales que se interponen en el camino de su progreso. Se siente muy bien poder ayudar a otras personas a superar los mismos obstáculos que solían hacerme tropezar a diario. Por supuesto, a veces todavía necesito ayuda. Admitir esto en voz alta desde el principio y con frecuencia —y buscar orientación y comentarios no solo de personas con más experiencia, sino de *todos* mis colegas— ha sido revolucionario para mí. Una cosa que he aprendido a hacer con mis equipos es llamar aparte al menos a una persona después de cada reunión y preguntarle:

—Hey, ¿hay algo que creas que estoy haciendo realmente mal o en lo que podría mejorar? ¿Cualquier cosa en absoluto?

A menudo, la primera respuesta de la persona es:

—¡No, todo está bien!

Cuando dicen eso, me quedo sentado y espero hasta que, inevitablemente, digan:

—Bueno, hay una cosa que he notado...

Y luego les agradezco sinceramente su honestidad, algo de lo que ningún equipo de alto rendimiento puede prescindir.

Tras haber dejado atrás la mentalidad de modo de supervivencia con la que crecí, estoy tratando de correr más riesgos por mejores razones. En lugar de, simplemente, producir cosas divertidas y adictivas, soy parte de un número creciente de personas en la industria que quieren comenzar a ayudar a la gente a usar la tecnología de manera más consciente. Mis últimos proyectos en desarrollo, en realidad, parodian la forma en que operan las redes sociales: con suerte, harán que los usuarios sean más conscientes de lo que *realmente* están haciendo cada vez que toman su teléfono y tocan su aplicación favorita. Al recordarnos todas las formas en que los teléfonos engañan a nuestro cerebro para que brinde breves golpes de felicidad insostenible, espero hacer un poco para ayudar a los humanos a recuperar el control en nuestra relación con la tecnología.

Sobre esa relación: *muchas* cosas han cambiado desde que llegué a Facebook como un pasante de ojos muy abiertos y boca de metal en 2014. En ese entonces, *fake news* no era una expresión muy usada, y la intromisión de Rusia en las elecciones aún no había sucedido. Creo que Zuckerberg y otros en la industria tecnológica subestimaron las vulnerabilidades que podían ser explotadas en las grandes redes sociales, así como el nivel del daño que podían causar al mundo. Y no fueron los únicos. En aquellos días, Silicon Valley, en su conjunto, era un lugar mucho más optimista. La mayoría de nosotros pensábamos que éramos los buenos, ayudando al mundo a mejorar cada vez más. A pesar de que un puñado de sociólogos y periodistas nos advirtieron acerca de los peligros del consumo de medios digitales, muy pocos de nosotros en el mundo tecnológico estábamos enfocados en lo que podría salir mal.

En los últimos años, obviamente, la Internet nos ha mostrado un terrible lado oscuro: desde el escándalo electoral de 2016 con Cambridge Analytica en Facebook, pasando por las habituales brechas de seguridad para todo tipo de *software* que comprometen la información privada de millones de personas, hasta el surgimiento de grupos de odio difundiendo con éxito sus horribles mensajes en línea. Lo que probablemente más me preocupa de Internet es cómo está cambiando las noticias que leemos. En Facebook, donde la mayoría de los estadounidenses obtienen sus noticias actualmente, podemos elegir a qué "realidad" de noticias queremos suscribirnos. A nivel micro, la gente quiere estas funciones y se alegra cuando ve cosas que le gustan y con las que está de acuerdo. A nivel macro, estas características alejan aún más a una sociedad ya dividida.

Creo que algunos en Silicon Valley se preguntan: ¿podemos solucionar los problemas que hemos creado volviendo atrás?, ¿podemos deshacer el daño? Pero creo que estamos demasiado lejos al otro lado de este valle para dar marcha atrás. La mejor pregunta es: ¿qué hay al otro lado del valle? Creo que puede haber un repunte, un futuro en el que utilicemos la tecnología para acabar con todo el sufrimiento inútil en este mundo. Y si alguien puede llevarnos a ese lugar más alto, serán los jóvenes. A los chicos más jóvenes de hoy se les suele llamar la generación alfa; a los adolescentes y a los veinteañeros se les llama generación Z. Pero yo los desgloso de manera un poco diferente. Me gusta pensar en todos los menores de veinticinco años como la generación de "cualquiera puede", porque han crecido sin tener límites en su creatividad. En su modelo del mundo, centrado en Internet, cualquier persona puede ser influyente o famosa. *Cualquier persona* puede hacer *cualquier cosa*.

Las personas mayores que descartan a estos chicos amantes de las selfis como vanidosos o demasiado enfocados en sí mismos, definitivamente, los están subestimando. Creo que los miembros de la *Anyone Can Generation* cambiarán el mundo para mejor, precisamente porque han pasado toda su vida en línea. Ellos comprenden la relación que los humanos tienen con la absorbente Internet mejor que cualquiera de los cerebros que trabajan en Silicon Valley en este momento. Por eso, me siento optimista de que, en los próximos años, a medida que la programación se convierta en una habilidad más común, la generación "cualquiera puede" comenzará a construir una Internet más justa y equitativa. Y estoy seguro de que lo hará de formas bastante creativas.

Piénsalo. Estos son chicos que se sienten seguros de sí mismos al expresarse ante el mundo como nunca lo había hecho la gente joven: presentándose en *vlogs*, rutinas de TikTok, historias en vivo de Instagram y un millón de otras formas. Me encanta el hecho de que Disney, ABC y CNN ahora tengan que competir con *youtubers* LGBT de dieciocho años que crecieron tomándose selfis. Me encanta el hecho de que los adolescentes latinos, incluso cuando están bajo el ataque diario de nuestro gobierno y sus políticas, pueden regresar a casa de la escuela y crear espacios seguros para compartir sus talentos e historias. Me encanta que tantas personas de color tengan millones de suscriptores y el poder de generar un gran impacto. Hubiera sido imposible para las personas que no eran blancas tener ese tipo de atención mediática en los años sesenta, setenta, ochenta o noventa, cuando había tantos muros atrincherados para escalar mientras navegaban de afuera hacia adentro.

Una de mis mayores esperanzas es que, al compartir mi historia, haya abierto algunas mentes a la idea de que la programación es un camino que cualquiera puede tomar. Y, a pesar de todas mis divagaciones acerca de la generación "cualquiera puede", no me refiero solo a los jóvenes. No importa cuál sea tu edad, nivel de educación u origen, si tienes curiosidad y determinación, puedes aprender a codificar. Si esto te atrae, ¡aprende por ti mismo! ¿Qué te detiene? Una vez que adquieras esa habilidad básica, será tu elección si creas tus propios productos o buscas un trabajo dentro de una empresa. Ambos caminos pueden conducir a infinitas posibilidades. Si la idea de ser un emprendedor hace que tu corazón palpite en el buen sentido, entonces confía en ese sentimiento. Empieza por construir algo que desearías que ya existiera en el mundo. Si ese producto puede hacer de tu mundo un lugar mejor, apuesto a que los demás también sentirán lo mismo. Por otro lado, si anhelas seguridad y estabilidad, como yo, te aconsejaría que tomes la ruta del trabajo y luego trabajes para cambiar el mundo de la tecnología desde adentro. Una vez que estés firmemente establecido, tendrás el lujo de poder reflexionar sobre cómo lograr el mayor impacto.

Luego, de forma lenta y segura, puedes crear las herramientas para hacer exactamente eso.

Finalmente, sea cual sea el camino que sigas en la vida, sea cual sea la persona que ames, espero que encuentres *tu* definición de éxito y tengas el valor de vivirlo.

Agradecimientos

Le agradezco a mi agente, Amanda Urban, de ICM, por creer en mí desde el principio y ayudarme a navegar por las desconocidas aguas del mundo de la publicación de libros. Quiero extender mi más profundo agradecimiento a Anne Messitte, por ser la primera en darle una oportunidad a mi manuscrito; al increíble equipo de Alfred A. Knopf, en particular a mis brillantes y talentosos editores Tom Pold y Cristóbal Pera; y a Alexandra Torrealba, de Vintage Español. También quiero agradecerle a Laurie Sandell por su excelente orientación editorial: sin ella este libro no se hubiera materializado.

Gracias también a Michelle Castillo-Flores por animarme a compartir mi historia y a Mark Zuckerberg por darme una oportunidad antes de que mi corteza prefrontal estuviera completamente desarrollada. Un gran agradecimiento a mis colegas de Facebook y Google, quienes deben haberse preguntado, en ocasiones, cómo terminaron trabajando con un adolescente, pero estuvieron dispuestos a reconocer el valor de lo que podía crear. Ari Grant me llevó a alturas superiores en mi carrera, desafiándome en mi enfoque mientras defendía mi extraña manera de pensar. Ryan Hoover creyó en mí mucho antes de que yo creyera en mí mismo.

También quiero agradecer a las decenas de miles de niños y padres que me acompañaron en esta travesía, y me contactaron en las redes sociales y en charlas y conferencias para compartir sus historias. Muchos de ellos se convirtieron en ejemplos en sus propias comunidades de la clase de oportunidades que Internet puede brindar.

A mi tío Kike, Luis Enrique Gálvez, por brindarme consejos a lo largo de mi vida, que resultaron muy valiosos a medida que fui creciendo. Un gran agradecimiento a todos mis amigos en Miami por no dejarme olvidar nunca de dónde vengo. Siempre estaré agradecido con mis padres por amarme incondicionalmente a pesar de los desafíos que enfrentamos como familia. Los quiero muchísimo. Y a mi hermana y mejor amiga, Mariana, le agradezco por estar ahí para mí siempre.